Topos plus **Taschenbücher**
Band 445

Josef Imbach

Wunder
Eine existentielle Auslegung

Topos plus Taschenbücher

Topos plus **Verlagsgemeinschaft**

Butzon & Bercker, Kevelaer | Don Bosco, München
Echter, Würzburg | Verlag Katholisches Bibelwerk, Stuttgart
Lahn-Verlag, Limburg Kevelaer | Matthias-Grünewald-Verlag, Mainz
Paulusverlag, Freiburg Schweiz | Friedrich Pustet, Regensburg
Styria, Graz Wien Köln | Tyrolia, Innsbruck Wien

Die Deutsche Bibliothek – CIP-Einheitsaufnahme
Ein Titeldatensatz für diese Publikation
ist bei Der Deutschen Bibliothek erhältlich.

Titelabbildung:
© Tony Latham/Getty Images
Einband- und Reihengestaltung:
Akut Werbung GmbH, Dortmund
Herstellung: Pustet, Regensburg
Printed in Germany

Topos plus – Bestellnummer: 3-7867-8445-0

Inhalt

Vorwort

Wie Gedichte, Geschichten oder Theaterstücke müssen auch Wunderheilungen oder sogar Erscheinungen ›gelesen‹ oder gedeutet werden, bevor sie richtig verstanden werden können. Je mehr man sich lediglich auf Macht, Beweise, Manipulation und Magie konzentriert, je genauer man sich mit medizinischen und wissenschaftlichen Daten befaßt, desto weniger ist man in der Lage, die geistlichen Inhalte zu erfassen. Und wenn man nun einmal akzeptierte, daß es so etwas wie eine Wunderheilung gibt – im Sinne der Entdeckung von Glauben und Vertrauen in eine Macht, die das eigene Verständnis übersteigt – wäre es dann so schwer zu akzeptieren, daß eine solche Erneuerung in psychologischen oder gar körperlichen Gaben gipfelt?
J. Cornwell, Mächte des Lichts und der Finsternis. Christliche Wunder – Wahrheit oder Einbildung? Wien 1991, 228.

Das Wunder ist des Glaubens liebstes Kind.
J. W. von Goethe, Faust I, Vers 766.

Die Hochzeit von Kana. – Ich kann das nicht glauben, sagte einer zu dem großen Hieronymus, das ist ja eine Unmenge Wein! Der Bibelgelehrte antwortete nachdenklich: Ja, wir trinken heute noch davon.
L. Zenetti, Die wunderbare Zeitvermehrung, München 1983, 12.

Für viele heutige Menschen sind Wunder kein Diskussionsgegenstand mehr. Sie verweisen darauf, daß manches, was gestern noch als Wunder galt, inzwischen natürlich erklärt werden kann. Sie verstehen die Welt als ein geschlossenes Ganzes, das mittels der Kausalitätsgesetze begriffen werden muß. Wo Unerklärliches und *deshalb* ›Wunderbares‹ sich ereignet, muß man nach den – möglicherweise *noch* – unbekannten Ursachen forschen.

Das bringt es mit sich, daß auch die Mehrzahl der Christinnen und Christen in den Wundern längst keine ›Beweise‹ für die Wahrheit des christlichen Glaubens mehr zu sehen vermag, um so mehr, als es sich inzwischen herumgesprochen hat, daß jene Phänomene, die man gemeinhin als ›Wunder‹ bezeichnet, auch in anderen Religionen verbreitet sind.

Das vorliegende Buch trägt diesen Schwierigkeiten Rechnung. In einem ersten Teil informiert es anhand zahlreicher Beispiele aus der heidnischen und jüdischen Antike, aber auch aus den großen Weltreligionen über die verschiedenen Gattungen von Wundergeschichten, denen in den religiösen Überlieferungen der Menschheit ein fester Platz zukommt. Anschließend wird das Wunderverständnis der Bibel untersucht, wobei der Hauptakzent auf dem Neuen Testament liegt. Dieses Vorgehen erlaubt es, jene religionsgeschichtlichen Zusammenhänge aufzuzeigen, welche unerläßlich sind für das Verständnis der biblischen Wundergeschichten. Abgeschlossen wird dieser erste Teil mit einem kurzen Exkurs, der ein paar – notwendige – dogmatische Überlegungen beinhaltet.

Der zweite Teil bildet gewissermaßen die Probe aufs Exempel; anhand einer Reihe von Beispielen soll die Besonderheit der von den Evangelisten überlieferten Wundergeschichten herausgearbeitet werden. Dabei wird deutlich, daß sämtliche Zeichenhandlungen Jesu letztlich immer auf eine *Befreiung* des Menschen zielen – auf eine Befreiung *von* Schuld, vom Bösen und *von* der Sünde, aber auch auf eine Befreiung *zur* Selbstannahme, *zur* Freiheit, *zum* Glauben, *zur* Nachfolge, *zur* Freude und *zum* Leben. Mit einem Wort, es geht Jesus nie darum, die Menschen nur von körperlichen Leiden zu heilen; vielmehr ist er immer bestrebt, das ganze Leben eines Menschen wieder in geordnete Bahnen zu lenken, damit dieser zu Gott und zu sich selber findet.

Dabei ergibt es sich von selbst, daß die Leserinnen und Leser nicht nur mit der religiösen Botschaft der neutestamentlichen Wundergeschichten konfrontiert werden, sondern gleichzeitig auch einen Einblick erhalten in die Werkstatt der Exegeten und Exegetinnen und in die ebenso mühsame wie spannende Forschungsarbeit, die dort geleitet wurde und wird.

Trotz aller Bemühungen um eine allgemeinverständliche Sprache ließ sich der Gebrauch einzelner theologischer Fachausdrücke nicht gänzlich vermeiden. Der Überwindung dieser (kleinen) Hürde dienen die entsprechenden Erläuterungen am Schluß des Buches.

Drei der behandelten Wundergeschichten habe ich vor einigen Jahren schon in meinem Buch »Jesus begegnen. Biblische Erfahrungen heute« (Zürich 1992) analysiert. Allerdings wurden diese dort in einem anderen Zusammenhang bedacht; es handelt sich hier also nicht einfach um eine Wiederholung früherer Überlegungen.

Die meisten der in diesem Buch vorgetragenen Thesen wurden erprobt an zwei von der Katholischen Akademie Augsburg veranstalteten Wochenend-Seminaren, die sich einer überaus großen und regen Teilnahme erfreuten. Eingeladen zu diesen Tagungen hatte der Leiter der Akademie, Herr Dr. Franz-Xaver Spengler, ohne dessen Initiative dieses Buch nicht zustande gekommen wäre. Ihm gebührt mein herzlicher Dank – nicht zuletzt auch für die gastliche Aufnahme und die freundschaftliche Verbundenheit, die ich von seiner Seite her seit Jahren erfahren darf. Zu Dank verpflichtet bin ich auch Frau Imelda Casutt, die in einer für mich recht arbeitsintensiven Zeit die Korrektur der Druckfahnen besorgte, und Herrn Dr. Michael Lauble für die sorgfältige lektorale Betreuung.

Rom, im Januar 1995   *Josef Imbach*

Vorwort zur Taschenbuchausgabe

Wie aus der Presse bekannt, hat die Glaubenskongregation 1998 und 1999 in zwei anonymen (!) Gutachten gegen dieses Buch einige Bedenken angemeldet. Unter anderem wurde mir vorgeworfen, die Gottheit Jesu zu leugnen. Und dann, faustdick und wörtlich: »Hinzuzufügen ist, dass der Verf. bei seiner Auswahl der Wunder ›erster Ordnung‹ im Neuen Testament gerade nicht erwähnt: Jungfrauengeburt, Totenerweckungen, Auferstehung Jesu Christi. [...] Als ungezwungene Erklärung für das Übergehen dieser Wunder erscheint die Annahme nicht unberechtigt, dass in diesen

Fällen die Vernachlässigung der geschichtlichen Faktizität der Ereignisse den Glaubensirrtum aufdecken würde.« Offenbar hat der Gutachter (die Gutachterin) mein Buch gar nicht gelesen; es findet sich darin nämlich ein ganzes Kapitel, in dem ich mich mit einer Totenerweckung befasse! Überdies geht schon aus dem Inhaltsverzeichnis hervor, dass ich ausschließlich Wundererzählungen behandle, die Jesus zum Protagonisten haben, während Jungfrauengeburt und Auferstehung Jesu im Neuen Testament bekanntlich als *Taten Gottes* dargestellt werden.

Weil ich es leid war, derartige Unterstellungen und Fahrlässigkeiten weiterhin zu tolerieren, aber auch weil ich bei den undurchsichtigen Verfahrensweisen der Glaubenskongregation keine Garantie hatte, ob die Gutachtenden meine Entgegnungen überhaupt zu Gesicht bekamen, blieb mir nichts anderes übrig, als die anonym Agierenden auf dem Umweg über die Öffentlichkeit zu erreichen. Deshalb publizierte ich im Oktober 2000 in der Zeitschrift »Kirche intern« den Beitrag »Joseph [Ratzinger] kontra Josef [Imbach]«, in welchem ich jene »größtmögliche Transparenz« auch für die Verfahren der Glaubenskongregation einforderte, die der Papst selber (im Zusammenhang mit der damals in Deutschland diskutierten Konfliktberatung für Schwangere) angemahnt hatte.

Auf Grund dieser Entgegnung sah sich der Generalobere der Franziskaner-Minoriten (als Kanzler unserer Fakultät) auf Druck der römischen Glaubenskongregation hin gezwungen, mich für (zunächst?) ein Jahr aus Rom in meine Heimat ins Exil zu schicken und mir während dieser Zeit ein Lehrverbot zu erteilen.

Meinerseits bin ich nach wie vor davon überzeugt, dass die in diesem Buch enthaltenen Gedanken auf exegetisch fundierten Erkenntnissen beruhen und dass sie nicht im Widerspruch zum Glaubensgut der Kirche stehen.

Basel, 26. Februar 2002 *Josef Imbach*

Erster Teil
Wunderüberlieferungen in den Religionen

Blinde sehen, Lahme gehen, Tote stehen auf...

Zur Typologie der Wundergeschichten

In seinem humorvollen Roman »Das Wunder des Malachias« läßt Bruce Marshall einen Kaplan sagen: »Überhaupt sind Wunder heutzutage aus der Mode gekommen. Wenn sich eines im Schlafzimmer unseres hochwürdigen Bischofs ereignen würde, täte seine Gnaden alles, um den ungehörigen Vorfall zu vertuschen.«[1] Natürlich möchte ich mit diesem Zitat weder die Kapläne schlechtmachen noch unseren Herren Bischöfen zu nahe treten. Aber ich glaube, daß einiges für die Behauptung des schottischen Schriftstellers spricht. Denn wer heute noch ernsthaft mit Wundern rechnet, gilt in der Regel selber als wunderlicher Kauz.

Ironisch und geistreich illustriert Bruce Marshall in dem genannten Roman die Weigerung des Gegenwartsmenschen, Wunder überhaupt zur Kenntnis zu nehmen. Im Mittelpunkt des Geschehens steht der fromme Pater Malachias, der von Gott tatsächlich ein Wunder erwirkt. Das berüchtigte Tanzlokal einer Stadt, nach Ansicht vieler eine wahre Brutstätte des Lasters, wird bei Nacht und Nebel auf einen abgelegenen Felsen versetzt. Weil aber die Bevölkerung keinerlei Lust hat, sich zu bekehren, mag sie auch nicht an das Wunder glauben. Vielmehr ist die Rede von Trick und Schwindel, von Aberglaube und Betrug, von Psychose und Massenhalluzination. Der einsetzende Medienrummel bewirkt, daß das Amüsierlokal zur überregionalen Attraktion avanciert. Ein gerissener Unternehmer zeigt sich an den Urheberrechten interessiert; ihm geht es um die literarische Vermarktung und Verfilmung dieses sogenannten Wunders. Statt die Menschen zur Einsicht zu bringen, gibt das Ereignis Anlaß zu noch größerem Unglauben. Betrübt wendet sich Pater Malachias ein zweites Mal an Gott und bittet ihn, das Wunder rückgängig zu ma-

---

[1] B. Marshall, Das Wunder des Malachias, Frankfurt a. M. ²1956, 57.

chen. Als der Tanzpalast eines Morgens wieder an seinem früheren Platz steht, sind sich alle darüber einig, daß die Bevölkerung das Opfer einer kollektiven Selbsttäuschung geworden war.

Zweifellos wirken die in Bruce Marshalls Roman geschilderten Geschehnisse etwas überzeichnet. Das trifft natürlich für jede Satire zu. Indessen wird niemand ernsthaft bestreiten wollen, daß die Skepsis gegenüber Wundern inzwischen derart verbreitet ist, daß viele Menschen sich schlechtweg weigern, sich mit diesem Thema überhaupt auseinanderzusetzen.

Allenfalls verwendet man den Begriff ›Wunder‹ noch in seiner übertragenen Bedeutung – wie etwa Zarah Leander in dem einstmals bekannten Film »Die große Liebe«, in welchem die Schauspielerin den bis heute nicht ganz vergessenen Schlager anstimmt: »Ich weiß, es wird einmal ein Wunder geschehn...« Andere träumen vom großen Los oder vom großen Geld oder vom großen Glück. An solche Wunder zu glauben bereitet niemandem Schwierigkeiten, weil alle sie insgeheim für sich selber erhoffen.

Heilungswunder

Von Wundern in einem engeren Sinn ist vor allem in einem religiösen Kontext die Rede. Tatsächlich gibt es unzählige Berichte, welche von irgendwelchen übernatürlichen Ereignissen handeln, beispielsweise von einem göttlichen Hulderweis, der Menschen in einer völlig aussichtslosen Lage zuteil wurde. Viele werden dabei spontan an die zahlreichen *Heilungswunder* denken, die in den Evangelien überliefert sind.

Wer sich ein wenig auskennt in den antiken Kulturen, weiß natürlich, daß der Glaube an Wunder im Altertum auch unter den ›Heiden‹ weit verbreitet war, daß das Wallfahrtswesen keine christliche Erfindung ist und daß man schon damals den Gottheiten für eine Gebetserhörung mit einer Votivtafel dankte.

Bestens informiert sind wir in dieser Hinsicht dank der bei Epidauros im Nordosten des Peloponnes vorgenom-

menen archäologischen Ausgrabungen. Heute werden die
Touristen massenweise in Bussen nach Epidauros gefahren,
weil sich in dieser Stadt das besterhaltene griechische Thea-
ter des Altertums befindet. Einen weitaus größeren Zulauf
jedoch verzeichnete im 4. vorchristlichen Jahrhundert das
etwa zehn Kilometer im Landesinneren gelegene Heiligtum, welches Asklepios, dem Gott der Heilkunde, geweiht
war. Während der Kaiserzeit, im 2. und 3. Jahrhundert nach
Christus, wurde dieser Gott fast im ganzen Römischen
Reich unter dem Namen Aesculapius verehrt. Die in Epidauros ausgegrabenen Votivtafeln belegen, daß die Menschen damals in ähnlichen Anliegen zu Asklepios beteten,
mit denen die Gläubigen im bayerischen Altötting oder im
schweizerischen Maria Einsiedeln heute die Muttergottes
bestürmen. Sie suchten Heilung von allen nur möglichen
Leiden, Trost in ausweglosen Situationen, Hilfe in mancherlei schlimmen Nöten. Andere wiederum gelangten mit
Bitten an die Gottheit, für die bei den Katholiken der heilige Antonius von Padua zuständig ist. Ab und zu wurden
auch etwas ausgefallene Wünsche vorgetragen: Asklepios
sollte für Haarwuchs sorgen, von Ungeziefer befreien oder
bei der Schatzsuche behilflich sein.

Naturgemäß handelt es sich bei den meisten dem Asklepios zugeschriebenen Gebetserhörungen um *Heilungswunder*. Einen guten Eindruck davon vermag die folgende
Votivtafel zu vermitteln.

*Pandaros von Thessalien [kam ins Heiligtum] mit einem
[Mutter?]Mal auf der Stirn. Dieser sah beim Heilschlaf ein
Gesicht; es träumte ihm, der Gott verbinde ihm mit einer
Binde das Mal und befehle ihm, wenn er aus dem Heilraum
komme, die Binde abzunehmen und in den Tempel zu weihen [d.h. sie als Weihgabe in den Tempel zu bringen]. Als es
Tag wurde, stand er auf und nahm die Binde ab, und er
fand sein Gesicht frei von dem Mal. Die Binde weihte er in
den Tempel als Weihegeschenk. Sie trug die Buchstaben von
der Stirn [d.h. das Mal, das er auf der Stirn gehabt hatte].*[2]

[2] R. Herzog, Die Wunderheilungen von Epidauros. Ein Beitrag zur Ge-
     schichte der Medizin und der Religion, Leipzig 1931; zit. A. Weiser,
     Die Apostelgeschichte (Ökumenischer Taschenbuchkommentar zum
     Neuen Testament, Bd. 5/1), Gütersloh und Würzburg 1981, 141.

Nach dieser Darstellung erfolgte die Heilung durch einen göttlichen Eingriff während eines Traumgesichts, das dem Bittsteller Pandaros in der Liegehalle während des nächtlichen Heilschlafs zuteil wurde.

Wie Gerd Theißen in einer umfassenden Untersuchung überzeugend dargelegt hat, sind auch die *Totenerweckungen* den Heilungswundern zuzurechnen: »Einmal können fast alle antiken Totenerweckungen durch Wundertäter als Wiedererweckung Scheintoter verstanden werden, ferner sind die typischen Motive dieselben: Die Kraftübertragung geht [in der Regel] hier wie dort durch Berührung vor sich.«[3]

So berichtet die Hebräische Bibel, daß der Prophet Elija den verstorbenen Sohn einer Witwe und sein Nachfolger Elischa ein totes Kind wieder zum Leben erweckt hat (1 Kön 17, 17–24; 2 Kön 4,18–37). Diesem letzteren wird darüber hinaus eine derartige Wunderkraft zugeschrieben, daß sogar ein Toter, den man in sein Grab wirft, wieder lebendig wird:

Elischa starb, und man begrub ihn. In jenem Jahr fielen moabitische Räuberscharen in das Land ein. Als man einmal einen Toten begrub und eine dieser Scharen erblickte, warf man den Toten in das Grab Elischas und floh. Sobald aber der Tote die Gebeine Elischas berührte, wurde er wieder lebendig und richtete sich auf (2 Kön 13,20f).

Auch von Jesus wird gesagt, daß er Tote ins Leben zurückrief: die Tochter des Jaïrus (Mk 5,22–24.35–43parr), den Jüngling von Naïn (Lk 7,11–17) und Lazarus aus Betanien (Joh 11,1–44). Dem Wortlaut der Apostelgeschichte zufolge soll Petrus in Joppe einer toten Jüngerin namens Tabita das Leben wiedergeschenkt haben (Apg 9,36–43). Von Paulus heißt es, daß er einen gewissen Eutychus vom Tod erweckte, der während seiner Predigt (!) am offenen Fenster eingeschlafen und aus dem dritten Stock in die Tiefe gestürzt war (Apg 20,7–12).

---

[3] G. Theißen, Urchristliche Wundergeschichten (Studien zum Neuen Testament, Bd. 8), Gütersloh (1974) [6]1990, 98. Die hier von Theißen erarbeitete Typologie der Wundergeschichten hat sich inzwischen weitgehend durchgesetzt.

Erstaunt es nach dem bisher Gesagten noch, daß derartige Begebenheiten auch in den heidnischen Religionen der Antike überliefert wurden? Einem gewissen Apollonios beispielsweise, einem Zeitgenossen des Apostels Paulus, wurde nachgesagt, daß er ein totes Mädchen wieder zum Leben erweckt habe.[4] Ähnliche Überlieferungen waren auch in jüdischen Kreisen verbreitet.

Dämonenbannungen

Eng verwandt mit den Heilungswundern sind die in der Antike allgemein üblichen *Dämonenbannungen*. Während bei den ersteren die heilende Kraft des Wundertäters im Vordergrund steht, geht es bei den letzteren um einen offenen Kampf gegen den Menschen feindlich gesinnte Mächte.

Zu den bekannteren Überlieferungen dieser Art gehört im ›christlichen‹ Alten Testament[5] die Vertreibung eines Dämons, welche Tobit auf Anraten des Engels Rafael vornimmt, bevor er mit seiner ihm eben angetrauten Frau Sara die Nacht verbringt. Die ersten sieben Männer, denen Sara versprochen war, waren allesamt noch in der Brautnacht gestorben, eine Tragödie, die der Erzähler auf das Wirken eines bösen Geistes zurückführt. Als nun ihr achter Bräutigam zu ihr ins Gemach tritt, handelt dieser entsprechend den Weisungen Rafaels:

Wenn ein Mann oder eine Frau von einem Dämon oder einem bösen Geist gequält wird, soll man das Herz und die Leber eines Fisches in Gegenwart dieses Menschen verbrennen; dann wird er von der Plage befreit (Tob 6,8). Er [Tobias] nahm [also] etwas Glut aus dem Räucherbecken, legte das Herz und die Leber des Fisches darauf und ließ sie verbrennen. Sobald der Dämon den Geruch verspürte, floh er

---

[4] Die Geschichte wird überliefert von Philostratos, Vita Apollinii IV, 45; zit. A. Weiser, Was die Bibel Wunder nennt, Stuttgart 1975, 127; näheres dazu in diesem Buch in dem Kapitel »Auf eigenen Füßen stehen«.

[5] Das Buch *Tobit* wird im Judentum nicht zu den kanonischen Schriften gerechnet (vgl. *Hebräische Bibel* unter »Erklärung von Fachausdrücken« am Ende dieses Buches).

in den hintersten Winkel Ägyptens; dort wurde er von dem Engel gefesselt (Tob 8,2f).

Aufgrund zahlreicher Zeugnisse wissen wir, daß der Dämonenglaube zum festen Bestandteil der antiken Kulturen gehörte.

Im alten Ägypten wurde nicht nur manchen Gottheiten, sondern auch deren Standbildern die Macht zugeschrieben, böse Geister zu bannen. Daß dies auch für das Standbild des Gottes Chons zutrifft, geht aus einer Inschrift der Bentresch-Stele hervor, die heute in der Bibliothèque Nationale in Paris zu besichtigen ist. Das Monument stammt aus dem 4.–6. Jahrhundert. Das darauf schriftlich festgehaltene Ereignis jedoch trug sich unter dem Pharao Ramses II. (1290–1224 v. Chr.) zu, dessen Frau aus dem an der nördlichen Reichsgrenze gelegenen Bechten stammte. Als man bei ihrer Schwester Bentresch Anzeichen von Besessenheit feststellte, ließ Ramses das Bild des Exorzismus-Gottes Chons zu seiner Schwägerin nach Bechten schaffen:

Da ging der Gott zu dem Ort, an dem Bentresch war. Und er half der Tochter des Fürsten von Bechten. Da wurde sie sofort gesund. Da sagte der Geist, der mit ihr war, zu Chons: Du kommst in Frieden, du großer Gott, der die Dämonen vertreibt. [...] Ich bin dein Diener. Ich will an den Ort gehen, von dem ich kam, um deinen Wunsch zu erfüllen. [...] Dann ging der Geist fort in Frieden an den Ort, an den er wollte, auf Befehl des Chons, und der Fürst von Bechten jubelte gar sehr und ebenso alle Leute, die in Bechten waren.[6]

Eine anschauliche Beschreibung eines Exorzismus, wie er zur Zeit Jesu praktiziert wurde, verdanken wir dem jüdischen Geschichtsschreiber Josephus Flavius (37/38 bis nach 100).

Ich habe gesehen, wie einer der unseren [ein Jude], Eleazar mit Namen, in Gegenwart des [Kaisers] Vespasianus, seiner Söhne, der Obersten und der übrigen Krieger die von bösen Geistern Besessenen davon befreite. Die Heilung geschah in folgender Weise: Er hielt unter die Nase des Beses-

---

[6] H. Gressmann (Hrsg.), Altorientalische Texte zum Alten Testament, Berlin Leipzig 1926, 78f.

senen einen Ring, in dem eine von den Wurzeln einge-
schlossen war, welche Salomo angegeben hatte, ließ den
Kranken daran riechen und zog so den bösen Geist durch
die Nase heraus. Der Besessene fiel sogleich zusammen, und
Eleazar beschwor dann den Geist, indem er den Namen Sa-
lomos und die von ihm verfaßten Sprüche hersagte, nie
mehr in den Menschen zurückzukehren. Um aber den An-
wesenden zu beweisen, daß er wirklich solche Gewalt be-
sitze, stellte Eleazar nicht weit davon einen mit Wasser ge-
füllten Becher oder ein Becken auf und befahl dem bösen
Geist, beim Ausfahren aus dem Menschen dieses umzu-
stoßen und so die Zuschauer davon zu überzeugen, daß er
den Menschen verlassen habe. Das geschah auch in der Tat,
und so wurde Salomos Weisheit und Einsicht kund. – Ich
habe geglaubt, hierüber sprechen zu müssen, damit allge-
mein bekannt werde, wie gewaltig der Geist des Königs [Sa-
lomo] und wie wohlgefällig er Gott war.[7]

Der Eindruck des Magischen, den solche Schilderungen
erwecken, wird im Neuen Testament vermieden. Darüber
hinaus hat es den Anschein, daß die neutestamentlichen
Verfasser das Phänomen der Besessenheit gelegentlich als
Krankheitserscheinung interpretieren – so etwa Lukas, der
die Exorzismen Jesu als Heilungen versteht: »Viele Menschen wollten Jesus hören und von ihren Krankheiten geheilt werden. Auch die von *unreinen Geistern Geplagten*
wurden geheilt« (Lk 6,18).

Daß in den Ruinen von Epidauros (und in den Überre-
sten anderer Asklepiosheiligtümer) keinerlei Berichte von
Dämonenvertreibungen gefunden wurden, darf nicht verwundern; Besessenen blieb der Zutritt zum Tempelbezirk
verwehrt.

---

[7] Josephus Flavius, Jüdische Altertümer, VIII, 2, 5; zit. A. Weiser, Was
     die Bibel Wunder nennt, Stuttgart 1975, 83f.

Normenwunder

Manche biblische Wundergeschichten wollen bestimmten göttlichen Forderungen Nachdruck verleihen. Man spricht in diesem Zusammenhang von *Normenwundern*. Sehr häufig handelt es sich dabei um Strafwunder, welche dazu dienen, die Menschen zur Besinnung zu rufen. So läßt Jahwe das Kind, das aus der ehebrecherischen Verbindung zwischen David und Batseba hervorgeht, sterben (2 Sam 11,1–12,26). Ein andermal schlägt Jahwe das ganze Volk Israel mit der Pest, weil der König eine Volkszählung durchgeführt und so Gottes ureigene Rechte für sich beansprucht hatte (2 Sam 24,1–18). Eine bekannte Strafwundererzählung findet sich auch in der Apostelgeschichte. Wichtig für das Verständnis ist die einleitende Bemerkung des Erzählers, nach welcher viele Mitglieder der Jerusalemer Urgemeinde ihr Eigentum zusammenlegten und gemeinsam verwalteten.

Ein Mann namens Hananias und seine Frau Saphira verkauften zusammen ein Grundstück, und mit Einverständnis seiner Frau behielt er etwas von dem Erlös für sich. Er brachte nur einen Teil und legte ihn den Aposteln zu Füßen.

Da sagte Petrus: Hananias, warum hat der Satan dein Herz erfüllt, daß du den Heiligen Geist belügst und von dem Erlös des Grundstücks etwas für sich behältst? Hätte es nicht dein Eigentum bleiben können, und konntest du nicht auch nach dem Verkauf frei über den Erlös verfügen? Warum hast du in deinem Herzen beschlossen, so etwas zu tun? Du hast nicht Menschen belogen, sondern Gott. Als Hananias diese Worte hörte, stürzte er zu Boden und starb. Und über alle, die es hörten, kam große Furcht. Die jungen Männer standen auf, hüllten ihn ein, trugen ihn hinaus und begruben ihn.

Nach etwa drei Stunden kam seine Frau hinein, ohne zu wissen, was geschehen war. Petrus fragte sie: Sag mir, habt ihr das Grundstück für soviel verkauft? Sie antwortete: Ja, für soviel. Da sagte Petrus zu ihr: Warum seid ihr übereingekommen, den Geist des Herrn auf die Probe zu stellen? Siehe, die Füße derer, die deinen Mann begraben haben, stehen vor der Tür; auch dich wird man hinaustragen. Im selben Augenblick brach sie vor seinen Füßen zusammen und starb. Die jungen Männer kamen herein, fanden sie tot, trugen sie hinaus und begruben sie neben ihrem Mann. Da kam große Furcht über die ganze Gemeinde und über alle, die davon hörten (Apg 5,1–11).

Derartige Strafwundergeschichten waren nicht nur in der Welt der Bibel, sondern auch in der übrigen Antike weit verbreitet. Das geht unter anderem aus manchen der bei Ausgrabungen in Epidauros zutage geförderten Votivtafeln hervor. Ein Beispiel dafür ist der folgende Text, der nicht nur gewisse Entsprechungen mit der bereits erwähnten Schilderung von der Heilung des Pandaros, sondern gleichzeitig auch eine verblüffende Ähnlichkeit mit der Geschichte von Hananias und Saphira aufweist.

Dieser Darstellung zufolge begibt sich ein gewisser Echedoros nach Epidauros, um sich von einem (Mutter?)Mal heilen zu lassen. Sein Bekannter Pandoros, der unter dem gleichen Schönheitsfehler leidet, gibt ihm eine Geldsumme für den Tempel mit, in der Hoffnung, auf diese Weise ebenfalls von seinem störenden Hautfleck befreit zu werden.

Echedoros bekam Pandaros' Mal zu dem [Muttermal], das er schon hatte.

Dieser [Echedoros] hatte von [seinem Bekannten] Pandaros Geld bekommen, um dem Gott in Epidauros eine Stiftung für ihn zu machen. Er wollte es aber nicht abliefern [sondern behielt es für sich].

Im Heilschlaf sah er ein Gesicht. Es träumte ihm, der Gott trete vor ihn hin und frage ihn, ob er etwa Geld von Pandaros habe für eine Athene[statue] als Weihegeschenk für das Heiligtum. Da habe er gesagt, er habe nichts Derartiges von ihm bekommen; aber wenn er ihn gesund machen würde, so werde er ein Bild malen lassen und ihm weihen. Hierauf habe der Gott ihm [im Schlaf] die Binde des Pandaros um sein Mal gebunden und ihm befohlen, wenn er aus dem Heilraum komme, die Binde abzunehmen, sein Gesicht am Brunnen zu waschen und sich im Wasser zu spiegeln.

Als es Tag geworden war, ging er aus dem Heilraum her-

aus und nahm die Binde ab, die die Zeichen [d.h. das Mal]
nicht [mehr] hatte. Als er aber in das Wasser schaute, sah er,
daß sein Gesicht zu seinem eigenen Mal noch die Zeichen
des Pandaros bekommen hatte.[8]

Aus anderen Berichten wissen wir, daß die Heilung
während des nächtlichen Schlafes im Heilraum manchmal
durch einen Eingriff des Gottes Asklepios selbst vollzogen
wurde. Weitaus häufiger jedoch erhielten die Bittsteller im
Traum detaillierte Anweisungen, deren Befolgung die Heilung (oftmals auf ganz natürliche Art) bewirkte. Die Aufforderung, die an Echedoros ergeht, führt jedoch gerade
nicht zur Heilung seines Gebrechens; vielmehr beschert sie
ihm zur Strafe für seine Unehrlichkeit ein weiteres Übel.

Aller Wahrscheinlichkeit nach handelt es sich um eine
erfundene Geschichte. Denn offensichtlich basiert die
ganze Darstellung auf jenem Bericht, dem wir bereits im
Zusammenhang mit den Heilungswundern begegnet sind.
Nur daß dieser jetzt zu einem abschreckenden Beispiel für
jene umgearbeitet wird, welche ähnlichen Versuchungen
ausgesetzt sind wie der unglückliche Echedoros. Unmißverständlich ist die Moral von der Geschichte: sie will
die Pilger davor warnen, gottgeweihte Stiftungen für sich
zurückzubehalten, und ermuntert sie gleichzeitig, durch
eine materielle Zuwendung an den Tempel dem Gott einen
gebührenden Heildank abzustatten.

Strafwunder haben innerhalb der antiken religiösen
Überlieferung ihren festen Platz.[9] Auffallenderweise jedoch wird von Jesus kein einziges Strafwunder überliefert
– es sei denn, man wolle die etwas rätselhafte Episode von
der Verfluchung des Feigenbaumes, der keine Früchte trägt
(Mk 11,12–14.20f par), dieser Kategorie zurechnen. Überlieferungsgeschichtlich betrachtet aber handelt es sich dabei wohl um eine Verformung des Gleichnisses vom un-
fruchtbaren Feigenbaum (vgl. Lk 13,6–9).

---

[8] Herzog, zit. Weiser, Apostelgeschichte, 142.
[9] Weitere Beispiele von Strafwundergeschichten aus dem Judentum und
    der griechisch-hellenistischen Umwelt bei Weiser, Apostelgeschichte,
    139–142.

Anderseits jedoch werden von Jesus mehrere *normen-begründende Wundergeschichten* überliefert. Ein Beispiel ist die Erzählung von der Heilung des Mannes mit der gelähmten Hand, wobei Jesus zuvor die Frage nach der geltenden Handlungsnorm stellt: »Was ist am Sabbat erlaubt: Gutes zu tun oder Böses, ein Leben zu retten oder es zu vernichten?« (Mk 3,4parr).

Natürlich finden sich normenbegründende Wundererzählungen nicht nur im Neuen Testament. Erinnert sei etwa an das Fischwunder des Pythagoras (um 570 – um 497 v. Chr.). Indem dieser die genaue Zahl der bei einem Fischzug gefangenen Fische voraussagt, will er verhindern, daß diese getötet werden.

Und das Erstaunliche geschah: kein Fisch, der während der Zeit der Zählung außerhalb des Wassers blieb, starb, solange er dabeistand. Viele Anwesende erinnerte er an das vorherige Leben, das ihre Seele einmal gelebt hatte, bevor sie einst in diesem Körper gefesselt wurde.[10]

Das Wunder dient offensichtlich der Begründung der von Pythagoras vertretenen Seelenwanderungslehre und der daraus abgeleiteten Vorschrift einer vegetarischen Lebensweise.

Im Judentum haben die normenbegründenden Wunder (zumindest nach der Zerstörung des Tempels im Jahre 70 n. Chr.) keinerlei Bedeutung. Den Maßstab für das ethische Verhalten bildet allein die Interpretation des überlieferten Gesetzes und nicht eine neue – und sei es durch ein Wunder erfolgte – Offenbarung. Als der berühmte Rabbi Eliezer sich zur Begründung der geltenden Norm auf eine Stimme vom Himmel beruft, hält ihm ein anderer Talmudweiser entgegen: »Wir kümmern uns nicht um eine Art Stimme, weil die Weisung schon am Berg Sinai gegeben worden ist.«[11]

---

[10] Porphyrios, Leben des Pythagoras, 25; zit. Theißen (vgl. Anm. 3), 115.
[11] Babylonischer Talmud, Traktat *Baba Mezia* 59b; zit. nach: Der Talmud, ausgewählt, übersetzt und erklärt von R. Mayer (Goldmann Klassiker, Bd. 7571), München ⁸1986, 313.

Beglaubigungswunder

Manche Normenwundergeschichten sind dadurch charakterisiert, daß sie nicht den göttlichen Ursprung einer bestimmten Handlungsnorm unterstreichen, sondern die göttliche Sendung einer Person glaubhaft machen wollen. Man spricht deshalb von *Beglaubigungswundern*. So befiehlt Jahwe Mose und Aaron, sich vor dem Pharao durch ein Wunder auszuweisen:

Der Herr sprach zu Mose und Aaron: Wenn der Pharao zu euch sagt: Tut doch ein Wunder zu eurer Beglaubigung!, dann sag zu Aaron: Nimm deinen Stab und wirf ihn vor den Pharao hin! Er wird zu einer Schlange werden. Als Mose und Aaron zum Pharao kamen, taten sie, was ihnen der Herr aufgetragen hatte: Aaron warf seinen Stab vor den Pharao und seine Diener hin, und er wurde zu einer Schlange. Da rief auch der Pharao Weise und Beschwörungspriester, und sie, die Wahrsager der Ägypter, taten mit Hilfe ihrer Zauberkunst das gleiche: Jeder warf seinen Stab hin, und die Stäbe wurden zu Schlangen. Doch Aarons Stab verschlang die Stäbe der Wahrsager (Ex 7,8–12).

Bemerkenswert ist, daß auch die Widersacher und Feinde Israels Wunderwerke vollbringen, die allerdings als Trug entlarvt werden. Schauwunder allein reichen demzufolge nicht aus zur Beglaubigung eines göttlichen Sendungsauftrags; im Zweifelsfalle bedürfen diese ihrerseits wiederum der Bestätigung; sie könnten ja mit Hilfe irgendwelcher dämonischer Mächte gewirkt worden sein! In unserem Falle erfolgt dieser Nachweis dadurch, daß Aaron im Wettkampf zwischen den Wundertätern obsiegt.

Solche Beglaubigungswunder werden von vielen herausragenden religiösen Persönlichkeiten, vorab von den Religionsstiftern, überliefert. Erstaunlicherweise ist dieses Phänomen auch im Islam verbreitet, obwohl der Koran dem Wunder bekanntlich keinerlei Beweiswert beimißt (Sure 6, 111; vgl. auch 17,97; 10,96–97; 6,25). Diese letztere Tatsache hängt mit dem islamischen Verständnis vom Wirken Gottes zusammen. Im Gegensatz zu unserer abendländischen Vorstellung von den Naturgesetzen *(hinter* oder *in* denen die Gläubigen Gottes Wirken wahrnehmen) führt die klassische islamische Theologie jedes Geschehen *unmittelbar* auf Gott zurück. Was der Mensch als Gesetzmäßigkeit *empfindet*, ist in Wirklichkeit nichts als eine Gewohnheit Gottes. Eine Unterbrechung dieser Gewohnheit *erscheint* dem Betrachter zwar als ein ›Wunder‹, ist aber *seiner Natur nach* genauso normal wie alles übrige Geschehen im Weltenlauf, der ganz und gar von Gott gelenkt wird.

Dennoch geschieht es, daß Gott manchmal ein wenig gegen seine Gewohnheiten handelt, um den Menschen einen Wink zu geben – vor allem, wenn es darum geht, die Authentizität einzelner Propheten zu bestätigen. Was die Person Jesu betrifft, erwähnt der Koran eine ganze Reihe solcher Zeichen: er wird von einer Jungfrau geboren, spricht schon in der Wiege, macht aus Ton geformte Vögel lebendig; er heilt Aussätzige und Blinde und erweckt Tote zum Leben – alles Dinge, angesichts deren sich den subtilen Spekulationen der islamischen Theologen zum Trotz letztlich eben doch der Begriff ›Wunder‹ aufdrängt. Allerdings verweist der Koran darauf, daß all dies mit Gottes ausdrücklichem Willen geschieht, so daß in jedem Fall Allah allein der Urheber dieser wunderbaren Ereignisse ist (vgl. Sure 5,110).[12] Tatsächlich können die Propheten nur mit Gottes Erlaubnis ›Wunder‹ wirken (Sure 40,78; Sure 13,38).

Anderseits weist der Koran an vielen Stellen darauf hin, daß Gott sich ausdrücklich weigert, die Sendung des letzten und größten Propheten, Muhammads, durch irgendwelche Beglaubigungswunder zu bestätigen (vgl. u.a. Sure 6,9; Sure 17,90–93). Paradoxerweise aber berichtet schon Muhammads erster Biograph, Ibn Ishaq, von dessen Wundertaten. Die islamische Volksfrömmigkeit griff das Thema auf; im Lauf der Zeit wurden dem Propheten immer neue Wunder zugeschrieben. Zumeist geht es dabei um Krankenheilungen und um die Bestrafung seiner Gegner: ihre Pferde stolpern, als sie ihm nachsetzen; ihre Hände verdorren beim Versuch, ihn zu steinigen; sie sterben, nachdem

---

[12] Dazu ausführlich: J. Imbach, Wem gehört Jesus? Seine Bedeutung für Juden, Christen und Moslems, Freiburg i. Br. 1993.

Muhammad ihren Tod vorausgesagt hat... Rein formal betrachtet fallen diese außergewöhnlichen Taten des Propheten zwar unter die Kategorie der Heil- und Strafwunder. Praktisch jedoch haben sie, entgegen allen erwähnten koranischen Vorbehalten, dennoch die Funktion von Beglaubigungswundern.

Ähnliches gilt für andere bedeutende religiöse Persönlichkeiten wie Buddha (6./5. Jh. v. Chr.) oder Zarathustra (7./6. Jh. v. Chr.), den Reformator der altpersischen Religion. Offenbar tendiert jede Religion dazu, die Autorität ihrer Begründer und oder Reformer mit Hilfe von Beglaubigungswundern zu festigen. Daher erstaunt es nicht, daß zahlreiche Zeichenhandlungen Jesu *in der Darstellung der Evangelisten* zu Beglaubigungswundern werden.

Epiphaniewunder

In gewisser Hinsicht stellt jedes Wunder eine Erscheinungsform des Göttlichen dar. Von *Erscheinungs-* oder *Epiphaniewundern* im eigentlichen Sinn jedoch spricht man, wenn das Göttliche sich dem Menschen *persönlich* manifestiert. Zu den bekanntesten Wundern dieser Art gehört zweifellos die Schilderung der Gotteserscheinung am Sinai:

Am dritten Tag, im Morgengrauen, begann es zu donnern und zu blitzen. Schwere Wolken lagen über dem Berg, und gewaltiger Hörnerschall erklang. Das ganze Volk im Lager begann zu zittern.

Mose führte es aus dem Lager hinaus Gott entgegen. Unten am Berg blieben sie stehen. Der ganze Sinai war in Rauch gehüllt, denn der Herr war im Feuer auf ihn herabgestiegen. Der Rauch stieg vom Berg auf wie Rauch aus einem Schmelzofen. Der ganze Berg bebte gewaltig, und der Hörnerschall wurde immer lauter. Mose redete, und Gott antwortete im Donner (Ex 19,16–19; vgl. auch Ex 3; 1 Kön 19,11–18; Jes 6; Ez 1).

Unter den Epiphaniewundern im Neuen Testament (anläßlich der Taufe Jesu: Mk 1,10–11parr; Joh 1,32f; bei seiner Verklärung: Mk 9,2–8parr) kommt den Erscheinungen des Auferstandenen eine besondere Bedeutung zu.

Erscheinungswunder gehören zum festen Bestandteil auch der nichtchristlichen Religionen. So rechneten die alten Griechen ohne weiteres mit der Möglichkeit, daß eine Gottheit (Asklepios, Apollo, Zeus) sich den Menschen zeigen könne. In Ägypten, wo man den Herrscher als Inkarnation der Gottheit betrachtete, verglich man zur Zeit der Ptolemäer (323–30 v. Chr.) den offiziellen königlichen Besuch in einer Stadt mit einer göttlichen Erscheinung, was den Glauben an die Epiphanie von Gottheiten voraussetzt. Dieser Glaube war auch in Assyrien und Babylonien, wie in der antiken Welt überhaupt verbreitet. Dabei dachte man sowohl an Visionen (Sehen einer Gottheit) als auch an Auditionen (Vernehmen einer göttlichen Stimme). Was diese letzteren betrifft, überliefert der Talmud von dem berühmten Rabbi Aqiba, der unter den Römern im Jahre 135 den Martertod erlitt, eine Episode, die entfernt an die Erscheinungen anläßlich der Taufe Jesu und seiner Verklärung erinnert:

In der Stunde, da sie Rabbi Aqiba zur Hinrichtung hinausführten, war es Zeit, das Schema' Jisrael [»Höre, Israel«; Glaubensbekenntnis im täglichen Morgen- und Abendgebet; vgl. Dtn 6,4] zu bekennen. Als sie sein Fleisch mit Kämmen aus Eisen kämmten, nahm er das Joch der Herrschaft des Himmels auf sich [wer das Schema' Jisrael betet, bekennt sich zum einzigen Gott und nimmt damit das ›Joch seiner Herrschaft‹ auf sich]. [...] Da ging eine Art Stimme hervor, die sprach: Wohl dir, Rabbi Aqiba, denn du bist bestimmt zum Leben der kommenden Welt![13]

Rettungswunder

Eine Konstante in allen religiösen Überlieferungen bilden die zahlreichen *Rettungswunder*, die davon erzählen, wie

---

[13] Babylonischer Talmud, Traktat *Berakhot* 61b; zit. nach: Der Talmud, ausgewählt, übersetzt und erklärt von R. Mayer (Goldmann Klassiker, Bd. 7571), München ⁸1986, 433.

Menschen in vielerlei Gefahren, etwa angesichts bedrohlicher Naturgewalten oder feindlicher Nachstellungen, unerwartet göttliche Hilfe erfahren durften. So findet sich im Jerusalemer Talmud eine Meerwundererzählung, die entfernt an die Stillung des Seesturms durch Jesus erinnert (vgl. Mk 4,35–41parr).

In einem heidnischen Schiff, das auf dem Mittelmeer eine Seereise machte, befand sich ein jüdisches Kind. Als ein großer Sturm im Meer aufkam, standen alle auf, und jeder einzelne begann, seinen Götzen mit der Hand emporzuheben und anzurufen. Aber ohne Erfolg. Als sie sahen, daß sie keinen Erfolg hatten, sagten sie zu jenem Juden: Kind, stehe auf, rufe zu deinem Gott; denn wir haben gehört, daß er euch antwortet, wenn ihr zu ihm schreit, und daß er stark ist. Da stand das Kind sogleich von Herzen gern auf und betete, und der Heilige – gepriesen sei er – nahm sein Gebet an; und das Meer schwieg.[14]

Ähnliche Überlieferungen über wunderbare Errettungen aus Seenot finden sich bei den alten Griechen, Römern und Ägyptern. Im Gegensatz zu der neutestamentlichen Erzählung vom Seesturm jedoch, welche dem Wundertäter Jesus selbst göttliche Kräfte zuschreibt, handelt es sich in diesen Geschichten in der Regel um Gebetserhörungen.

Geschenkwunder

Im Gegensatz zu den Rettungswundern, die immer von der Abwendung drohender Gefahren handeln, erzählen die *Geschenkwundergeschichten* davon, wie Menschen überraschend mit materiellen Gütern überschüttet werden.

So versorgt der Prophet Elija in Sarepta eine Witwe mit Mehl, während ringsum im Land Hungersnot herrscht (1 Kön 17,8–16; vgl. 2 Kön 4,1–7). Ähnliche Fähigkeiten schreiben die Anhänger des Islams Muhammad zu. Das fol-

---

[14] Jerusalemer Talmud, Traktat *Berakhot* IX,1; zit. nach: Weiser, Wunder, 109. Zahlreiche Hinweise auf hellenistische Wundergeschichten, die von der Rettung aus Seenot handeln bei: R. Pesch, Das Markusevangelium, 1. Teil (Herders theologischer Kommentar zum Neuen Testament, Bd. 2), Freiburg Basel Wien 1976, 274.

gende Beispiel stammt aus einer von Qadi Ijad im 12. Jahrhundert verfaßten Schrift, die eine ganze Reihe von Wundertaten des Propheten überliefert, die ihrerseits in älteren Quellen berichtet werden.

Aijub bereitete für den Propheten und Abu Bekr soviel Speise, wie für beide genügen konnte. Da sagte der Prophet zu ihm: Rufe dreißig von den nichtmuslimischen Vornehmen der Stadt herbei! Das tat er, und sie aßen und ließen noch übrig. Darauf sagte er: Rufe sechzig herbei! Auch sie aßen, bis sie noch übrig ließen. Und keiner von ihnen ging hinaus, ohne den Islam angenommen und dem Propheten gehuldigt zu haben. Abu Aijub berichtet: So haben von meiner Speise 180 Mann gegessen.[15]

Christliche Leserinnen und Leser werden sich hier vermutlich spontan daran erinnern, daß Jesus ähnliche Wunderkräfte besaß; erinnert sei an die Sättigung einer großen Menschenmenge mit etwas Brot und ein paar Fischen (Mk 6,30–44parr; vgl. 8,1–10par), an die Umwandlung von Wasser in Wein (Joh 2,1–12) und an den reichen Fischfang (Lk 5,1–11; Joh 21,1–14).

Diese Geschenkwunder sind in den Evangelien stets dadurch charakterisiert, daß Jesus unauffällig handelt. Keinerlei Bitten gehen seinem Tun voraus; irgendwelche Hinweise auf magische Praktiken fehlen. Zwar gibt es einen äußeren Anlaß (die Leute haben Hunger, der Wein ist ausgegangen, die Fischer haben sich umsonst abgemüht). Das Wunder selbst jedoch geschieht völlig unerwartet.

Typologie als Verständnishilfe

Erst der religionsgeschichtliche Vergleich gestattet es, die einzelnen Wunderüberlieferungen richtig zu gewichten. Darüber hinaus ermöglicht dieses Vorgehen, eine Typologie der Wundergeschichten zu erarbeiten und diese verschiedenen Gruppen zuzuordnen.

Eine derartige Klassifizierung geschieht natürlich nicht um ihrer selbst willen. Vielmehr soll sie den Weg ebnen zu

---

[15] Zit. nach Weiser, Wunder, 176.

einem besseren Verständnis. Daß dies tatsächlich zutrifft, vermögen ein paar knappe Hinweise auf das Neue Testament zu belegen. Der Seewandel Jesu ist ein *Epiphaniewunder*, die Speisung der Fünftausend fällt unter die Kategorie der *Geschenkwunder*, die Stillung des Seesturms 'unter die *Rettungswunder*. Früher wurden diese Wundergeschichten zumeist als *Naturwunder* bezeichnet.[16] Die ehemals als *Begleitwunder* eingestuften Geschehnisse (die himmlische Stimme bei der Taufe und bei der Verklärung Jesu; Verfinsterung der Sonne, Zerreißen des Tempelvorhanges, Erdbeben und Totenauferstehungen bei seinem Tod; die Himmelfahrt als sichtbares Geschehen) werden verständlicher, wenn man sie als *Beglaubigungswunder* interpretiert. Eine sachgerechte Bestimmung der literarischen Form einer Wundergeschichte ebnet den Weg zu einer sachgemäßen Interpretation ihres Inhalts. Bei Wundergeschichten verhält es sich ähnlich wie mit anderen literarischen Werken. Wer eine wissenschaftlich fundierte Biographie mit einem Roman oder eine Legende mit einem historischen Bericht verwechselt, dokumentiert damit nicht nur seine Hilflosigkeit gegenüber literarischen Gattungen und Formen, sondern kann auch die solchen Texten zugrunde liegende Botschaft nicht verstehen.

---

[16] So noch Weiser, 105–119.

Was gestern noch als Wunder galt

Kleiner Abstecher in die Dogmatik

»Man kann nicht elektrisches Licht und Radioapparat benutzen, in Krankheitsfällen moderne medizinische und klinische Mittel in Anspruch nehmen und gleichzeitig an die Geister- und Wunderwelt des Neuen Testaments glauben.[1]« So Rudolf Bultmann schon im Jahre 1933 in seinem berühmten Aufsatz über »Neues Testament und Mythologie«.

Lehramtliche Entscheidungen...

In der Tat ist der Wunderglaube auch unter den Gläubigen seit Beginn der Neuzeit, insbesondere seit der Aufklärung, mehr und mehr im Schwinden begriffen. Eine massive Reaktion auf diese rückläufige Tendenz erfolgte lehramtlicherseits auf dem Ersten Vatikanischen Konzil, in jener Zeit also, die zu einem guten Teil von mancherlei theologischen Rückzugsgefechten charakterisiert war. In der am 24. April 1870 verabschiedeten Konstitution über den katholischen Glauben *(Dei Filius)* erklären die Konzilsteilnehmer kategorisch:

Wer sagt, es könnten keine Wunder geschehen und daher seien alle Erzählungen darüber – auch die in den heiligen Schriften enthaltenen – unter die Fabeln oder Mythen zu verweisen; oder Wunder könnten niemals sicher erkannt werden und durch sie werde der göttliche Ursprung der christlichen Religion nicht zu Recht bewiesen: der sei mit dem Anathema [Ausschluß aus der Kirche] belegt.[2]

---

[1] R. Bultmann, Neues Testament und Mythologie, in: H.-W. Bartsch (Hrsg.), Kerygma und Mythos, Bd. 1, Hamburg-Bergstedt ⁴1960, 16.

[2] H. Denzinger, Kompendium der Glaubensbekenntnisse und kirchlichen Lehrentscheidungen. Verbessert, erweitert, ins Deutsche übertragen und unter Mitarbeit von Helmut Hoping herausgegeben von Peter Hünermann, Freiburg Basel Rom Wien ³⁷1991 (lateinisch/deutsch), 822f (Nr. 3034). Künftig abgekürzt DH mit Angabe der Dokumentennummer.

Die Wunder werden hier (neben den »inneren Hilfen des Heiligen Geistes«) als »äußere Beweise« für die Wahrheit der göttlichen Offenbarung betrachtet.[3]

Für ein angemessenes Verständnis dieses Konzilstextes sind mindestens vier Dinge zu beachten, auf die im folgenden näher einzugehen ist.

(1) Ganz offensichtlich rechnen die Konzilsväter mit der *Möglichkeit* von Wundern, wobei sie daran festhalten,

(2) daß nur gewisse, ganz *bestimmte Ereignisse als Wunder zu qualifizieren sind;*

(3) *daß ebendiese Ereignisse einen gültigen Beweis darstellen für den göttlichen Ursprung der christlichen Offenbarung (und damit der christlichen Glaubenslehre);*

(4) daß Gott *tatsächlich* Wunder gewirkt hat (wobei hier vor allem an die Erzählungen der Heiligen Schrift gedacht ist, die Frage der Historizität der *einzelnen* dort enthaltenen Überlieferungen aber nicht berührt wird).

Hier ist zunächst daran zu erinnern, daß Aussagen immer auf bestimmten Voraussetzungen beruhen, die in der Regel nicht weiter hinterfragt werden. Beispielsweise wird niemand in Abrede stellen, daß Wasser bei null Grad den Gefrierpunkt erreicht. Allerdings behalten wissenschaftliche Erkenntnisse ihre Gültigkeit nur unter genau festgelegten Bedingungen. So gelingt das Gefrier-Experiment bloß, wenn es auf Meereshöhe durchgeführt wird. Wenn andere Druckverhältnisse herrschen (der atmosphärische Druck läßt sich auch künstlich verändern!), wird der experimentelle Nachweis die Aussage nicht mehr bestätigen. Ähnliches gilt selbstverständlich für alle Äußerungen des kirchlichen Lehramts. Auch diese beruhen auf ganz bestimmten, zumeist *stillschweigenden Voraussetzungen.* Logischerweise sind sie deshalb nur in dem Maße schlüssig, als diese (in der Regel nicht weiter reflektierten) Voraussetzungen tatsächlich zutreffen.

Auf solchen von den Konzilsvätern nicht weiter hinterfragten Denkvoraussetzungen fußen auch die Aussagen des Ersten Vaticanums zur Wunderproblematik. Leider aber

---

[3] DH 3009.

ließen sich die Konzilsteilnehmer in ihrem apologetischen Eifer dazu hinreißen, ihren Gegnern, welche die Möglichkeit von Wundern schlechtweg bestritten, hinterherzurennen, gewissermaßen in der Hoffnung, sie auf ihrem eigenen (naturwissenschaftlichen) Terrain zu schlagen. Und prompt verrannten sich dabei in eine theologische Sackgasse.

...und die damit verbundene Problematik

(1) Problematisch ist schon der von den Konzilsvätern vorausgesetzte Wunderbegriff. Diese verstanden unter einem Wunder ein außergewöhnliches, von Gott gewirktes (›übernatürliches‹) Ereignis, das sich mit Hilfe der Naturgesetze nicht erklären läßt. Daß diese Auffassung auch heute noch verbreitet ist, belegt ein bekanntes Lexikon, welches das Wunder definiert als einen »Vorgang, der dem gewöhnlichen Verlauf der Dinge oder den Naturgesetzen anscheinend widerspricht.«[4] Wohlgemerkt: *anscheinend*, nicht *scheinbar*! (Wer den Unterschied nicht kennt, sei auf den Duden verwiesen.)

Dabei wußte schon die mittelalterliche Theologie (unter Bezugnahme auf den heiligen Augustinus), daß nur jene unerklärlichen Ereignisse als Wunder im eigentlichen Sinn gelten können, welche unmittelbar auf Gott zurückzuführen sind. Diese Präzisierung war deshalb notwendig, weil man in früheren Jahrhunderten fraglos damit rechnete, daß auch Dämonen und Geister eine große Macht über die Menschen ausübten und daß manche geheimnisvolle Dinge auf diese dunklen Mächte zurückzuführen seien. Von solchen dämonischen Pseudowundern glaubte man Gottes Eingreifen in den Weltenlauf vorzugsweise wegen seiner glaubensfördernden Wirkung unterscheiden zu können. Der religiöse Zweck – beispielsweise die Manifestation von Gottes Herrlichkeit – spielt also eine wesentliche Rolle. Daß der Glaube Gott die *Möglichkeit* eines solchen Ein-

---

[4] dtv-Lexikon, Band 20, München 1973, 199.

greifens zugesteht, versteht sich von selbst, denn »für Gott ist nichts unmöglich« (Lk 1,37; vgl. Gen 18,14; Jer 32,27).

(2) Kann man aber aufgrund der bloßen *Möglichkeit* eines göttlichen Eingriffs darauf schließen, daß Gott *tatsächlich* unter Umgehung der Naturgesetze den Weltenlauf beeinflußt? Bis vor wenigen Jahrzehnten haben die katholischen Theologen fast durchwegs die Auffassung vertreten, daß Wunder relativ leicht feststellbar und überdies empirisch nachzuweisen seien, weil sie, obwohl außerhalb der Natur*gesetzlichkeit*, eben doch innerhalb der Natur*wirklichkeit* stattfänden.

Dabei übersah man allerdings, daß ein Wunderbegriff im Sinne einer zeitweiligen Aufhebung oder Durchbrechung der Naturgesetze durch Gott stillschweigend davon ausgeht, daß diese Naturgesetze samt und sonders bekannt seien. Indessen haben die Naturwissenschaftler im Verlauf der Jahrhunderte immer neue Gesetzmäßigkeiten und Zusammenhänge entdeckt und demzufolge frühere Forschungsergebnisse immer wieder modifizieren und korrigieren müssen. Schon diese simple Erfahrungstatsache zeigt, daß keinerlei Anlaß besteht, diese ganze Entwicklung für abgeschlossen zu erklären – ganz im Gegenteil! Wenn daher ein Naturwissenschaftler mit einem ungewöhnlichen Ereignis konfrontiert wird, das sich mit den ihm bekannten Gesetzmäßigkeiten nicht vereinbaren läßt, so legitimiert ihn das keineswegs, von einem Eingreifen Gottes zu sprechen. Innerhalb seines Forschungsbereiches gibt es für ihn prinzipiell keine Wunder, sondern lediglich (noch?) unerklärbare Phänomene, für die er nach einer Lösung suchen muß. Täte er das nicht, so bedeutete das den Tod seiner Wissenschaft; ein Erkenntnisfortschritt käme nicht mehr zustande. Falls er für ein bestimmtes Problem keine Lösung findet, muß er die Frage von seinem wissenschaftlichen Standpunkt aus eben offenlassen. *Als Vertreter seines Fachs* kann er gar nicht von einem Wunder reden, weil er so vom wissenschaftlichen in den weltanschaulichen oder religiösen Bereich hinüberwechseln würde. Damit aber würde Gott zum Lückenbüßer für fehlende wissenschaftliche Erkenntnisse. Wenn es den Naturwissenschaften gelänge, das Problem doch noch zu lösen, würde dieser Gott nur wiederum ein weiteres Stück an Boden verlieren – wie das ja schon so oft geschehen ist. Diesen fortschreitenden Rückzug Gottes aus der Welt hat Bertolt Brecht in seinem Theaterstück »Die Mutter« illustriert:

Die Versicherung hilft, wenn das Beten nicht geholfen hat. Sie brauchen also nicht mehr an Gott zu glauben, wenn die Gewitter am Himmel stehen, aber Sie müssen versichert sein. Denn das hilft Ihnen. Wenn er so unwichtig ist, ist das ungünstig für Gott. So besteht doch Hoffnung, daß dieser Gott, wenn er erst über euren Feldern verschwunden ist, auch aus euren Köpfen verschwindet. In meiner Jugend glaubten alle Leute noch fest daran, daß er irgendwo im Himmel säße und aussähe wie ein alter Mann. Dann kamen die Flugzeuge, und in den Zeitungen stand, daß am Himmel neuerdings alles meßbar ist. Niemand redete mehr von einem Gott, der im Himmel sitzt. Dagegen hörte man jetzt oft die Ansicht, er sei wie ein Gas, nirgends und doch überall. Als man dann las, aus was die Gase alles bestanden, war Gott nicht darunter, und so konnte er sich auch als Luft nicht halten, denn die kannte man. So war er immer dünner geworden und hat sich sozusagen verflüchtigt. Jetzt liest man mitunter, er sei überhaupt nur eine geistige Beziehung, und das ist doch sehr verdächtig.[5]

Tatsächlich ist heute vieles, was gestern noch als Wunder galt, natürlich erklärbar – eben aufgrund des wissenschaftlichen Erkenntnisfortschritts. Zwar gibt man sich inzwischen auch über die Relativität der wissenschaftlichen Einsichten Rechenschaft. Aber dieses Bewußtsein vermag die Zweifel an der Möglichkeit von Wundern natürlich nicht zu zerstreuen. Die Frage jedenfalls, ob manche bislang rätselhafte Vorkommnisse – etwa überraschende Genesungen von unheilbaren Krankheiten – nicht eines Tages doch noch erklärt werden können, ist mit dem Hinweis auf die Möglichkeit von Wundern nicht aus der Welt zu schaffen. So wissen wir manches über die wechselseitige Einwirkung, die Körper und Geist aufeinander ausüben. In die-

---

[5] B. Brecht, Die Mutter, in: Werke, Bd. 5, Berlin Frankfurt a. M. 1957, 95f.

sem Zusammenhang betonen die Ärzte, daß manche körperliche Leiden durch seelische Konflikte ausgelöst oder durch diese bedingt sind. Wären nicht umgekehrt auch psychogene Heilungen denkbar, beschleunigt durch die Aktivierung seelischer Kräfte im Menschen, über die wir nur sehr unzureichend informiert sind? Im übrigen ist auch den Theologen schon aufgefallen, daß es im religiösen Bereich durchaus so etwas wie eine Art ›Wundergrenze‹ gibt. So kennen wir keine Beispiele für eine Neuschaffung von Materie. Zumindest gibt es keinen ernstzunehmenden Wunderbericht, in dem überliefert wird, daß etwa ein amputiertes Bein wieder nachgewachsen sei.

Heute rekurrieren wohl die meisten Menschen angesichts eines unerklärlichen Ereignisses eher auf die Parapsychologie als auf eine religiöse Deutung.

Bekanntlich untersucht die Parapsychologie Phänomene, die unseren gängigen Erfahrungen zuwiderlaufen und für die wir keine hinreichende Deutung kennen. Dazu gehören die *Psychokinese*, d.h. die direkte Einwirkung seelisch-geistiger Kräfte auf die Materie, ohne die Beteiligung physikalischer Ursachen, sowie die *außersinnliche Wahrnehmung*, bei der man wiederum mehrere Formen zu unterscheiden pflegt: *Telepathie* (Übertragung seelischer Vorgänge, Gedanken, Stimmungen, Gefühle...), *Hellsehen* (Wahrnehmung eines unbekannten Sachverhalts oder Ereignisses) und *Präkognition* (Wahrnehmung eines zukünftigen Ereignisses, das unter normalen Umständen nicht erschlossen werden kann). Bezüglich der Frage nach der Art der hier wirksamen Kräfte ist die Parapsychologie weitgehend auf Vermutungen angewiesen. Die *animistische Hypothese* sucht nach Ursachen, die in der menschlichen Psyche zu lokalisieren sind, während die *spiritistischen Erklärungsversuche* eine Mitwirkung geistiger Wesen (z. B. der Seelen Verstorbener) nicht ausschließt. In jedem Fall zielen die Forschungsbemühungen darauf, solche außergewöhnlichen Erscheinungen auf eine feste Ordnung zurückzuführen. Nach Bela Weissmahr haben »diese Phänomene für die Wunderfrage insofern eine Bedeutung, als sie es ermöglichen, die Berechtigung einer von vielen Theologen gemachten scharfen Trennung der Wunder von den natür-

lichen Phänomenen in Frage zu stellen. Die Grenzen des
›von der Natur her Möglichen‹ werden dadurch wesentlich
weiter gesteckt, als dies allgemein angenommen wird. Für
die Theologie ergibt sich daraus jedenfalls eine größere Of-
fenheit gegenüber den z. B. in den Evangelien enthaltenen
Wunderberichten.«[6]

Offensichtlich hat eine fortschreitende Welterkenntnis
auch bei gläubigen Menschen zu der Einsicht geführt, daß
Gott seine Schöpfungsgesetze mehr achtet, als man sich das
in den vorwiegend von einer mythischen Welterfahrung ge-
prägten Zeiten vorgestellt hat.

Wenn sich der Gläubige mit einem unerklärlichen Geschehen konfrontiert sieht, berechtigt ihn das keineswegs,
von einem Wunder *im Sinne eines direkten Eingreifens
Gottes in den Lauf der Naturgesetze* zu sprechen. Diese an
sich banale Erkenntnis vertritt übrigens schon der heilige
Augustinus (354–430), der im Wunder ein Ereignis sieht,
das *die uns bekannten* Gesetze der Natur durchbricht.
Ähnlich äußert sich Thomas von Aquin, welcher das Wunder definiert als »das, was *unter Übergehung der uns bekannten Ursache* von Gott her geschieht«.[7] Das Wunder
wäre demnach nicht ein Widerspruch zu den Naturgesetzen. Allenfalls stünde es im Widerspruch zu dem, *was wir
von diesen Gesetzen wissen.*

Ein ähnliches *methodisches* Verdikt gilt natürlich auch
für den Naturwissenschaftler, der kein Recht hat zu behaupten, daß Gott *nicht* direkt in den Lauf der Natur ein-
greift oder eingreifen kann.

Leider ließ sich die Theologie in dieser ganzen Debatte
die Fragestellung von den Naturwissenschaften diktieren,
womit sie gleichzeitig dazu beitrug, deren rationalistisches
Weltbild zu sanktionieren. Auf diese Weise kam ihr das Ge-

---

[6] B. Weissmahr, Natürliche Phänomene und Wunder, in: F. Böckle (u.a.,
    Hrsg.), Christlicher Glaube in moderner Gesellschaft, Bd. 4, Freiburg
    Basel Wien 1982, 145; zum folgenden vgl. ebd., 121–148.

[7] Augustinus, Contra Faustum 29,4, in: PL 42, 207-518; hier 490: »con-
    tra naturae cursum *notissimum*"; vgl. auch 26,3, ebd., 480f. Thomas von
    Aquin, Summa theologica I, q. 105,7 (vgl. Deutsche Thomasausgabe,
    Bd. 8, 66ff.).

spür für die *religiöse* Bedeutung der Wunder immer mehr abhanden.

(3) Unabhängig von dieser ganzen Problematik stellt sich angesichts der Lehre des Ersten Vaticanums die Frage nach dem Beweiswert der Wunder für den Wahrheitsgehalt der christlichen Offenbarung.

Wie wir feststellen konnten, gehören außergewöhnliche Ereignisse (ob diese sich inner- oder außerhalb der Naturgesetzlichkeit abspielen, ist dabei nicht von Bedeutung) zum festen Bestand aller antiken religiösen Überlieferungen.

Diese Tatsache war den Konzilsvätern natürlich nicht gänzlich unbekannt. Aber die überwiegende Mehrheit unter ihnen besaß diesbezüglich nur sehr lückenhafte Kenntnisse. Außerdem ging man davon aus, daß sich in den Wunderberichten der Heiligen Schrift in jedem Fall historische Fakten widerspiegelten, während man die außerbiblischen Überlieferungen allesamt als Fabeleien betrachtete. Allfälliges historisches ›Restmaterial‹ disqualifizierte man unter Berufung auf die Bibel zumeist als teuflisches Blendwerk. Auf diese Weise verfestigte sich das Vorurteil, daß Gottes wunderwirkende Macht einzig in der Bibel und im Innenraum der Kirche wahrzunehmen sei.

Heute entwickeln auch die ›einfachen Gläubigen‹ zunehmend ein Gespür dafür, daß man die von den nichtchristlichen Religionen tradierten Wundergeschichten nicht einfach mit einem blasierten Lächeln abtun kann, weil viele davon einen Anhalt haben an der historischen Wirklichkeit (wobei die Frage belanglos ist, ob die als außerordentlich erfahrenen Geschehnisse sich ›natürlich‹ erklären lassen). Überdies ist nicht einzusehen, warum Gottes Größe sich nur innerhalb der christlichen Kirchen (oder gar nur innerhalb der römisch-katholischen Kirche) auf wunderbare Weise manifestieren sollte, wenn doch (wie das Lehramt schon seit fast drei Jahrhunderten ausdrücklich betont) Gottes Gnade *auch außerhalb der Kirche* wirkt[8]

---

[8] Im Jahre 1713 verurteilte Papst Clemens XI. eine Reihe von Irrtümern des französischen Theologen Pasquier Quesnel (1643–1719), darunter

und wenn (wie das *Zweite Vatikanische Konzil* lehrt) auch *in anderen Religionen* »Wahres« und »Heiliges« aufleuchtet.[9] Schließlich sprechen gute Gründe für die Annahme, daß die wenigsten biblischen Wunder sich in der geschilderten Weise ereignet haben und daß manchen von ihnen überhaupt kein geschichtliches Ereignis zugrunde liegt. Dies besagt natürlich nicht, daß damit die meisten von der Bibel überlieferten Wundergeschichten im Bereich der Fabeln und Mythen anzusiedeln sind, wie das Erste Vaticanum zu befürchten scheint. Vielmehr geht es darum, die *Aussageabsicht* solcher Erzählungen herauszuarbeiten, eine Aufgabe, welche in der gegenwärtigen Verkündigung und Katechese erst ansatzweise wahrgenommen wird.

---

auch den Satz, daß »außerhalb der Kirche keine Gnade gewährt werde«; vgl. DH 2419.

[9] Vaticanum II, Erklärung über das Verhältnis der Kirche zu den nichtchristlichen Religionen, *Nostra aetate*, Nr. 2.

Des Glaubens liebstes Kind?

Das Wunderverständnis in der Bibel

Selbstverständlich hat man auch auf dem Ersten Vaticanum gewußt, daß die Heilige Schrift in der Absicht verfaßt wurde, den Glauben an Gott und – was das Neue Testament betrifft – an Jesus als den Christus zu verbreiten und zu verkünden. Gleichzeitig aber ging man von der Voraussetzung aus, daß die meisten biblischen Schriften historische Tatsachen überliefern, und zwar nach Art der neuzeitlichen Geschichtsschreibung. Erst zu Beginn unseres Jahrhunderts gab man sich vermehrt Rechenschaft darüber, daß die Überlieferung der biblischen Erzählungen, angefangen von ihrer Entstehung bis zu ihrer endgültigen Fassung, keineswegs linear verlaufen ist.

Nicht nur Historie!

Bekanntlich hat der weitaus größte Teil der biblischen Texte eine lange *Traditionsgeschichte* durchlaufen. Manche dieser Texte wurden als kleinere Einheiten zunächst unabhängig voneinander mündlich überliefert, bevor sie schließlich ihren schriftlichen Niederschlag fanden.

Außer von der Traditionsgeschichte spricht man in der Exegese auch von der *Redaktionsgeschichte*. Dieser Begriff bezieht sich auf die Tatsache, daß die zunächst mündlich und schriftlich überlieferten Texteinheiten der biblischen Bücher zu einem späteren Zeitpunkt gesammelt, bearbeitet und schließlich zu einem Buch verarbeitet (›redigiert‹) wurden. Natürlich ging es dem Endredaktor dabei nicht bloß darum, ein paar literarische Dokumente aus der Vergangenheit für die Nachwelt zu retten. Vielmehr hatte er während seiner Arbeit einen ganz bestimmten Leserkreis vor Augen – und damit auch jene Fragen, welche diese Leute beschäftigen. Die Überlieferungen der Vergangenheit wurden im Hinblick auf die Bedürfnisse der jeweiligen Leserschaft aktualisiert. Manche biblischen Berichte geben uns deshalb nicht so sehr Aufschluß über die dargestellten Ereignisse, sondern erlauben eher einen Einblick in die Lebenssituation der jeweiligen Zielgruppe – oder ermöglichen doch diesbezügliche Rückschlüsse. Derartige zeit- und situationsbedingte redaktionelle Eingriffe in das überlieferte Material sind natürlich auch in den Wundergeschichten gang und gäbe. Daß man kein überdurchschnittliches Maß an literarischem Spürsinn braucht, um sie festzustellen, vermag die Probe aufs Exempel zu bestätigen. Als Beispiel wählen wir dafür die Erzählungen von den ›ägyptischen Plagen‹ (Ex 7–11; 12,29–34). Eine kurze Analyse dieser Texte erlaubt uns gleichzeitig, einen diskreten Blick in die Werkstatt der Bibelausleger zu werfen.

Zur Erinnerung für jene, welche im Bibelunterricht aus Krankheits- oder anderen Gründen gerade gefehlt haben, als diese Geschichte behandelt wurde: Weil sich der Pharao weigert, das Volk Israel aus Ägypten wegziehen zu lassen, ermächtigt Gott den Mose, das Land mit einer Reihe von Katastrophen zu schlagen, um den anmaßenden Herrscher in die Knie zu zwingen. In der Folge verwandelt Mose das Nilwasser in Blut; Frösche überfallen das ganze Land, bis es zum Himmel stinkt; Stechmücken erstehen aus dem Staub der Erde; haufenweise breitet sich Ungeziefer aus und macht sich sogar in allen Winkeln des Königspalastes breit; eine Viehseuche rafft die Tiere dahin; die Menschen werden mit Geschwüren geschlagen; Hagel zerstört die Pflanzen; Heuschrecken fressen, was übrigbleibt; eine dreitägige Finsternis bedeckt die Erde... Schließlich erschlägt »der Herr« eigenhändig »alle Erstgeborenen in Ägypten«, angefangen »vom Erstgeborenen des Pharao, der auf dem Thron saß, bis zum Erstgeborenen des Gefangenen im Kerker, und jede Erstgeburt beim Vieh« (12,29).

Bei einer aufmerksamen Lektüre fällt auf, daß Gott in diesen Geschichten bald als »Herr« und bald wiederum als »Jahwe« bezeichnet wird. Das läßt darauf schließen, daß der Redaktor hier mindestens zwei verschiedene Überlieferungen mit zwei unterschiedlichen Gottesbenennungen zu einer einzigen Erzählung verarbeitet hat. Daß diese Vermutung zutrifft, läßt sich schon anhand der Schilderung der ersten Plage nachweisen.

Ex 7,14 Der Herr sprach zu Mose: Das Herz des Pharao ist ungerührt, und er ist nicht bereit, das Volk ziehen zu lassen. 15 Geh morgen früh zum Pharao, wenn er an den Fluß hinuntergeht, und tritt am Nilufer vor ihn hin! Den Stab, der sich in eine Schlange verwandelt hat [vgl. 7,9], nimm mit!

16 Sag zum Pharao: Jahwe, der Gott der Hebräer, hat mich zu dir gesandt und läßt dir sagen: Laß mein Volk ziehen, damit sie mich in der Wüste verehren können. Bis jetzt hast du nicht hören wollen. 17 So spricht Jahwe: Daran sollst du erkennen, daß ich Jahwe bin: Mit dem Stab in meiner Hand schlage ich auf das Wasser im Nil, und es wird sich in Blut verwandeln. 18 Die Fische im Nil werden sterben, und der Nil wird stinken, so daß sich die Ägypter davor ekeln, Nilwasser zu trinken.

19 Dann sprach der Herr zu Mose: Sag Aaron: Nimm deinen Stab und streck deine Hand über die Gewässer Ägyptens aus, über ihre Flüsse und Nilarme, über ihre Sümpfe und alle Wasserstellen; sie sollen zu Blut werden. Blut soll es geben in ganz Ägypten, in den Gefäßen aus Holz und Stein. 20 Mose und Aaron taten, was ihnen der Herr aufgetragen hatte. Er erhob den Stab und schlug vor den Augen des Pharao und seiner Höflinge auf das Wasser im Nil. Da verwandelte sich alles Nilwasser in Blut. 21 Die Fische im Nil starben, und der Nil stank, so daß die Ägypter kein Nilwasser mehr trinken konnten. Das Blut gab es in ganz Ägypten.

Offensichtlich stimmt an diesem Text etwas nicht. Zunächst (Vers 15) befiehlt Gott dem Mose, sich zum Pharao zu begeben und den Stab, der sich bei einem früheren Wunder in eine Schlange verwandelt hatte, mitzunehmen. In Vers 17 jedoch sagt Jahwe, daß er selber den Nil mit seinem Stab »schlagen«, also heimsuchen werde. Sonst aber ist es immer Mose, der in den Erzählungen vom Auszug aus Ägypten den Stab in seiner Hand hält. Das zeigt, daß es sich hier um einen späteren Einschub handelt. Ursprünglich hat es einfach geheißen (V. 17): So spricht Jahwe: Ich schlage auf das Wasser im Nil. Mit anderen Worten: Jahwe kündet eine Fischpest an; das Wasser wird derart übel riechen, daß es ungenießbar wird.

Den Stab in Jahwes Hand hat erst ein Bearbeiter dieser Überlieferung ins Spiel gebracht – und dieser Stab ist es letztlich auch, welcher der ganzen Geschichte eine blutige Wende gibt. Anläßlich der Gotteserscheinung am Horeb sagt Jahwe zu Mose: »Erst wenn ich *meine Hand* ausstrecke und Ägypten niederschlage mit allen meinen Wundern, die ich in seiner Mitte vollbringe, wird er [der Pharao] euch ziehen lassen« (3,20). Zur Beglaubigung seiner Zusicherung verwandelt Jahwe anschließend *den Stab* des Mose vorübergehend in eine Schlange und befiehlt ihm, dieses Wunder vor dem Pharao zu wiederholen (4,2–4). Was aber, wenn der Pharao ihm dann immer noch nicht glaubt, daß er von Jahwe gesandt ist, um das Volk in die Freiheit zu führen? »Dann nimm etwas Nilwasser und schütte es auf trockenen Boden! Das Wasser, das du aus dem Nil geholt hast, wird auf dem Boden zu Blut werden« (4,9).

Stab, Wasser und Blut – diese drei Requisiten hat in der Folge ein Bearbeiter übernommen und gleichzeitig neu arrangiert. Der Wunderstab des Mose wird zum Stab Jahwes. Außerdem ist jetzt nicht mehr die Rede von ein paar Tropfen Nilwasser, sondern von *allen* Flüssen, von sämtlichen Sümpfen und Quellen, ja gar vom Wasser, das sich zum täglichen Gebrauch in den Holz- oder Steinbecken in den Häusern befindet. Während in einer früheren Fassung der Erzählung noch davon die Rede war, daß das Nilwasser infolge eines Fischsterbens ungenießbar wurde (V. 18), verwandelt sich in der jüngsten Fassung (die der Endredaktor mit der früheren verbindet) jeder Wassertropfen im ganzen Ägypterland in Blut (vgl. V. 19). Erst dadurch wird, dieser letzten Version zufolge, eine Fischpest verursacht (V. 20f).

Ähnliche Überlegungen ließen sich über jede der zehn Plagen anstellen, und ähnlich wäre jedesmal auch das Ergebnis: Zwischen den geschilderten Ereignissen und der Niederschrift liegen, je nach Überlieferungsstufe der einzelnen ineinander verarbeiteten Texteinheiten, 800 bis 300 Jahre. Je größer der Zeitraum ist, während dessen eine Begebenheit überliefert wird, um so komplizierter präsentiert sich ihre Traditions- und Redaktionsgeschichte, weil sie im Lauf der Jahrhunderte immer neu ausgeschmückt und schließlich bis ins Unglaubliche gesteigert wird. Nur am Rande sei vermerkt, daß sich derartige Erweiterungen, allerdings in einer etwas gemäßigteren Form, auch im Neuen Testament finden.

Was die ägyptischen Plagen betrifft, so handelt es sich nicht um historische Berichte, sondern um volkstümliche Erzählungen. Ein sicheres Indiz dafür ist schon die Zehnzahl, welche im hebräischen Denken die Totalität zum Ausdruck bringt (erinnert sei auch an die Zehn Weisungen oder ›Gebote‹, die Jahwe seinem Volk anvertraut!). Der Endredaktor hat verschiedene Überlieferungen auf eine Art ineinandergefügt, die es ihm erlaubte, die Zehnzahl vollzumachen. Den Einwand, warum denn Gott die Befreiung seines Volkes nicht ein bißchen zügiger vorangetrieben habe, hat ein Erzähler (oder der Endredaktor?) natürlich vorausgesehen – und die Antwort darauf Gott selber, schon vor Eintreffen der siebten Plage, in den Mund gelegt:

Diesmal will ich alle meine Plagen loslassen auf dich [Pharao], deine Diener und dein Volk. Daran wirst du erkennen, daß mir keiner im ganzen Land gleichkommt. *Denn schon jetzt hätte ich meine Hand ausstrecken und dich und dein Volk mit der Pest schlagen können, und du wärst vom Erdboden verschwunden. Ich habe dich aber am Leben gelassen,* um meine Macht zu zeigen und meinen Namen auf der ganzen Erde bekannt zu machen *(Ex 9,14–16).*

Damit ist gleichzeitig gesagt, worauf es in diesen Wundergeschichten ankommt: Sie wollen Gottes Größe hervorheben, seine Herrlichkeit preisen und zum Glauben an seine Macht aufrufen. Israel soll sich daran erinnern, daß Jahwe sein Gott und Herr ist (vgl. 7,5). Mit einem Wort, alle diese Wundergeschichten sind sehr stark vom *Verkündigungscharakter* geprägt.

Von der Geschichte Jesu zur Geschichte mit Jesus

Ebendies trifft natürlich auch für die Evangelien und damit für die dort überlieferten Wunder Jesu zu. Zumindest fünf Dinge sind dabei zu beachten:

(1) die Entstehungsgeschichte dieser Schriften;

(2) die Tatsache, daß manche Worte und Taten Jesu oft in einem ganz anderen als dem ursprünglichen Zusammenhang überliefert werden;

(3) der Verkündigungscharakter der Evangelien;

(4) die Steigerung, welche Wundergeschichten im Lauf der Zeit erfahren;

(5) die Unterscheidung zwischen wunderbaren *Ereignissen* und Wunder*geschichten*.

(1) Zu einem tieferen Verständnis der Wunder Jesu gelangen wir, wenn wir uns zuvor auf die Eigenart der Evangelien besinnen, denen eine Traditions- und Redaktionsgeschichte vorausliegt, die sich über mehrere Jahrzehnte hingezogen hat. Konkret bedeutet das, daß die Evangelisten mündliches und teilweise bereits schriftlich vorliegendes Quellenmaterial zu einem Ganzen verarbeiteten. Dabei zeigten sie sich allerdings nicht nur an der *Geschichte Jesu* interessiert, sondern auch – oder besser vor allem! – an der *Geschichte mit Jesus*, das heißt an den Erfahrungen, die sie und die junge Kirche aufgrund ihres Glaubens an Jesus Christus gemacht haben.

Wenn wir uns diesen ganzen Traditions- und Redaktionsprozeß vergegenwärtigen, legt sich die Vermutung nahe, daß viele Worte und Taten Jesu in den Evangelien nicht mehr in ihrem ursprünglichen Zusammenhang erzählt werden und allein schon dadurch eine Veränderung erfahren haben.

Ein Beispiel? Wie Markus und Matthäus berichten, salbt eine *unbekannte Frau* Jesu *Haupt*, im Hause Simons des Aussätzigen in Betanien. *Einige* der Anwesenden [nach Mt 26,8: die *Jünger*!] reagieren unwillig; nach ihrem Dafürhalten wäre es besser gewesen, das kostbare Salböl zu verkaufen und den Erlös den Armen zu geben (Mk 14,3–5; Mt 26,6–9). Nach Johannes hingegen weilt Jesus in Betanien *im*

Haus des Lazarus. Dieser Darstellung zufolge ist es *Maria*, die Jesu Füße salbt. Der Einwand, warum man das Öl nicht für die Armen verkauft habe, wird von *Judas* vorgebracht (Joh 12,1–5). Beiden Erzählungen liegt mit Sicherheit die gleiche Episode zugrunde; diese jedoch erfährt unterschiedliche Ausformungen, so daß schließlich zwei verschiedene Geschichten entstehen!

(2) Da die einzelnen Evangelisten in ihren Schriften verschiedene Überlieferungsstränge verarbeitet haben, ist die Wahrscheinlichkeit groß, daß auch die von ihnen tradierten Wunder bei weitem nicht immer in jenem geschichtlichen Zusammenhang erscheinen, in welchem sie ursprünglich erzählt wurden. So erfolgt nach Markus die Heilung der Schwiegermutter des Petrus, nachdem Jesus in der Synagoge von Kafarnaum gepredigt hat (Mk 1,29–31). Nach Matthäus hingegen begibt sich Jesus in das Haus des Petrus, unmittelbar nachdem er den Knecht eines Hauptmanns geheilt hat (Mt 8,14f). Aber selbst da, wo die drei Synoptiker nicht voneinander abweichen, haben wir keine letzte Sicherheit, daß Jesus ein bestimmtes Wunderzeichen tatsächlich *in dem von ihnen überlieferten Zusammenhang* gewirkt hat. Bekanntlich haben Matthäus und Lukas das Markusevangelium als Vorlage benutzt, so daß schon aus diesem Grund zwischen den drei Evangelisten ein großes Maß an Übereinstimmung herrscht. Damit aber besteht noch nicht die Gewähr, daß die Überlieferung, auf welche die Markusvorlage sich stützt, die Ereignisse historisch einwandfrei wiedergibt.

(3) Damit sind wir mit dem Problem der *Geschichtlichkeit der Wunder Jesu* konfrontiert. Tatsächlich stellt sich ja nicht nur die Frage nach dem *ursprünglichen Kontext* der Zeichenhandlungen Jesu, sondern auch jene grundlegendere, *ob Jesus überhaupt Wunder gewirkt hat.*

Diese Frage hat keineswegs rhetorischen Charakter. Wie bereits angedeutet, waren die Evangelisten ja nicht nur an der *Geschichte Jesu* interessiert, sondern auch an der *Geschichte mit Jesus*, das heißt an den Erfahrungen, die sie und die junge Kirche aufgrund ihres Glaubens an Jesus Christus gemacht hatten. Diese mannigfaltigen Glaubenserfahrungen haben sich natürlich auch in den Evangelien niedergeschlagen.

Praktisch besagt das, daß die Evangelien nicht sachliche historische Darstellungen über bestimmte Ereignisse aus dem Leben Jesu sind. Vielmehr spiegelt sich in ihnen auch der persönliche Glaube der Verfasser an Jesus Christus wider. Mit anderen Worten, diese *referieren* nicht einfach über bestimmte Geschehnisse, sondern *interpretieren* die Gestalt Jesu und *propagieren* den Glauben an ihn als den Messias und Sohn Gottes. Wie sehr dieses Anliegen sich auf ihre Darstellungen auswirkt, soll ein Vergleich verdeutlichen.

Da bricht irgendwo eine Naturkatastrophe aus. Eine seriöse Zeitung wird darüber einen sachlichen Bericht bringen. Erwähnt werden der Ort, wo das Unglück sich ereignet hat, die Anzahl der Toten und Verletzten und das Ausmaß der entstandenen Schäden. Ganz anders wird die Schilderung ausfallen, wenn sie von einem Augenzeugen vorgebracht wird. Mit Sicherheit schlägt sich darin der Eindruck des überstandenen Schreckens nieder. Auf wiederum andere Weise wird ein Pfarrer in der Sonntagspredigt über diese Katastrophe reden. Der Ort, wo sie sich ereignet hat, spielt eine völlig untergeordnete Rolle. Ebenso kommt es weniger auf die genaue Anzahl der Toten und der Verletzten an, und wenn der Pfarrer sich hinsichtlich der entstandenen Schäden irren sollte, ist das nicht weiter von Bedeutung. Ihm geht es ja vor allem darum, etwas zu sagen über die Unsicherheit des Lebens – und daß der Tod einen Menschen völlig unerwartet ereilen kann.

Die Evangelisten befinden sich gleichsam in der Rolle des Augenzeugen und des Pfarrers. Natürlich greifen sie auf Tatsachen zurück. Ihr Hauptanliegen aber besteht nicht darin, historische Fakten zu vermitteln. Einerseits verleihen sie in ihren Schriften ihrer persönlichen Betroffenheit Ausdruck, welche die Person Jesu in ihnen ausgelöst hat. Anderseits aber wollen sie ihre Leser und Leserinnen dazu ermuntern, sich auf ähnliche Erfahrungen einzulassen und Jesus nachzufolgen. Kurzum, die Evangelien sind nicht nüchterne Protokolle, sondern *Glaubenszeugnisse*, welche geschrieben wurden, *um die Menschen zum Glauben an Jesus Christus hinzuführen oder um sie in diesem Glauben zu bestärken.*

Dies besagt, daß Fakten und Kommentar, also Jesu Leben und dessen Deutung, eng miteinander vermischt sind. Die Evangelien enthalten nicht nur *historische Wahrheiten*, sondern auch *theologische Aussagen*, wobei diese letzteren häufig in Form von Geschichten dargeboten werden. Um es unmißverständlich zu formulieren: Ähnlich wie Jesus selbst Geschichten erfunden hat (man denke an das Gleichnis vom Pharisäer und vom Zöllner: Lk 18,9–14), um eine theologische Wahrheit zu vermitteln, so erfinden auch die Evangelisten (oder andere Mitglieder der jungen Kirche) Geschichten über Jesus, in der Absicht, seine Sendung und seine Bedeutung im göttlichen Heilsplan zu beschreiben. Manche dieser Erzählungen handeln von Wundern, welche Jesus zugeschrieben werden. Wie der folgende Vergleich zeigt, geschieht es dabei hin und wieder, daß ein Evangelist eine solche ihm bereits vorliegende Wundererzählung weiter ausgestaltet.

Mk 10,46–52	Mt 20,29–34
Als er [Jesus] mit seinen Jüngern und einer großen Volksmenge Jericho wieder verließ, saß an der Straße *ein blinder Bettler, Bartimäus, der Sohn des Timäus.* Sobald er hörte, daß es Jesus von Nazaret war, rief er laut: Sohn Davids, Jesus, hab Erbarmen mit mir! Viele wurden ärgerlich und befahlen ihm zu schweigen. Er aber schrie noch lauter: Sohn Davids, hab Erbarmen mit mir! Jesus blieb stehen und sagte: Ruft ihn her! Sie riefen den Blinden und sagten zu ihm: Hab nur Mut, steh auf, er ruft dich. Da warf er seinen Mantel weg, sprang auf und lief auf Jesus zu. Und Jesus fragte ihn: Was soll ich dir tun? Der Blinde antwortete: Rabbuni, ich möchte wieder sehen können. Da sagte Je-	Als sie [Jesus und die Jünger] Jericho verließen, folgte ihm eine große Zahl von Menschen. An der Straße aber saßen *zwei Blinde*, und als sie hörten, daß Jesus vorüberkam, riefen sie laut: Herr, Sohn Davids, hab Erbarmen mit uns! Die Leute aber wurden ärgerlich und befahlen ihnen zu schweigen. Sie aber schrien noch lauter: Herr, Sohn Davids, hab Erbarmen mit uns! Jesus blieb stehen, rief sie zu sich und sagte: Was soll ich euch tun? Sie antworteten: Herr, wir möchten, daß unsere Augen geöffnet werden. Da

sus zu ihm: Geh, dein Glaube hat dir geholfen.
Im gleichen Augenblick konnte er wieder sehen, und er folgte Jesus auf seinem Weg.

hatte Jesus Mitleid mit ihnen und berührte ihre Augen.
Im gleichen Augenblick konnten sie wieder sehen, und sie folgten ihm.

Schauplatz und Struktur beider Erzählungen sind identisch, ebenso der Handlungsablauf. Allerdings fällt auf, daß bei Matthäus nicht mehr nur von *einem* namentlich genannten Blinden, sondern von zwei Namenlosen die Rede ist. Offensichtlich hat Matthäus seine Vorlage (das Markusevangelium) erweitert. Die gleiche Feststellung machen wir, wenn wir die Geschichte von der Heilung des Besessenen von Gerasa in den beiden Evangelien miteinander vergleichen. Bei Matthäus sind es zwei Menschen, die der Gewalt der Dämonen ausgeliefert sind, während Markus nur einen einzigen erwähnt (vgl. Mk 5,1–20; Mt 8,28–34). Wenn wir angesichts dieses Sachverhalts von einer Fälschung reden wollten, liefe das ungefähr auf das gleiche hinaus, wie wenn wir den Etruskern vorwerfen würden, daß sie keine Autobahnen hatten. Wir dürfen die Historiographie des Altertums nicht nach unseren heutigen Maßstäben beurteilen. Das Verfahren des Matthäus ist für die damalige Zeit keineswegs beispiellos. Zwar gingen die antiken Geschichtsschreiber mit ihrem Material nicht leichtfertig um. Aber ihnen lag vor allem daran, ein *literarisches* Werk zu schaffen. Erinnert sei an Thukydides (um 460 bis um 400 v. Chr.), der in seiner »Geschichte des Peloponnesischen Krieges« den Feldherren Reden in den Mund legte, die in einem so eleganten Griechisch verfaßt sind, daß kein einziger Soldat sie verstanden hätte, wenn sie tatsächlich gehalten worden wären. Überdies war den antiken Literaten jede Übertreibung gut genug, wenn es darum ging, eine Person zu verherrlichen oder gar zu vergöttlichen. Daß auch die Verfasser der Evangelien diesen Gesetzmäßigkeiten (allerdings in sehr abgeschwächter Weise) unterworfen waren, wird niemanden verwundern, der mit der Literatur des Altertums ein bißchen vertraut ist. Wenn Matthäus an den beiden erwähnten Stellen die Anzahl der Geheilten verdoppelt, will er damit jener *theologischen Aussage* mehr

Gewicht verleihen, nach welcher Jesus der Heilbringer schlechthin ist.

(4) Außerdem ist zu bedenken, daß die Überlieferung dazu tendiert, die Macht eines Wundertäters in immer lebendigeren Farben zu schildern. Diesen Tatbestand konnten wir schon bezüglich der Traditionsgeschichte der ägyptischen Plagen feststellen. Ein weiteres Beispiel dafür ist die Schilderung des Sonnenwunders im Buch Josua.

Dort wird erzählt, wie das Volk Israel in der Nähe der Stadt Gibeon fünf Amoriterkönige besiegt. Ausdrücklich weist der Berichterstatter darauf hin, daß die Sonne damals so lange stehenblieb, bis die Israeliten an ihren Feinden Rache genommen hatten.

Als der Herr die Amoriter den Israeliten preisgab, redete Josua mit dem Herrn; dann sagte er in Gegenwart der Israeliten:

Sonne, bleib stehen über Gibeon,
und du, Mond, über dem Tal von Ajalon!
Und die Sonne blieb stehen,
und der Mond stand still,
bis das Volk an seinen Feinden Rache genommen hatte.
Das steht im »Buch des Aufrechten« (Jos 10,12f).

Heute wissen wir, daß es sich bei dem hier erwähnten »Buch des Aufrechten« um eine verlorengegangene Liedersammlung handelt, die auch im zweitem Samuelbuch (1,18) erwähnt wird. Natürlich hat das im »Buch des Aufrechten« geschilderte Sonnenwunder nie stattgefunden. Bei den im Josuabuch zitierten Versen handelt es sich nämlich um einen Hymnus, der in dichterischer Sprache Gottes Macht und Größe preisen will. Offensichtlich jedoch rechnete schon der Verfasser des Buches Josua mit den Zweifeln seiner Landsleute. Aus diesem Grund sah er sich gezwungen, seiner Darstellung noch eins draufzusetzen:

Die Sonne blieb also mitten am Himmel stehen, und ihr Untergang verzögerte sich, ungefähr einen ganzen Tag lang. Weder vorher noch nachher hat es je einen solchen Tag gegeben, an dem der Herr auf die Stimme eines Menschen gehört hätte. Der Herr kämpfte nämlich für Israel (Jos 10,13f).

Diesen Einschub hätte der Autor des Josuabuches sich sparen können, wenn er etwas eingehender über die literarische Gattung seiner Quelle nachgedacht hätte. Zweifellos verwechselte er den damals wohl allgemein bekannten *Hymnus* über die Eroberung von Jericho mit einem *Tatsachenbericht.* Dieses Mißverständnis (dessen fatale Spätfolgen mit Langzeitwirkung im Galilei-Prozeß offenbar wurden), hat seinen Grund darin, daß Wundertaten aus der geschichtlichen Distanz heraus immer noch wunderbarer erscheinen – und entsprechend ausgeschmückt werden.

Derartige Steigerungen begegnen uns auch im Neuen Testament. Beispiele? Bei Markus heißt es, daß die Schwiegermutter des Simon, die von Jesus geheilt wurde, »mit Fieber im Bett lag« (Mk 1,30). Bei Lukas, der auf die Markusquelle zurückgreift, wird daraus ein »hohes Fieber« (Lk 4,38). Nach Matthäus (8,5–13) und Lukas (7,1–10) heilt Jesus in Kafarnaum den *Burschen eines Hauptmanns,* ohne dessen Haus zu betreten (er befindet sich »*nicht mehr weit vom Haus entfernt*«: Lk 7,6). Beiden Darstellungen zufolge traut der Hauptmann Jesus zu, daß er *seinen Diener heilen kann, ohne sich eigens in sein Heim zu bemühen.* Bei Johannes (4,46–53), der sich auf die gleiche Überlieferung stützt, seine Schrift aber ein paar Jahrzehnte später verfaßt, ist die Rede von einem *königlichen Beamten,* dessen Sohn bereits »*im Sterben liegt*« (4,47). Jesus hält sich in *Kana* auf, wo der Beamte aus Kafarnaum ihn aufsucht und ausdrücklich *darum bittet, zu ihm zu kommen.* Jesus hingegen heilt den Todkranken sofort – diesmal *aus einer Entfernung von fast 30 Kilometern.* Während bei den Synoptikern einfach von Blindenheilungen die Rede ist, schenkt Jesus im vierten Evangelium einem *Blindgeborenen* das Augenlicht wieder (Joh 9,1–34). Den Synoptikern zufolge macht Jesus das *eben verstorbene* Töchterchen eines Synagogenvorstehers wieder lebendig (Mk 5,22–24.35–43parr). Lukas erzählt von der Totenerweckung eines Jünglings, der *zu Grabe getragen wird* (7,11–17). Bei Johannes wiederum ruft Jesus einen Toten ins Leben zurück (11,1–44), der *schon vier Tage im Grabe liegt* und dessen Leichnam bereits in *Verwesung* übergegangen ist (11,39).

(5) Schließlich ist hier noch darauf hinzuweisen, daß manche neutestamentlichen Wundergeschichten nach einem ganz bestimmten, in der Antike sehr verbreiteten Formschema erzählt werden. Dieses umfaßt in der Regel drei Teile:

(a) eine *Einleitung*, in welcher die Art des Leidens geschildert wird;

(b) den *Vorgang der Heilung;*

(c) die *Feststellung*, daß die Heilung tatsächlich erfolgt ist.

Der folgende Vergleich zwischen einer neutestamentlichen Wundergeschichte und einer Darstellung aus Epidauros zeigt, daß hinsichtlich der *Struktur* in vielen Fällen eine große Ähnlichkeit besteht zwischen heidnischen und neutestamentlichen Wunderberichten.

Struktur	Epidauros	Mk 1,29–30
Art des Leidens	Alketas von Halieis war blind.	Die Schwiegermutter des Simon lag mit Fieber im Bett.
Heilender Eingriff	Er sah einen Traum. Es träumte ihm, der Gott komme zu ihm und öffne mit dem Finger seine Augen. Da habe er zuerst die Bäume im Heiligtum gesehen.	Sie sprachen mit Jesus über sie, und er ging zu ihr, faßte sie an der Hand und richtete sie auf.
Feststellung der Heilung	Als es Tag geworden war, kam er gesund heraus.	Da wich das Fieber von ihr, und sie sorgte für sie.

Derartige Ähnlichkeiten im Aufbau[1] erlauben jedoch nicht den Rückschluß, daß die evangelischen Wundergeschichten einfach den damals kursierenden Wunderberichten *nach*empfunden und damit samt und sonders *er*funden seien. Vielmehr drängt sich dieses ›klassische‹ dreiteilige

---

[1] Das Beispiel aus Epidauros zit. bei A. Weiser, Was die Bibel Wunder nennt, Stuttgart 1975, 41.

Schema von der dargestellten Sache her geradezu auf (weshalb wir es auch heute noch auf den Votivtafeln zahlreicher Wallfahrtsorte antreffen).

Trotz mancher äußerlicher Entsprechungen unterscheiden sich die neutestamentlichen Wundergeschichten von ähnlichen Darstellungen der heidnischen Antike. Bei diesen letzteren steht in der Regel vorwiegend der pragmatische Aspekt im Vordergrund; sie wollen das Vertrauen zur Gottheit fördern und auf diese Weise zur Blüte eines bestimmten Heiligtums beitragen. Die neutestamentlichen Wundererzählungen hingegen sind aufs *engste mit der Verkündigung Jesu* verbunden und können daher nicht einfach als Demonstrationen seiner göttlichen Macht verstanden werden.

Weil aber manche Wundergeschichten in den Evangelien einem vorgegebenen literarischen Schema folgen, stellt sich vom historischen Standpunkt aus dennoch die Frage, ob die Verfasser jeweils ein geschichtliches Ereignis wiedergeben wollten oder ob sie sich lediglich der damals geläufigen Form der Wundererzählung bedient haben, um gewisse Wesenszüge Jesu hervorzuheben – etwa daß er der Herr der Schöpfung ist. Selbst da, wo ein historischer Kern gewährleistet scheint, ist dennoch zu unterscheiden zwischen dem Wunder*geschehen* und der Wunder*geschichte*. Von daher stellt sich vom historischen Standpunkt aus von selbst die Frage, ob Jesus überhaupt Wunder gewirkt hat.

Jesus ein Wundertäter?

In den letzten fünfzig Jahren haben die Exegeten eine ganze Reihe von Methoden entwickelt, die es uns ermöglichen, die theologischen Aussagen auf die ihnen zugrunde liegenden historischen Fakten hin in etwa zu überprüfen. So läßt sich in manchen Fällen feststellen, ob ein bestimmter Ausspruch oder eine bestimmte Handlung Jesu eine geschichtliche Grundlage hat oder ob es sich dabei um eine Schöpfung der ersten Christen oder der Evangelisten handelt. Auf die diesbezüglichen Kriterien können wir hier nicht näher eingehen.[2] Immerhin stimmen die Forscher darin überein, daß Jesus tatsächlich Krankenheilungen und Dämonenaustreibungen vorgenommen hat.

Untermauert wird diese These unter anderem durch einen Ausspruch Jesu, mit dem dieser sich gegen den Vorwurf seiner Gegner verteidigt, er treibe mit Hilfe von Beelzebul, dem Anführer der Dämonen, die Dämonen aus. Die Unsinnigkeit dieser Anschuldigung entlarvt Jesus mit dem Hinweis, daß der Satan ja dann gegen sich selber arbeiten würde (vgl. Mt 12,24–28par). Wörtlich fährt er fort:

Wenn ich [wie ihr behauptet] die Dämonen durch Beelzebul austreibe, durch wen treiben dann eure Anhänger [deren Herzensverhärtung doch offensichtlich ist] sie aus? Sie selbst also sprechen euch das Urteil [sie widerlegen euren absurden Vorwurf allein dadurch, daß sie ebenfalls Dämonen austreiben, ohne von euch deswegen des Bündnisses mit Beelzebul beschuldigt zu werden]. Wenn ich aber die Dämonen durch den Geist [Lk: Finger] Gottes austreibe, dann ist das Reich Gottes schon zu euch gekommen (Mt 12,27f; Lk 11,19f; vgl. Mk 3,22).

Dieser Ausspruch geht auf Jesus selber zurück; er wurde ihm nicht, wie viele andere Worte, von den Evangelisten in den Mund gelegt. Von Bedeutung ist hier aber noch eine andere Tatsache, welche selbst bibelfeste Christenmenschen in der Regel übersehen: daß nämlich *Jesus den Anhängern seiner Gegner offen zugesteht,* daß auch sie Menschen von ihrer Besessenheit heilen. *Jesus ist also keineswegs der einzige Wundertäter im damaligen Galiläa.* Die *Widersacher Jesu* ihrerseits hegen keinerlei Zweifel, daß er Besessene geheilt hat. Sie werfen ihm lediglich vor, mit dem Satan im Bunde zu stehen und seine Wundertaten mit dessen Hilfe zu vollbringen. *Jesus wiederum* verteidigt sich gegen diesen Vorwurf, indem er behauptet, daß Gottes Geist in ihm wirke.

Diese ganze Debatte dokumentiert zumindest drei

---

² Dazu ausführlich: J. Imbach, Die Bibel lesen und verstehen, München 1986; W. Kasper, Jesus der Christus, Mainz ¹¹1992, bes. 75–188: Geschichte und Geschick Jesu Christi. Zur historischen Frage nach den Wundern.

Dinge: daß damals jedermann davon überzeugt war, daß Menschen unter die Gewalt von Dämonen geraten können; daß es Charismatiker gab, welche Kranke und Besessene von ihren Leiden zu befreien vermochten; daß der Glaube an Heilungswunder in der Antike allgemein verbreitet war. Dies wiederum schließt ein, daß man die heidnischen Wundergeschichten nicht einfach als Phantasiegebilde abtun kann, sondern daß auch ihnen gegenüber eine historische Rückfrage angebracht ist. Schließlich beweist unser Text auch, daß die von Jesus vollbrachten wunderbaren Heilungen verschieden gedeutet wurden: seine Widersacher betrachteten sie als teuflisches Blendwerk, während seine Anhänger darin einen göttlichen Krafterweis sahen. *Nicht* behauptet wird damit, daß *alle* in den Evangelien dargestellten Krankenheilungen und Dämonenvertreibungen sich in der geschilderten Art und Weise zugetragen haben. Außerdem ist nicht auszuschließen, daß manche dieser Wundergeschichten keine historische Grundlage haben, sondern eine erzählerische Ausgestaltung der Botschaft Jesu darstellen. Nach Auskunft der Forscher ist dies sogar wahrscheinlich. Mit anderen Worten, die Historizität der einzelnen Krankenheilungen und Dämonenvertreibungen ist von Fall zu Fall nachzuweisen.

Was die übrigen Wundertaten (Rettungswunder, Normenwunder, Geschenkwunder, Epiphaniewunder, Totenerweckungen) betrifft, von denen die Evangelisten berichten, handelt es sich der Mehrheit der Exegeten zufolge um Geschichten, welche die Botschaft Jesu und seine erstrangige Bedeutung für die Menschen hervorheben wollen. Am ehesten wird man diesen Überlieferungen gerecht, indem man sie als *narrative Katechesen* liest, denen die Erfahrung zugrunde liegt, daß Jesus tatsächlich das Leben ist – und daß er allen, die ihm nachfolgen, das Leben schenkt.

Damit aber sind wir noch immer nicht zum eigentlichen Kern von Jesu Aussage vorgedrungen, die ja auch sein eigenes Wunderverständnis beinhaltet: »*Wenn ich die Dämonen durch den Geist Gottes austreibe, dann ist das Reich Gottes schon zu euch gekommen*« (Mt 12,28par). Jesus sieht in seinen Wundern ein Anzeichen und eine Bestätigung dafür, daß das von ihm angesagte Reich Gottes mit seinem

Erscheinen bereits angebrochen ist – und daß dieses Gottesreich nicht nur geistiger oder geistlicher Art ist, sondern auch das irdische Dasein des Menschen betrifft. Außerdem will er mit seinen Wunderzeichen die Menschen zur Umkehr bewegen, wie aus einem anderen zumindest seinem *Inhalt* nach authentischen Jesuswort hervorgeht: »Wenn einst in Tyrus und Sidon [Städte, die in den Drohworten der Propheten als Hochburgen der Gottlosigkeit galten: Am 1,9–10; Jes 23; Ez 26–28; Sach 9,2–4] die Wunder geschehen wären, die bei euch [in den galiläischen Städtchen Chorazin und Betsaida] geschehen sind – man hätte dort in Sack und Asche Buße getan« (Mt 11,21).

Dieser Glaube, zu dem die Evangelisten mit ihren Schriften aufrufen, ist das Wesentliche, und nicht die Frage, ob einzelne Wundertaten sich in der dargestellten Weise ereignet haben. Daß eine derartige Sicht gelegentlich auch das Fassungsvermögen von Theologen übersteigt, dokumentiert die folgende Äußerung: »Mir schien immer, daß eine Perikope wie die von der Erweckung der Tochter des Jaïrus uninteressant wird, wenn sie bloß eine symbolische Erzählung ist.«[3] Damit wird jede historische Kritik von vornherein ausgeschlossen. Außerdem wäre hier anzumerken, daß der Erweis der Wahrheit und der Kraft des Glaubens sich nicht aus der Größe möglicher Wundertaten, sondern letztlich einzig aus der verkündeten Botschaft selbst ableiten läßt. Diese aber erschließt sich nur jenen, die sich in der tätigen Nachfolge darauf einlassen. Wenn man meint, die Geschichtlichkeit einzelner Wunder mit guten Gründen in Frage stellen zu müssen, bedeutet das nicht, daß man den Evangelien ungläubig gegenübersteht. Wer sich diesen Texten mit wachen Augen und mit offenem Herzen nähert, wird sehr schnell verstehen, daß es dabei nicht auf die Alternative ›historisch oder unhistorisch‹ ankommt, sondern auf die darin enthaltene Botschaft. Um diese und nicht um die historische Frage geht es denn auch in den folgenden Kapiteln dieses Buches.

---

[3] B. Wenisch, Geschichten oder Geschichte? Theologie des Wunders, Salzburg 1981, 5.

Bezüglich der Geschichtlichkeit der evangelischen Wundergeschichten hat Rudolf Pesch schon vor einem Vierteljahrhundert ein paar Thesen formuliert, die nach wie vor gültig bleiben.

1) Bei der Befragung der neutestamentlichen Wundergeschichten darf die Historizität des Erzählten nicht vorausgesetzt, sie muß erwiesen werden.

2) Angesichts der fortgeschrittenen Erkenntnisse der Forschung fällt demjenigen die volle Beweislast zu, der Wundergeschichten als Quellen für den historischen Jesus beansprucht.

3) Ausnahmslos schildern die Wundergeschichten keinen historischen Verlauf von so oder so Passiertem; sie können daher sinnvollerweise überhaupt nur im Blick auf ihre historischen Grundlagen (Tat Jesu, Christologie der Urkirche, missionarische Verkündigung etc.) befragt werden.

4) Die historischen Grundlagen von Wundergeschichten können Vorgänge aus dem Leben Jesu sein, sind aber in den überwiegenden Fällen Umstände der Urkirche (die freilich mit dem Leben Jesu in verschieden vermittelter Beziehung stehen).

Die flache Alternative ›historisch – unhistorisch‹ taugt bei der Befragung von Wundergeschichten nichts. Historische Wirklichkeit wird in aller Literatur gespiegelt (weil diese selbst ein Stück derselben ist); zu fragen ist jeweils: welche?[4]

Daß Jesu Wundertaten keine ›neutralen‹ Beweise für die Wahrheit seiner Botschaft darstellen, zeigt die Haltung seiner Gegner. Diese leugnen ja nicht seine ungewöhnlichen Taten; sie interpretieren sie nur anders – und verharren in ihrem Unglauben.

Ungläubig reagieren auch Jesu Landsleute in Nazaret auf die unglaublichen Dinge, die man von ihm erzählt:

Woher hat er das alles? Und was sind das [wohl] für Wunder, die durch ihn geschehen [sein sollen]?! Ist das nicht der Zimmermann, der Sohn der Maria und der Bruder von Jakobus, Joses, Judas und Simon? Leben nicht seine Schwe-

---

[4] R. Pesch, Jesu ureigene Taten? (Quaestiones disputatae, Bd. 52), Freiburg Basel Wien 1970, 143; Hervorhebungen von mir.

stern hier unter uns? Und sie nahmen Anstoß an ihm und lehnten ihn ab. Da sagte Jesus zu ihnen: Nirgends hat ein Prophet so wenig Ansehen wie in seiner Heimat, bei seinen Verwandten und in seiner Familie. Und er konnte dort keine Wunder tun; nur einigen Kranken legte er die Hände auf und heilte sie. Und er wunderte sich über ihren Unglauben (Mk 6,2–6parr).

Jesus weigert sich demnach, seinen Sendungsauftrag mit Wunderzeichen zu legitimieren. Möglicherweise geht die Bemerkung, daß Jesus dennoch einige Kranke heilte, auf den Evangelisten zurück, welcher die peinliche Tatsache, daß Jesus bei seinen Landsleuten keinerlei Erfolg beschieden war, etwas abschwächen wollte. (Ähnlich Matthäus 13,58, der die Markusvorlage aber etwas entschärft: »Und wegen ihres Unglaubens tat er dort nur wenige Wunder.«)

Auch dem Lukasevangelium zufolge lehnt Jesus es ab, die Menschen mit irgendwelchen Schauwundern zum Glauben zu bewegen. Als Jesus von Pilatus weg- und Herodes vorgeführt wird, hofft dieser, ein Mirakel zu sehen, zumal er viel von Jesus hat reden hören. Dieser jedoch würdigt ihn nicht einmal einer Antwort (Lk 23,8–11).

Zu Recht. Denn durch sein Verhalten gibt Jesus ja gerade zu verstehen, daß seine Wunder ›nur‹ Zeichen sind, die nicht Bewunderung hervorrufen, sondern die Menschen zum Nachdenken und zur Nachfolge bewegen wollen.

Wohl besteht dem Verständnis Jesu (und jenem der Evangelisten) zufolge eine enge Verbindung zwischen Wunder und Glaube. Das ist aber nicht dahingehend zu verstehen, daß seine Zeichenhandlungen die Anwesenden zum Glauben an ihn führen würden. Vielmehr ist das Verhältnis gerade umgekehrt.

Der Glaube oder zumindest die Bereitschaft dazu ist die *Voraussetzung für das Wunder.* In Nazaret und vor Herodes vermag Jesus keine Wunderzeichen zu wirken, weil er auf Unglauben stößt. Anderseits betonen die Evangelisten zu wiederholten Malen, daß Jesus auf die ›mitwirkende‹ Kraft des Glaubens beim Zustandekommen des Wunders verweist. Häufig nämlich sagt Jesus zu den von ihm Geheilten: »Dein Glaube hat dir geholfen« (Mk 5,34; 10,52par; Lk 17,19). Damit wird nicht insinuiert, daß der Glaube das

Wunderzeichen bewirke, wohl aber, daß dem göttlichen Wirken Grenzen gesetzt sind, wenn die Bereitschaft zum Glauben fehlt. In heutiger Begrifflichkeit ausgedrückt: Gewiß *schenkt* Gott seine Gnadengaben; aber er zwingt niemanden, sie *anzunehmen*.

Jesu Wunderzeichen sind also lediglich eine Hilfe für den Glauben, vorausgesetzt, daß der Mensch sich nicht von vornherein diesem Glauben widersetzt.

Obwohl Jesus selber seinen Wundern keinerlei Beweiskraft zuschrieb, haben manche von seinen Zeichen in den Evangelien dennoch die Funktion von Beglaubigungswundern. So heißt es etwa im Johannesevangelium: »Noch viele andere Zeichen, die in diesem Buch nicht aufgeschrieben sind, hat Jesus vor den Augen seiner Jünger getan. Diese aber sind aufgeschrieben, *damit ihr glaubt, daß Jesus der Messias ist, der Sohn Gottes, und damit ihr durch den Glauben das Leben habt in seinem Namen*« (Joh 20,31).

Diese Beglaubigung der Sendung Jesu wird manchmal auch durch einen Opponenten ausgesprochen, so etwa wenn der Dämon, den Jesus in Kafarnaum vertreibt, aus vollen Kräften in die Synagogenversammlung hineinschreit: »Ich weiß, wer du bist: der Heilige Gottes!« (Mk 1,24). Ähnlich äußert sich auch der unreine Geist, von dem Jesus den Besessenen von Gerasa befreit: »Was habe ich mit dir zu tun, Jesus, Sohn des höchsten Gottes?« (Mk 5,8).

Manchmal bringen die Evangelisten die Beglaubigung Jesu auch dadurch zum Ausdruck, daß sie eine Geschichte in einem sogenannten Chorschluß ausklingen lassen. Nachdem Jesus einen Gelähmten geheilt hat, geraten die Anwesenden geradezu außer sich; sie preisen Gott und sagen: »So etwas haben wir noch nie gesehen« (Mk 2,12parr). Oder: »Er hat alles gut gemacht; er macht, daß die Tauben hören und die Stummen sprechen« (Mk 7,37par).

Daß die Wunderzeichen Jesu *von den Evangelisten* häufig als Beglaubigungswunder dargestellt werden, liegt daran, daß diese nicht die Absicht hegen, ihre Leserschaft mit nackten Tatsachen zu konfrontieren. Vielmehr besteht ihr Hauptanliegen darin, zum Glauben an Jesus als den Christus aufzurufen und diesen Glauben weiterzuverbreiten. Von daher ist es selbstverständlich, daß auch die Wunderzeichen Jesu theologisch übermalt werden. Genauer gesagt: die christologische Deutung seiner Person findet ihren Niederschlag in der Darstellung der von ihm überlieferten Wundergeschichten.

»Groß sind die Werke des Herrn«

Daß Jesus Kranke und Besessene von ihren Leiden befreit hat, impliziert nicht notwendigerweise, daß er dabei irgendwelche Naturgesetze zeitweilig außer Kraft gesetzt hätte. Wie wir im vorausgehenden Kapitel bereits feststellen konnten, muß diese Frage schon aus rein naturwissenschaftlichen Gründen offenbleiben.

Zur Zeit Jesu hat sich das Problem in dieser Form auch gar nicht gestellt. Gewiß haben die damaligen Menschen Vorkommnisse, die sich vom gewöhnlichen Lauf der Dinge unterschieden, als besonders ›wunderbar‹ empfunden. Anderseits aber lebten sie in dem Bewußtsein, daß der Schöpfergott die Welt als ganze lenkt und leitet. Unsere moderne Unterscheidung, die in Gott die Erstursache (den Schöpfer) aller Dinge sieht, der durch Zweitursachen (die Naturgesetze) wirkt, war ihnen unbekannt. Sie sahen Gott *überall* und *unmittelbar* am Werk – also auch in den ganz und gar alltäglichen Dingen.

Nach biblischem Verständnis ereignet sich ein Wunder also nicht nur da, wo *Außerordentliches geschieht*, sondern jedesmal, wenn ein Mensch in den ganz gewöhnlichen Dingen des Alltags *Gottes Wirken erkennt*. Augustinus drückt diesen Gedanken in einer seiner Predigten so aus: »Denn ein größeres Wunder ist die Leitung der ganzen Welt als die Sättigung von fünftausend Menschen mit fünf Broten, und doch staunt darüber niemand; dagegen staunen die Menschen über das letztere, nicht weil es größer, sondern weil es selten ist.«[5] So will auch Jesus mit seinen ›außerordentlichen‹ Zeichen die Menschen bloß daran erinnern, daß sie ihre Augen öffnen sollen, damit sie Gottes wunderbares

---

[5] Augustinus, Tractatus in Joannis Evangelium 24,1, in: PL 35, 1379–1975; hier 1593.

Walten *überall* erkennen können, also auch da, wo ihre oft kurzlebigen Wünsche und Sehnsüchte unerfüllt bleiben. Die ganze Heilige Schrift zeugt davon, *daß* Menschen tatsächlich in allen nur denkbaren Situationen Gottes Größe rühmen und seine Macht preisen können, weil sie sein *ganzes* Wirken als wunderbar erfahren. Nach Auffassung der Bibel erinnern außerordentliche Ereignisse lediglich daran, daß alles Handeln Gottes am Menschen ein einziges Wunder ist.

Dieses Wunderverständnis hat sich die Kirche im Zweiten Vaticanum wiederum zu eigen gemacht: »Gott, der durch das Wort alles erschafft [man beachte die Gegenwartsform!] (vgl. Joh 1,3) und erhält, gibt den Menschen jederzeit in den geschaffenen Dingen Zeugnis von sich (vgl. Röm 1,19f).«[6] In der etwas nüchternen Sprache der Theologie wiederholt das Konzil damit nur, was der Psalmist aus glaubenserfülltem Herzen heraus singt: »Groß sind die Werke des Herrn« (Ps 111,2).

Daß auch der heutige Mensch zu solchen Erfahrungen religiöser Sinndichte fähig ist, soll ein einfaches Beispiel verdeutlichen.

Da sind zwei Menschen, die einander lieben und nun restlos glücklich sind. Möglicherweise haben sie sich durch einen geradezu unwahrscheinlichen Zufall kennengelernt – das kommt ja vor. Etwa so: Das Mädchen mußte an einem bestimmten Tag an einen bestimmten Ort reisen, hat aber den Zug verpaßt, weil es sich verschlafen hat, und dann eben den nächsten genommen. Und ist dabei zufällig in jenes Abteil geraten, in welchem dieser nette junge Mann saß. Dieser Mann mußte zufällig die gleiche Strecke fahren und ist – welch ein Zufall schon wieder! – aufgrund bestimmter Umstände einen Tag früher gereist als vorgesehen. Und während dieser Bahnfahrt haben die beiden einander also kennengelernt und sind jetzt glücklich.

Sich zufällig kennengelernt? Genaugenommen nicht, denn jeder sogenannte Zufall hat eine Ursache. Wenn sich jemand morgens verschläft, gibt es dafür bestimmte

---

[6] Vaticanum II, Dogmatische Konstitution über die göttliche Offenbarung, *Dei Verbum*, Nr. 3.

Gründe, Übermüdung vielleicht, oder man hat – wiederum aufgrund gewisser Umstände – vergessen, den Wecker zu stellen. Und wenn ein Mann eine Reise einen Tag früher unternimmt als ursprünglich vorgesehen, so hat auch das präzise Ursachen. Daß sich die beiden Menschen in jenem Zugabteil kennengelernt haben, ist, nüchtern betrachtet, das Ergebnis einer komplizierten Kette von Ursachen und Wirkungen. Das bezeichnen wir in unserer Umgangssprache als Zufall. Oder als Schicksal. Aber wem sollen die beiden nun danken für ihr Glück?

Der englische Schriftsteller Gilbert Keith Chesterton soll einmal gesagt haben, daß er sich im Leben eines Atheisten keinen schlimmeren Augenblick vorstellen könne als den, wenn er das Gefühl habe, jemandem danken zu müssen – und er weiß nicht wem.

Der Gläubige weiß, wem er danken darf. Er ist davon überzeugt, daß Gott *alles* in seinen Händen hat und demzufolge auch da wirkt, wo eine innerlich unbeteiligte Person lediglich natürliche Gesetzmäßigkeiten wahrnimmt. Ebendeshalb dürfen die beiden Menschen sagen: Gott, wie froh und wie dankbar sind wir, daß du damals alles so *gefügt* hast!

Warum sollte für einen Gläubigen dieses natürlich erklärbare Zusammentreffen zweier Menschen weniger wunderbar sein als eine unerklärliche Krankenheilung?

In welchem Ausmaß Fausts Bemerkung zutrifft, nach welcher das Wunder »des Glaubens *liebstes* Kind« ist,[7] mag hier offenbleiben. Sicher ist, daß das Wunder stets ein *Kind* des Glaubens ist, weil erst der Glaube einen Menschen dazu befähigt, Gottes Wirken in allen Ereignissen wahrzunehmen.

Aber dieser Glaube hängt nicht ab von spektakulären Wundern. Gottes Fußspuren und Fingerabdrücke lassen sich in allem und jedem erkennen. Doch es braucht dazu das Vergrößerungsglas des Glaubens. Gottes Handschrift ist oft nicht leicht zu lesen, aber sie läßt sich überall entziffern, auch im ganz gewöhnlichen Alltag. Und immer steht da der gleiche Satz geschrieben: *Gott liebt uns.*

---

[7] J. W. von Goethe, Faust I, Vers 766.

Gott liebt uns. Das ist doch das eigentliche und einzige Wunder. Und alles, was wir erleben, sei das nun leicht erklärbar oder überhaupt nicht durchschaubar, ist doch nur die *Folge* dieses einen Wunders von Gottes Liebe. Die Rose im Garten und der Wein auf dem Tisch, die Freundschaft, die wir erfahren und das Vertrauen, das man uns schenkt, die Farben der Schmetterling und das Lachen der Kinder... ist das nicht alles *wunderbar*?

Zweiter Teil
Wunderüberlieferungen
im Neuen Testament

Versinken im Nichts?

Der Seewandel des Petrus (Mt 14,22–32)

Im Jahre 1796 veröffentlichte der deutsche Erzähler Jean Paul (eigentlich Johann Paul Friedrich Richter), der zwar Theologie studiert hatte, sein Leben dann aber als Hauslehrer und Schriftsteller fristete, seinen bekanntesten Roman, »Siebenkäs«, in welchem er die Geschichte eines Armenadvokaten erzählt.

Darin enthalten ist das berühmte Kapitel mit der »Rede des toten Christus vom Weltgebäude herab, daß kein Gott sei«. Der Erzähler schildert dort ein Traumgesicht, in welchem er sich in einer Kirche wiederfindet, inmitten von Toten:

Jetzo sank eine hohe edle Gestalt mit einem unvergänglichen Schmerz aus der Höhe auf den Altar hernieder, und alle Toten riefen: »Christus! ist kein Gott?«

Er antwortete: »Es ist keiner.« [...]

Christus fuhr fort: »Ich ging durch die Welten, ich stieg in die Sonnen und flog mit den Milchstraßen durch die Wüsten des Himmels; aber es ist kein Gott. Ich stieg herab, soweit das Sein seine Schatten wirft, und schauete in den Abgrund und rief: ›Vater, wo bist du?‹ aber ich hörte den ewigen Sturm, den niemand regiert, und der schimmernde Regenbogen aus Wesen stand ohne eine Sonne, die ihn schuf, über dem Abgrunde und tropfte hinunter. Und als ich aufblickte zur unermeßlichen Welt nach dem göttlichen Auge, starrte sie mich mit einer leeren bodenlosen Augenhöhle an; und die Ewigkeit lag auf dem Chaos und zernagte es und wiederkäuete sich. – Schreit fort, Mißtöne, zerschreiet die Schatten; denn Er ist nicht!« [...]

Da kamen, schrecklich für das Herz, die gestorbenen Kinder, die im Gottesacker erwacht waren, in den Tempel und warfen sich vor die hohe Gestalt am Altare und sagten: »Jesus! haben wir keinen Vater?« – Und er antwortete mit strömenden Tränen: »Wir sind alle Waisen, ich und ihr, wir sind ohne Vater.« [...]

Und als ich niederfiel und ins leuchtende Weltgebäude blickte, sah ich die emporgehobenen Ringe der Riesenschlange der Ewigkeit, die sich um das Welten-All gelagert hatte – und die Ringe fielen nieder, und sie umfaßte das All doppelt – dann wand sie sich tausendfach um die Natur – und quetschte die Welten aneinander – und drückte zermalmend den unendlichen Tempel zu einer Gottesacker-Kirche zusammen – und alles wurde eng, düster, bang – und ein unermeßlich ausgedehnter Glockenhammer sollte die letzte Stunde der Zeit schlagen und das Weltgebäude zersplittern... als ich erwachte.[1]

Die Nacht des Nichts

Bei Jean Paul ist der Gedanke, daß kein Gott sei, ein schlimmer Alptraum, auf den das befreiende Erwachen folgt.

Meine Seele weinte vor Freude, als sie wieder Gott anbeten konnte – und die Freude und das Weinen und der Glaube an ihn waren das Gebet. Und als ich aufstand, glimmte die Sonne tief hinter den vollen purpurnen Kornähren und warf friedlich den Widerschein ihres Abendrots dem kleinen Monde zu...[2]

Dieses Traumgesicht Jean Pauls spiegelt nicht etwa die epochale Gegebenheit eines latent vorhandenen Atheismus wider, sondern lediglich die individuelle Anfechtung des Gläubigen. Dies betont der Erzähler selber in einer kurzen Fußnote, die er seiner Vision voranstellt:

Wenn einmal mein Herz so unglücklich und ausgestorben wäre, daß in ihm alle Gefühle, die das Dasein Gottes bejahen, zerstört wären, so würde ich mich mit diesem meinem Aufsatz erschüttern und – er würde mich heilen und mir meine Gefühle wiedergeben.

Eine derart ruhige und gelassene, ja fast heitere Sicherheit des Glaubens, wie sie aus diesen Zeilen spricht, wün-

---

[1] Jean Paul, Siebenkäs, in: Werke, Bd. 1, Berlin Darmstadt Wien 1962, 669–1158. Die »Rede des toten Christus«: 890–894.

[2] Ebd., 894; das folgende Zitat: 890.

schen sich viele Christen. Indessen hat es an Anschein, daß sich das Glaubenserlebnis heute nur mehr selten mit der von Jean Paul beschriebenen Erfahrung deckt, sondern, wenn überhaupt, eher unter umgekehrten Vorzeichen stattfindet. Spätestens seitdem Nietzsche den Tod Gottes verkündet hat, ist der quälende Zweifel an seiner Existenz, den der vielleicht empfindsamste Prosadichter der deutschen Klassik als bloßen Alptraum empfand, für unzählige Gläubige bittere Wirklichkeit geworden. Im Gegensatz zu früher steht heute nicht mehr der Gottesleugner, sondern der Gottgläubige unter Rechtfertigungszwang. Immer größer wird die Zahl jener Christen, welche offen eingestehen, daß sie sich mit allen nur denkbaren Schwierigkeiten herumschlagen; ihr Glaube erscheint ihnen im Wortsinn als fragwürdig. Diese Erfahrung wiederum verursacht eine innere Unsicherheit und Beklommenheit und nicht selten auch massive Schuldgefühle.

Von daher ist der Wunsch nach einem festen, unangefochtenen Glauben verständlich. Begreiflich ist auch, daß man sich nach entsprechenden Vorbildern umsieht.

Wer sich ein wenig auskennt im kirchlichen Festkalender, wird hier wahrscheinlich auf das Beispiel der heiligen Therese vom Kinde Jesu verweisen, welche von manchen Biographen als modernes Vorbild für eine mutige und standhafte Glaubenshaltung dargestellt wird.

Schon als Kind erweist sich die im Jahre 1873 geborene Thérèse als derart fügsam und fromm, daß eigentlich nur die Oberin des Karmeliterinnenklosters von Lisieux sich noch wundert, als das eben 15jährige Mädchen um Aufnahme in ihre Gemeinschaft bittet. Zwei ihrer älteren Schwestern haben diesen Schritt bereits vor ihr getan, allerdings in einem Alter, das vor dem gesunden Menschenverstand zu verantworten war.

Neun Jahre lebt die kleine Therese, wie sie (um Verwechslungen mit der großen Mystikerin Teresa von Avila zu vermeiden) schon bald nach ihrem Tod genannt wird, im Karmel. 1897 stirbt sie an Schwindsucht.

Über ihr Leben vor und nach dem Klostereintritt gibt die von ihr aufgezeichnete und von ihrer leiblichen Schwester Agnes herausgegebene »Geschichte einer Seele« Aufschluß. Diese Schwester, im Kloster inzwischen zur *Mutter Agnes*, will sagen zur Oberin, avanciert, war es auch, welche Therese zur Aufzeichnung ihrer geistlichen Erfahrungen veranlaßt hatte.

Was jetzt geschieht, konnte niemand voraussehen. Die kleine unscheinbare Schrift schlägt ein wie ein Blitz. Tausende und Abertausende von Exemplaren werden davon gedruckt. Übersetzungen in über dreißig Sprachen folgen. Schon im Alter von zwei Jahren, liest man da, fühlte Thérèse sich hingezogen zum »Bräutigam der Jungfrauen«. Sie ist die »kleine weiße Blume«, die Jesus gepflückt und in den Karmel verpflanzt hat, um sie »vor dem vergifteten Hauch der Welt [zu] bewahren«.[3] Süß ist es, sich in Jesu Arme zu werfen. Unbeachtet will sie bleiben und unscheinbar. Sie selber bezeichnet sich als »die ganz kleine Schwester Therese« (S. 208).

Ich bin eine sehr kleine Seele, die dem lieben Gott nur sehr kleine Dinge anbieten kann, dabei kommt es noch häufig vor, daß ich mir diese kleinen Opfer, die der Seele so viel Frieden bringen, entgehen lasse; das entmutigt mich nicht, ich ertrage es, etwas weniger Frieden zu haben, und trachte danach, ein andermal wachsamer zu sein (S. 264).

Und die Schwindsucht, die sie verzehrt? Die Leiden, die Jesus schickt, muß man tragen! Therese weiß, daß sie sterben muß. Und je früher sie stirbt, desto eher wird sie für immer vereint sein mit dem himmlischen Bräutigam:

Es [das ›kleine Kind‹ Therese] weiß nur noch eines, dich lieben, o Jesus. Glänzende Werke sind ihm versagt, es kann das Evangelium nicht verkünden, sein Blut nicht vergießen. [...] Wie aber soll es seine Liebe bezeugen, da sich die Liebe doch durch Werke beweist? Wohlan, das kleine Kind wird Blumen streuen, mit ihrem Duft wird es den königlichen

[3]   Therese von Lisieux, Selbstbiographie, Einsiedeln [12]1991, 14; 3; 7. Diese »Selbstbiographie« enthält in zeitlicher Reihenfolge drei verschiedene autobiographische Schriften: 1) Kindheitserinnerungen; 2) einen persönlichen Brief an Schwester Marie du Sacré-Cœur, ihre älteste Schwester und Taufpatin, gleich ihr Karmelitin in Lisieux; 3) eine Fortsetzung der Kindheitserinnerungen und Überlegungen zum Klosterleben. Frühere dieser Schriften sind unter dem Titel »Geschichte einer Seele« erschienen.

Thron einhüllen, mit seiner silberhellen Stimme wird es das
Hohelied der Liebe singen (S. 203).

Zweifellos erklärt sich der Riesenerfolg der bescheidenen Schrift auch mit der damaligen Verunsicherung der Gläubigen. Das Kloster als geistlicher Garten, als Ankerplatz in den Stürmen der Zeit, als Hort vor Anfechtungen, als Trutzburg gegen den um sich greifenden Unglauben. Als vorweggenommenes Paradies.

Irgendwie ist das alles zu schön, um wahr zu sein; es ist allzu rührend, allzu blumig, allzu sentimental... Zwar ahnt man es dunkel, aber irgendwie empfindet man doch wieder Hemmungen, es deutlich auszusprechen: die »Geschichte einer Seele« ist religiöser Kitsch.

Genauer: *diese* von Mutter Agnes veröffentlichte Geschichte einer Seele! Heute wissen wir, daß die Klostervorsteherin gute Gründe hatte, das Originalmanuskript nur ja nicht aus der Hand zu geben. Erst ihr Tod im Jahre 1951 ermöglichte dem gelehrten Karmelitermönch François de Sainte-Marie den Zugriff auf die paar Kladden, die Therese zur Niederschrift ihrer Klostererfahrungen benutzt hatte – und damit den Nachweis, daß die geistliche Autobiographie der kleinen Therese, die von Hunderten von gutmeinenden Predigern immer wieder zitiert worden war und an der sich Aberhunderttausende erbaut hatten, von ihrer Schwester und Oberin nach allen Regeln der erbaulichen Kunst *ediert* worden war. Das bedeutet in diesem Fall: Retusche, Zensur, Verfälschung.

Im Lauf ihrer wenigen Klosterjahre hat »die kleine weiße Blume« nämlich noch ein paar andere Erfahrungen gesammelt und schriftlich festgehalten. Nicht nur von Frömmigkeit ist in ihren Aufzeichnungen die Rede, sondern auch von furchtbarer Einsamkeit. Von Depressionen. Von einem »finsteren dunklen Tunnel«, den Jesus sie durchschreiten läßt. Da ist nichts mehr zu spüren von jenem »klaren Glauben« und vom »Gedanken an den Himmel«, der ihr »ganzes Glück ausmachte«. Tatsächlich konnte sie sich zunächst einfach nicht vorstellen, daß es Gottlose gibt, die keinen Glauben haben. »Ich meinte, sie sprächen gegen ihre bessere Erkenntnis, wenn sie die Existenz des Himmels leugneten« (S. 219). Mit einem Mal jedoch fällt für Therese nicht nur eine ganze Welt, sondern der Himmel selbst zusammen, wie sie im Juni 1897 ihrer Schwester und Oberin in den auf ihr Geheiß hin verfaßten Aufzeichnungen bekennt.

In den so fröhlichen Tagen der Osterzeit [des Jahres 1896] ließ Jesus mich fühlen, daß es tatsächlich Seelen gibt, die den Glauben nicht haben. [...] Er ließ zu, daß die dichtesten Finsternisse in meine Seele eindrangen und der mir so süße Gedanke an den Himmel bloß noch ein Anlaß zu Kampf und Qual war... Diese Prüfung sollte nicht nur ein paar Tage, ein paar Wochen dauern, sie sollte erst zu der vom Lieben Gott bestimmten Stunde erlöschen... und diese Stunde ist noch nicht gekommen...

Suche ich Ruhe für mein durch all die Finsternis ringsum ermattetes Herz in der Erinnerung an das lichtvolle Land [des Himmels], nach dem ich mich sehne, so verdoppelt sich meine Qual; die Stimme der Sünder annehmend, scheint die Finsternis mich zu verhöhnen und mir zuzurufen: »Du träumst von Licht, von einer mit lieblichen Wohlgerüchen durchströmten Heimat, du träumst vom ewigen Besitz des Schöpfers all dieser Wunderwerke, du wähnst, eines Tages den Nebeln, die dich umfangen, zu entrinnen! Nur zu, nur zu, freu dich über den Tod, der dir geben wird, nicht was du erhoffst, sondern eine noch tiefere Nacht, die Nacht des Nichts« (S. 219; 221).[4]

Diese »Nacht des Nichts« haben viele große Mystiker erfahren; erinnert sei bloß an Juan de la Cruz (1542–1591), den großen Erneuerer des Karmeliterordens. Aber sie verstanden darunter Zeiten innerer Dürre und Trostlosigkeit, mit einem anderen Wort, die Erfahrung der *Abwesenheit Gottes.* Bei Therese ist das anders: während eines ganzen Jahres überfallen sie immer wieder einmal furchtbare Zweifel an der *Existenz Gottes.* Damit teilt sie ganz und gar das

---

[4] Vgl. dazu die Anmerkung in unserem Text, S. 221, wo eine Aussage einer Mitschwester anläßlich des Heiligsprechungs-Prozesses mitgeteilt wird: »Diese Anfechtungen betrafen vor allem die Existenz des Himmels. Sie sprach mit niemandem darüber, um nicht auf andere ihre unsägliche Qual zu übertragen. Sie hätte sich gerne einem Beichtvater anvertraut, aber unser Kaplan war nahe daran, sie zu verwirren, da er ihr sagte, ihr Zustand sei sehr gefährlich.«

Los des modernen Menschen. Und zeigt so, daß der Zeitgeist auch durch die Ritzen der Klostermauern dringt. Sie
ist nicht die kleine süße Jesusschwärmerin, als die man sie
jahrzehntelang betrachtet hat, sondern eine überaus tapfere
und erprobte Heilige, in der die heutigen Menschen mit
ihren Glaubenszweifeln, Ängsten und Depressionen sich
wiedererkennen. Zu Recht hat Hans Urs von Balthasar bemerkt, daß die nunmehr *vollständige* Ausgabe der »Geschichte einer Seele« Therese »aus einem wahren Grab von
Schminke gehoben« hat.[5]

Tatsächlich lassen die unzensierten Äußerungen der heiligen Therese ihre ganzen übrigen Aufzeichnungen in einem neuen Licht erscheinen. Auf eindrückliche Weise dokumentieren sie, daß und wie sehr der Glaube gefährdet ist
und daß sich dieser Glaube zu jedem Zeitpunkt und in jeder Situation neu zu bewähren hat. Diese stets mögliche
Anfechtung und Bedrohung des Glaubens aber hängt mit
seinem innersten Wesen selbst zusammen.

Petrus oder der stets gefährdete Glaube

Ebendies wird gerade vom Neuen Testament bestätigt, in
einer ebenso bewegenden wie bewegten Szene, die sich auf
dem See Gennesaret abspielt (vgl. Mt 14,34).

*Jesus forderte die Jünger auf, ins Boot zu steigen und an
das andere Ufer vorauszufahren. Inzwischen wollte er die
Leute [die er mit den Broten und den Fischen gespeist hatte]
nach Hause schicken. Nachdem er sie weggeschickt hatte,
stieg er auf einen Berg, um in der Einsamkeit zu beten. Spät
am Abend war er immer noch allein auf dem Berg.*

*Das Boot aber war schon viele Stadien vom Land ent-
fernt und wurde von den Wellen hin und her geworfen;
denn sie hatten Gegenwind. In der vierten Nachtwache
kam Jesus zu ihnen; er ging auf dem See. Als ihn die Jünger
über den See kommen sahen, erschraken sie, weil sie mein-
ten, es sei ein Gespenst, und sie schrien vor Angst. Doch Je-*

---

[5] H. U. von Balthasar, Geleitwort, in: Therese von Lisieux, Selbstbiographie, V.

sus begann mit ihnen zu reden und sagte: Habt Vertrauen, ich bin es; fürchtet euch nicht!

Darauf erwiderte ihm Petrus: Herr, wenn du es bist, so befiehl, daß ich auf dem Wasser zu dir komme. Jesus sagte: Komm! Da stieg Petrus aus dem Boot und ging über das Wasser auf Jesus zu. Als er aber sah, wie heftig der Wind war, bekam er Angst und begann unterzugehen. Er schrie: Herr, rette mich! Jesus streckte sofort die Hand aus, ergriff ihn und sagte zu ihm: Du Kleingläubiger, warum hast du gezweifelt? Und als sie ins Boot gestiegen waren, legte sich der Wind. Die Jünger im Boot aber fielen vor Jesus nieder und sagten: Wahrhaftig, du bist Gottes Sohn (Mt 14,22–32; vgl. Mk 6,45–52).

Literarisch betrachtet haben wir es hier mit einer Wundererzählung zu tun, in welcher Elemente der Erscheinungs- und Offenbarungsgeschichte miteinander verschmolzen werden. Das eigentliche Thema allerdings ist das Wesen des Glaubens.

Daß kein Gläubiger zu keiner Zeit für sich die Möglichkeit ausschließen kann, in seinem Glauben schwach zu werden, verdeutlicht Matthäus am Beispiel des Apostels Petrus, dem nach seinem Verständnis innerhalb der Kirche eine besonders hervorragende Rolle zukommt. Er ist es, der bei dem rund zwanzig Kilometer vom Nordufer des Sees Gennesaret gelegenen Cäsarea Philippi das Glaubensbekenntnis zu Jesus als dem Messias und Sohn Gottes ablegt (Mt 16,13–20parr) und als Sprecher der Jünger in Erscheinung tritt (Mt 17,24–27). Obwohl der erste unter den Aposteln in seiner Kleingläubigkeit (Mt 14,31) keineswegs als beispielhaft gelten kann, ist seine Haltung doch exemplarisch, insofern der Evangelist anhand seiner Person zeigt, was kein gläubiger Mensch von vornherein für sich ausschließen darf, nämlich daß er, zumindest zeitweise, den Glauben und damit den Boden unter den Füßen verliert.

Ob die Episode vom Seewandel des Petrus vom Verfasser des Matthäusevangeliums selber gestaltet und von ihm in die Markusvorlage eingefügt wurde oder ob sie auf älteres Überlieferungsgut zurückgeht, läßt sich nicht mehr feststellen. Aber allein die Tatsache, daß Matthäus diese Geschichte in sein Evangelium einfügt, läßt darauf schließen, daß er damit eine ganz bestimmte theologische Botschaft verbinden wollte.

Bekanntlich finden Menschen immer nur auf dem Weg des Vertrauens zueinander. Ohne dieses Vertrauen kann man auch in Jesus keinen sicheren Halt finden.

Solange der Mensch auf sich allein gestellt ist, ist er im wörtlichen Sinne grund-los, hin und her geworfen von den schäumenden Wellen des Lebens. Jedem Wind und Gegenwind ausgeliefert, droht er im Wasser zu versinken. Allem und jedem begegnet er mit Mißtrauen; als die Jünger Jesus sehen, erschrecken sie, weil sie meinen, ein Gespenst zu erblicken; sie schreien auf vor Angst. Erst auf Jesu Aufforderung hin – »Habt Vertrauen!« – wagt Petrus ein Wort und anschließend einen Schritt; und Petrus steht hier für die Glaubenden schlechthin. Aber sobald er sich wieder auf sich selber und damit auf seine Schwachheit und Hinfälligkeit besinnt, sinkt auch sein Vertrauen und damit er selbst. Und wiederum schreit er, immer noch vor Angst, aber diesmal zu *jemandem*: »Herr, rette mich!«

Dieser kurze Abschnitt aus dem Matthäusevangelium stellt ein Lehrstück über den Glauben dar.

Unter ›Glaube‹ verstehen wohl die meisten Menschen eine Art Vermutung oder Meinung, die sich auf Gründe stützt, die zu einer sicheren (und das heißt beweiskräftigen) Aussage nicht ausreichen.

Ein solches Glaubensverständnis hängt damit zusammen, daß der religiöse Glaube seit dem Beginn der Neuzeit immer häufiger im Hinblick auf das exakte, wissenschaftliche Wissen definiert wurde, dessen Erkenntnisse empirisch nachprüfbar sind. In einem solchen Horizont muß der religiöse Glaube notwendigerweise als eine Art Wissens-*ersatz* erscheinen.

Demgegenüber ist daran zu erinnern, daß im praktischen Lebensvollzug nicht jene Aussagen entscheidend sind, die sich beweisen lassen, sondern vielmehr jene Wahrheiten, die man ›nur‹ bezeugen kann – und für die zu leben *und* zu sterben sich lohnt. So käme wohl niemand auf den Gedanken, sein Leben einzusetzen für die wissenschaftlich fundierte Aussage, daß das Eis zu schmelzen beginnt, wenn die Nullgradgrenze erreicht ist. Anderseits aber waren viele

Menschen eher bereit, einen qualvollen Tod zu erleiden, als vor einer Götterstatue ein paar Weihrauchkörner zu verbrennen. Dabei haben diese Menschen keinen Augenblick daran gedacht, ob ihre Haltung sich wissenschaftlich begründen lasse. Eine solche Begründung wäre genauso unmöglich wie der Nachweis, daß es besser sei, das Gute zu wählen, statt das Böse zu tun. Im übrigen hat schon Aristoteles (384–322 v. Chr.) darauf hingewiesen, daß jemand, der behauptet, man dürfe seine Mutter umbringen, keine Widerlegung, sondern eine Zurechtweisung verdiene.

Daß die für unser Leben entscheidenden Wahrheiten nicht auf der Ebene der wissenschaftlichen Erkenntnis, sondern auf dem Erfahrungsweg zustande kommen, läßt sich anhand eines einfachen Beispiels verdeutlichen. Wenn ein Mensch zu einem anderen sagt: Ich mag dich, ich hab' dich gern, ich liebe dich – dann kann diese Aussage das Leben der angesprochenen Person grundlegend verändern – und dies, obwohl es keinen empirischen Beweis für den Wahrheitsgehalt einer derartigen Äußerung gibt (und auch gar nicht geben kann). Theoretisch gesehen ist die Möglichkeit in keinem Fall mit mathematischer Sicherheit auszuschließen, daß man in irgendeiner Weise hintergangen wird. Und doch geschieht es, daß man der Liebe eines anderen Menschen so gewiß ist, daß nicht einmal der entfernteste Gedanke an eine Täuschung aufkommt. Dies geschieht nun bestimmt nicht deshalb, weil Liebe blind machen würde, sondern weil es außer der wissenschaftlichen Erkenntnis ein Wissen gibt, das einem aus dem vertrauensvollen Umgang mit anderen zuwächst. Die auf diesem Weg gewonnenen Einsichten sind nun aber gerade *kein Wissensersatz*, sondern *eine andere Art von Wissen*, das einem aus einer *inneren Gewißheit* heraus erwächst.

Um eine solche innere Gewißheit handelt es sich dem Verständnis der Schrift zufolge auch beim Glauben. Wenn im Neuen Testament vom Glauben die Rede ist, meint dieser Begriff zuerst und vor allem das unerschütterliche Vertrauen gegenüber Jesus Christus, in dem Gott dem Menschen nahekommt. Nichts anderes illustriert Matthäus mit seiner Geschichte von der Begegnung zwischen Jesus und Petrus auf dem See Gennesaret.

Gleichzeitig betont der Evangelist, daß ein solches Vertrauen nie ein für allemal gegeben ist, sondern immer neu eingeübt und gelebt werden muß. Dies ist der Grund, warum kein Mensch je von sich behaupten kann, endgültig im Besitz des Glaubens zu sein. Vielmehr geht es darum, dieses Vertrauen je neu zu verwirklichen und zu vertiefen.

Für den Glauben gilt demnach, was für alle Entscheidungen zutrifft, die man zwar ›ein für allemal‹ fällt und zu denen man dann doch täglich neu stehen muß. Weil der Mensch ständig in der Entscheidung lebt (er wird ja dauernd mit neuen *entscheidenden Situationen* konfrontiert), gibt es in einem gewissen Sinn gar keine end-gültigen Entscheidungen. Eine Frau mag sich anläßlich ihres silbernen Ehejubiläums oder ein Ordensmann sich bei seiner goldenen Profeßfeier fragen, ob die früher einmal getroffene Entscheidung richtig war. Selbst wenn beide zu dem Ergebnis kommen sollten, daß sie bei allen Inkohärenzen und trotz allen Versagens noch immer zu ihrem Treueversprechen stehen können, und wenn sie sich weiterhin dazu bekennen, wiederholen sie damit eben nicht einfach einen früheren Entschluß, sondern fällen eine neue Entscheidung, die mit der früheren in Einklang steht. Unser Beispiel zeigt: Entscheidungen, die man ›ein für allemal‹ trifft, müssen sich im konkreten Vollzug stets neu bewahrheiten.

Dies gilt gleichermaßen für den Glauben, wobei auch hier immer die Möglichkeit eines Rückfalls besteht, wie das (keineswegs vorbildliche) Beispiel des Petrus zeigt. Kaum daß dieser sich Rechenschaft gibt über die Heftigkeit des Windes, wird sein Vertrauen von der Angst eingeholt, und er beginnt unterzugehen. Für das Textverständnis ist es wichtig, daß man hier Ursache und Wirkung nicht miteinander verwechselt. Petrus fürchtet sich nicht, weil er untergeht, sondern weil und in dem Maß er sich fürchtet, beginnt er in den Fluten zu versinken.

Und es ist dies beileibe nicht das letzte Mal, daß der erste unter den Aposteln untergeht. Während des Abendmahls beschwört er Jesus geradezu: »Und wenn ich mit dir sterben müßte – ich werde dich nie verleugnen« (Mt 26,35par). Aber schon wenige Stunden später wird er, außer sich vor Angst, gegenüber ein paar neugierigen Müßiggängern sich selbst verfluchen und schwören, daß er Jesus nicht kennt (Mt 26,69–75parr).

Dies zeigt, daß der Gläubige gut daran tut, die Gefährdungen des Glaubens nicht zu unterschätzen. Denn auch das Gottvertrauen ist, wie jedes menschliche Vertrauen überhaupt, Anfechtungen ausgesetzt, Zweifeln unterworfen und von Krisen bedroht.

Ebendies schwebt dem Evangelisten bei der Niederschrift der Episode vom Seewandel Jesu und vom untergehenden Petrus vor Augen. Er will die Gläubigen, die sich ihrer ambivalenten Situation bewußt sind und möglicherweise darunter leiden, stärken und ermutigen.

Zur Abstützung dieser Behauptung kommen wir nicht um ein paar exegetische Erläuterungen herum.

Im Zusammenhang mit dem über das Wasser wandelnden Jesus verweisen die Exegeten gerne auf Vorbilder aus der Hebräischen Bibel, wo verschiedentlich vom Durchzug *durch* das Wasser die Rede ist: Durchzug der Israeliten durch das Schilfmeer (Ex 14,21–31); Durchzug des auserwählten Volkes durch den Jordan (Jos 3–4); Elijas Durchquerung des Jordans (2 Kön 2,7f.14). In keinem dieser Fälle jedoch geht es um ein Wandeln *über* das Wasser, ein Gedanke, der erst im Buch Ijob Gestalt annimmt: »Er [Gott] schreitet einher auf den Höhen des Meeres« (9,8).

In der Antike (vor allem in der außerbiblischen Welt) betrachtete man das Gehen auf dem Wasser als eine göttliche Fähigkeit, wofür sich neben der bereits erwähnten Ijob-Stelle eine ganze Reihe literarischer Zeugnisse findet. Im heidnischen Raum schrieb man diese Befähigung vor allem Göttersöhnen (Heroen) zu oder Menschen, die in einer besonders innigen Beziehung zur Gottheit standen.[6]

Eine enge Parallele zur Geschichte vom Seewandel des Petrus findet sich auch in der buddhistischen Überlieferung, näherhin in einem Jataka[7]. Dort ist die Rede von ei-

---

[6] Dazu U. Luz, Das Evangelium nach Matthäus, 2. Teilband: Mt 8–17 (Evangelisch-Katholischer Kommentar zum Neuen Testament, Bd. I/2), Zürich Braunschweig und Neukirchen-Vluyn 1990, 407.

[7] Jatakas sind Geschichten aus früheren Leben Buddhas. Die seit dem 5. Jahrhundert vorliegende Sammlung geht auf wesentlich ältere, z. T. vorchristliche Überlieferungen zurück. Das folgende Zitat (Jataka

nem Laienbruder, der auf dem Weg zu seinem Meister an das Ufer eines Flusses kommt. Der Fährmann ist gerade abwesend, worauf der Bruder, »von freudigen Gedanken an Buddha getrieben«, den Fuß auf das Wasser setzt und den Fluß zu überschreiten beginnt. »Als er aber in die Mitte gelangt war, sah er die Wellen. Da wurden seine freudigen Gedanken an Buddha schwächer, und seine Füße begannen einzusinken. Doch er erweckte wieder stärkere Gedanken an Buddha und ging weiter auf der Oberfläche des Wassers.«

Die offensichtliche Ähnlichkeit zwischen dieser Episode und der Geschichte vom Seewandel des Petrus beweist natürlich nicht, daß zwischen beiden Erzählungen eine direkte Abhängigkeit besteht. Wohl aber dokumentiert sie, daß der Gedanke vom Wandeln durch und über das Wasser (wie übrigens auch jener vom Fliegen!) keineswegs auf die Welt der Bibel beschränkt war, sondern auf die Menschen der Antike ganz allgemein eine große Faszination ausübte. Dieser Umstand ist nicht ganz bedeutungslos hinsichtlich der matthäischen Schilderung vom Seewandel Jesu. Tatsächlich hat es den Anschein, daß es dem Evangelisten gar nicht darum geht, ein *tatsächliches Vorkommnis* zu schildern, sondern daß er sich vielmehr einer damals *verbreiteten Vorstellung* bedient, um eine *theologische Aussage* zu machen.

Das Boot mit den Jüngern ist viele Stadien vom Land entfernt. Das sind mehrere hundert Meter; bekanntlich betrug ein Stadion, je nach Größe der Sportanlage, 185 bis 193 Meter. Außerdem herrscht starker Gegenwind. Jesus ist abwesend; er hat sich auf den Berg begeben, um dort in der Einsamkeit der Nacht zu beten. Die Jünger sind allein, genauer noch, sie wurden allein gelassen; denn Jesus selbst hat sie ja weggeschickt. Er nähert sich ihnen erst wieder während der vierten Nachtwache, also zwischen drei und sechs Uhr in der Frühe, nachdem sie fast die ganze Nacht über gegen die Wellen angekämpft haben. Doch die Jünger

---

190): J. B. Aufhauser, Buddha und Jesus, Bonn 1926, 12. Dort finden sich weitere Beispiele vom Wandeln über das Wasser.

sehen Jesus nicht; sie halten ihn ja für ein Gespenst. Was sie allerdings (noch) nicht wissen: *Jesus sieht sie.*

Aller Wahrscheinlichkeit nach bezieht sich der Evangelist hier auf Erfahrungen seiner christusgläubigen Zeitgenossen, welche vom Dunkel des Zweifels heimgesucht werden. Dabei bedient er sich des damals im jüdischen und heidnischen Raum bekannten Motivs vom Wandel über das Wasser.

Diese Vermutung verstärkt sich zur Gewißheit, wenn wir die Matthäusperikope mit dem als Vorlage verwendeten Markustext vergleichen (vgl. Mk 6,45–52).

Markus überliefert lediglich eine Wundergeschichte; ihm kommt es darauf an zu zeigen, daß Jesus auch Herr über die Naturgewalten oder, wie wir heute sagen würden, über die kosmischen Gesetze ist. Seiner Darstellung zufolge will Jesus an den Jüngern vorübergehen; aber weil sie außer sich sind vor Angst, steigt er dann doch zu ihnen ins Boot (Mk 6,48–51).

Matthäus fügt diesem von Markus übernommenen Text die Episode vom Seewandel des Petrus hinzu. Dabei geht es ihm darum zu zeigen, daß Jesus den Seinen auch da nahe ist, wo sie nicht mehr mit seiner Gegenwart rechnen, oder vielmehr, daß sie, gegen allen Anschein, immer mit seiner helfenden Nähe rechnen dürfen. Gleichzeitig betont er, daß man gerade dann Jesu Gegenwart übersieht, wenn man sich auf sein eigenes Werk und Wirken fixiert.

Diese Problemstellung hat nichts von ihrer Aktualität eingebüßt.

Auch heute wird immer wieder die Klage laut, daß Gott nicht erfahrbar sei; daß er sich nicht zeige, daß er abwesend zu sein scheine. Daß dieser Eindruck nichts mit der gegenwärtig vielbeschworenen Glaubenslosigkeit zu tun hat, illustriert Matthäus anhand der Gestalt des Petrus, des ersten unter den Aposteln. Anscheinend gehört diese Erfahrung zum Wesen des Glaubens selbst.

Ebendafür zeigte sich die Oberin des Karmeliterinnenklosters von Lisieux völlig blind; anders läßt es sich einfach nicht erklären, daß sie gerade jene Passagen der Autobiographie der heiligen Therese zensierte, in welchen sich ein Großteil der Gläubigen heute wiedererkennt.

Alfred Andersch illustriert diese Art von Glaubensnot in seinem Roman »Sansibar oder der letzte Grund« anhand des Gestalt des Pfarrers Helander.

Dieser leitet eine kleine Gemeinde in Rerik, einer öden Kleinstadt an der Ostsee. Als die Schergen des Dritten Reiches immer dreister auftreten, beschließt Helander, die Statue eines lesenden Klosterschülers ins Ausland zu schaffen, um sie dem Zugriff der Nationalsozialisten zu entziehen. Denn in ihren Augen handelt es sich bei dem Werk (Andersch hat dabei eine Plastik von Ernst Barlach vor Augen) um entartete Kunst. Der Pfarrer ist völlig vereinsamt. Seine Mitbrüder haben sich entweder mit den neuen Machthabern arrangiert, oder sie sind gleich zu ihnen übergelaufen. Seit diese das Sagen haben, ist die Kirche tot. Gott selber scheint sich immer mehr zurückgezogen zu haben; Helander erfährt ihn nur noch als den Abwesenden, als *Deus absconditus.*

Irgendwo hatte er einmal gelesen, daß die Ingenieure jetzt in der Lage waren, ›schalltote‹ Räume zu konstruieren. Das war die richtige Bezeichnung. Die Stadt, die Kirche und das Pfarrhaus waren zu einem schalltoten, echolosen Raum geworden, seitdem die Anderen gesiegt hatten. Nein, nicht seitdem die Anderen gekommen waren, sondern seitdem sich Gott entfernt hatte.[8]

Kirche in der Krise

Eine ähnliche Situation schwebt Matthäus vor Augen. Er beobachtet, daß viele seiner Zeitgenossen im Glauben verunsichert sind. Christus scheint sich aus ihrer Mitte entfernt zu haben; die Glaubensgemeinschaft sieht sich ganz auf sich selber gestellt. Angesichts dieser schmerzlichen Erfahrung betont der Evangelist, daß Jesus auch dann gegenwärtig ist, wenn er abwesend zu sein scheint – und daß gerade diese Situation eine Herausforderung darstellt für die Gläubigen.

---

[8] A. Andersch, Sansibar oder der letzte Grund (Fischer Bücherei, Bd. 354), Frankfurt a. M. 1960, 105.

Nicht zufällig stellt Matthäus ausgerechnet Petrus in den Mittelpunkt seiner Geschichte, der ja, wie wir schon feststellen konnten, in seinem Evangelium eine Vorrangstellung einnimmt.

Indessen eignet der Begegnung zwischen Jesus und Petrus auf dem See Gennesaret nicht nur eine exemplarische Bedeutung im Hinblick auf das Glaubensleben des einzelnen; ebensosehr hat sie Beispielcharakter in bezug auf die Glaubensexistenz der Kirche. Petrus tritt in dieser Episode nicht nur als Individuum in Erscheinung, sondern auch als Exponent und Repräsentant der Gesamtkirche. Das geht unter anderem daraus hervor, daß es im Matthäusevangelium meist nicht nur um Petrus allein geht, sondern in der Regel auch um Fragen der kirchlichen Gemeinschaft, wenn vom ersten unter den Aposteln die Rede ist (vgl. Mt 16, 16–20; 17,24–27; 18, 21f). In der Episode vom Seewandel verdeutlicht Matthäus anhand der Gestalt des Petrus, daß die Kirche sich immer dann verloren vorkommen muß, wenn sie vergißt, daß Jesus sie ständig auf ihrem Weg begleitet.

Zunächst wird das dadurch angedeutet, daß Jesus persönlich die Seinen auffordert, ins Boot zu steigen. Er selbst befindet sich nun außerhalb der Reichweite der Jünger. Diese sind – im Wortsinn – auf Dienstreise. Gewissermaßen wird damit die Situation der Jünger nach Jesu Tod und Auferstehung vorweggenommen. Der Herr ist seiner Gemeinde entrückt; er ist für sie *unsichtbar* geworden. Die Jesusnachfolger und -nachfolgerinnen ihrerseits vergessen allzu leicht, daß der Auferstandene dennoch mitten unter ihnen weilt.

Das verweist auf die Geschichte von der Stillung des Seesturms (vgl. Mt 8,23–27), welche daran erinnert, daß Jesus stärker ist als jede nur mögliche Bedrohung von innen und von außen. Vermutlich handelt es sich bei der Episode vom Seewandel um eine Abwandlung oder Weiterbildung der Erzählung von der Beruhigung des Sturmes. In beiden Geschichten ist von starkem Wind und Wellengang die Rede. Damit soll die Situation der jungen Kirche bildhaft dargestellt werden, welche sich mit allen nur möglichen Anfeindungen von außen und mit manchen Bedrohungen von innen konfrontiert sieht. Auf ihrem Weg durch die Zeiten wird das Schiff der Kirche im Gegenwind von den Wellen hin und her geworfen. Dabei kann es leicht geschehen, daß alle Mühe zwecklos und aller Einsatz vergeblich scheint, daß die Chaosmächte sich scheinbar als stärker erweisen und daß die Besatzung – gemeint ist die Glaubensgemeinschaft – in Panik gerät.

Eine ähnliche Erfahrung machte schon das auserwählte Volk bei seinem Auszug aus Ägypten. Zunächst scheint alles gut zu gehen; Jahwe, der Retter- und Befreiergott, läßt die Seinen nicht im Stich. Er bricht den Willen des Pharao, er zieht seinem Volk voran, tagsüber in einer Wolkensäule, um ihnen den Weg zu zeigen, bei Nacht in einer Feuersäule, um ihnen voranzuleuchten (Ex, 13,21). Doch sobald die ersten Schwierigkeiten auftauchen (untrinkbares Wasser: Ex 15,23; Lebensmittelknappheit: Ex 16,3; Wassermangel: Ex 17,1f), wähnt sich das Volk von Gott verlassen. Zusammen mit der Hoffnung auf eine neue Zukunft schwindet auch der Glaube an den Befreiergott Jahwe dahin; das Volk sehnt sich zurück nach den früheren Verhältnissen, die es kurz zuvor noch als unerträglich empfunden hatte: »Wären wir doch in Ägypten durch die Hand des Herrn gestorben, als wir an den Fleischtöpfen saßen und Brot genug zu essen hatten« (Ex 16,3).

Sowohl die Hebräische Bibel wie auch das Neue Testament zeigen, daß die Glaubensgemeinschaft mit Schwierigkeiten rechnen muß und daß gerade dann, wenn manches schief- oder danebengeht, der Glaube besonders gefährdet ist.

Ähnliches ließe sich anhand der ganzen bisherigen Geschichte der Kirche verifizieren, die gleichzeitig eine Geschichte aufeinanderfolgender Krisen, aber auch immer neuer Versuche darstellt, diese konstruktiv zu bewältigen.

Von einer ersten schweren Krise innerhalb der Urkirche ist bereits in der Apostelgeschichte die Rede. Damals ging es um die Frage, ob das jüdische Beschneidungsgesetz auch für die vom Heidentum zum Christentum Übergetretenen Geltung habe. Welch existenzbedrohendes Ausmaß diese Auseinandersetzung damals annahm, geht aus dem Bericht über das ›Apostelkonzil‹ hervor, in welchem ausdrücklich darauf hingewiesen wird, daß man sich erst »nach großer Aufregung und heftigen Auseinandersetzungen« (Apg 15,2) einigen konnte.

Bald danach wurden die Gläubigen immer stärker beunruhigt durch die Tatsache, daß sich die Wiederkunft Christi (die man sich zunächst als unmittelbar bevorstehend dachte: vgl. Mt 16,28) immer weiter hinauszögerte. Dieses Ausbleiben der Parusie hat schließlich innerhalb der Gemeinden selbst Spott und Hohn hervorgerufen, wie dem zweiten Petrusbrief zu entnehmen ist (vgl. 3,3–10), den ein anonymer Autor gegen die Mitte des 2. Jahrhunderts verfaßte.

Eine weitere einschneidende Krise für die Kirche bahnte sich im Jahre 313 an, nachdem das vom Kaiser Konstantin erlassene ›Mailänder Edikt‹ in Kraft getreten war. Zwar brachte dieses den im Reich bis dahin verfolgten Christen die Religionsfreiheit, aber gleichzeitig auch jede Menge Privilegien, so daß manche Bekehrungen weniger aus religiöser Überzeugung, sondern vielmehr aus recht eigennützigen Motiven zustande kamen. Hier hat auch das fragwürdige Bündnis zwischen Thron und Altar seine Wurzeln, auf welches die Kirche in der Folge großen Wert legte und das die Glaubwürdigkeit ihrer Verkündigung häufig unterhöhlte.

Wenig später drohte der Kampf um die rechte Lehre – vor allem im Bereich der Christologie – die Kirche auseinanderzureißen. Dabei stellte sich immer neu die Frage, wieviel Gewissens- und Handlungsfreiheit die kirchlichen Autoritäten den Gläubigen zugestehen dürfen, ohne ihre Verantwortung für die Einheit im Glauben zu vernachlässigen. Tatsächlich wurde die Kirche gerade auf dem Gebiet der Lehre häufig vor harte Proben gestellt – so, als zu Beginn des 13. Jahrhunderts das schon lange schwelende Schisma zwischen der Ost- und Westkirche endgültig wurde; als sich die Kirchen der Reformation gegen Rom formierten; als sich im letzten Jahrhundert die Gegner des Dogmas der päpstlichen Unfehlbarkeit zu einer eigenen Kirche zusammenschlossen...

Eine der vielleicht gefährlichsten Krisen der ganzen bisherigen Kirchengeschichte wurde im 17. und 18. Jahrhundert durch die Aufklärung ausgelöst, als sich die Ansicht verbreitete, daß der Mensch sein Denken und Handeln einzig vor dem Forum der Vernunft zu verantworten habe. Völlig unvorbereitet auf diese Herausforderung und unfähig, notwendige Differenzierungen vorzunehmen, beschränkte sich die Kirche damals auf eine globale Verurteilung aller aufklärerischen Bestrebungen. Damit provozierte sie gegen Ende des letzten und zu Beginn dieses Jahrhunderts den folgenschweren Modernismusstreit. In dessen Verlauf wurden alle jene Theologen, welche (vor allem auf dem Gebiet der Philosophie, der Geschichtsforschung und der Bibelauslegung) eine Versöhnung anstrebten zwischen katholischem Glauben und modernem Denken, als *Modernisten* verschrien, der Häresie bezichtigt und von den römischen Instanzen pauschal verurteilt. Damit aber wurden die zu einem guten Teil berechtigten Anfragen nicht beantwortet, sondern lediglich unterdrückt. Kein Wunder deshalb, daß sie allesamt in den fünfziger Jahren erneut auftauchten. Lehramtlicherseits sprach man in diesem Zusammenhang despektierlich von einer *Nouvelle théologie,* deren Vertreter (Henri de Lubac, Yves Congar, Marie-Dominique Chenu...) nach altbewährter Methode, nämlich durch disziplinarische Maßnahmen, zum Schweigen gebracht wurden. Aus kirchenamtlicher Sicht *durfte* es einfach keine Krise geben; statt zu reiflichen Überlegungen kam es zu unreifen Reaktionen. Eine (wie heute immer deutlicher wird) vorübergehende Änderung brachte erst das Zweite Vatikanische Konzil, welches ehrlich nach den Gründen der damaligen Krise fragte und nach Lösungen zu ihrer Überwindung suchte.

Unser sehr summarischer Überblick zeigt, daß die Erzählung vom Seewandel des Petrus die ganze zukünftige Geschichte der Kirche gewissermaßen vorwegnimmt. Solange man es kirchlicherseits noch immer vorzuziehen scheint, bei anstehenden Schwierigkeiten eine Art Nabelschau zu betreiben, statt den Blick gläubig auf Christus zu richten, der allein die Seinen vor dem Untergang bewahrt, hat diese Perikope nicht das geringste von ihrer Aktualität eingebüßt. Dabei erinnert die Erzählung vom Seewandel des Petrus doch ausdrücklich daran, daß die eigentliche

Gefahr für die Glaubenden darin besteht, daß sie vergessen, daß sie *auf dem Weg* sind und daß Jesus sie auf ihrem Weg begleitet.

Gerade diesen Aspekt unterstreicht die Konzilskonstitution über die Kirche zu wiederholten Malen. Unter Bezugnahme auf das durch die Wüste (!) ziehende Gottesvolk Israel wird von der Kirche in bildhafter Sprache gesagt, daß sie »auf der Suche nach der kommenden und bleibenden Stadt (vgl. Hebr 13,14) in der gegenwärtigen Weltzeit einherzieht«.[9] So bleibt das Gottesvolk, wie das Ökumenismusdekret ebenso nüchtern wie hoffnungsvoll betont, »zwar während seiner irdischen Pilgerschaft in seinen Gliedern der Sünde ausgesetzt, aber es wächst in Christus und wird von Gott nach seinem geheimnisvollen Ratschluß sanft geleitet, bis es zur Fülle der ewigen Herrlichkeit im himmlischen Jerusalem freudig gelangt«.[10]

Muß man noch ausdrücklich betonen, daß die Kirche immer mit Schwierigkeiten zu kämpfen haben wird, sei es, daß diese innerhalb der Glaubensgemeinschaft selber entstehen, sei es, daß sie von außen her an sie herangetragen werden? Ob man es nun wahrhaben will oder nicht, Krisen gehören zum Leben der Kirche.

Diese Tatsache wird natürlich vorzugsweise von jenen bestritten, die in jeder Krise von vornherein eine negative Erscheinung sehen. Indessen aber stellt eine Krise lediglich eine Herausforderung dar, mit der man konfrontiert ist – und der man sich stellen sollte. Wenn zwei Menschen plötzlich erkennen, daß ihre Ehe in Schwierigkeiten geraten ist, besagt das lediglich, daß vieles von dem, was bislang irgendwie selbstverständlich war, nicht mehr trägt und deshalb der Überprüfung und möglicherweise der Revision bedarf; daß man sich, wahrscheinlich fast unmerklich, auseinandergelebt hat; daß man vergessen hat, daß eine zwischenmenschliche Beziehung nicht von selbst fortbesteht...

---

[9] Vaticanum II, Dogmatische Konstitution über die Kirche, *Lumen gentium*, Nr. 9.

[10] Vaticanum II, Dekret über den Ökumenismus, *Unitatis redintegratio*, Nr. 3.

Kurzum, Altgewohntes und scheinbar Vertrautes ist plötzlich fragwürdig geworden.

Angesichts einer solchen Erkenntnis sind natürlich sehr verschiedene Reaktionen denkbar. Man kann in Panik ausbrechen. Oder man kann sagen: Das darf doch nicht wahr sein! Man weigert sich anzuerkennen, daß man manches falsch gemacht hat. Man kann aber auch nach den Gründen der Krise fragen und nach Wegen zu ihrer Überwindung suchen. Krisen erweisen sich so im nachhinein oft als wichtige Momente eines Reifungsprozesses.

Das alles trifft in analoger Weise auch auf die Krisen der Kirche zu, aus denen, wenn sie nicht unterdrückt, sondern bewältigt werden, die Glaubensgemeinschaft gestärkt und erneuert hervorgeht. Wieweit die Kirche wirklich eine Glaubens*gemeinschaft* darstellt, erweist sich auch und gerade daran, ob die Kirchenglieder und die Kirchenleitung überhaupt den Mut aufbringen, Krisen einzugestehen und sich mit ihnen auseinanderzusetzen. Daß dabei das fünfzehnte Kapitel der Apostelgeschichte als Musterbeispiel und Modellfall dienen müßte, darf man wohl voraussetzen. Wo dieser Mut fehlt, ist auch der Glaube nicht vorhanden, daß Jesus den Seinen gerade dann am nächsten ist, wenn sie mit Schwierigkeiten konfrontiert werden. Und diese lassen sich nur bewältigen, wenn die Jesusnachfolger und -nachfolgerinnen nicht ängstlich nach dem Zeitgeist schielen, sondern ihren Blick gläubig auf Jesus richten, der seinen Jüngern anläßlich der nächtlichen Begegnung auf dem See zuruft: »Habt Vertrauen, fürchtet euch nicht!«

Damit ist nun die in der Geschichte vom Seewandel des Petrus enthaltene Botschaft vollends entziffert: Wenn Gott seine Kirche schon nicht *vor* Krisen bewahrt, so darf sie doch *in* allen Gefahren auf seinen Beistand zählen.

Recht oder Gerechtigkeit?

Heilung des Mannes mit der gelähmten Hand
(Mk 3,1–6)

Wenn Menschen sich durch das Verhalten anderer verunsichert fühlen, verweisen sie gerne auf das Gesetz. Sie fixieren sich auf Vorschriften, klammern sich an Paragraphen, erinnern an Bestimmungen. Sie machen ihre Rechte geltend und berufen sich dabei auf das geltende Recht. Wenn sie dieses durchgesetzt haben, ist ihrem *Gerechtigkeitssinn* Genüge getan. Die *Gerechtigkeit* selbst allerdings bleibt dabei häufig auf der Strecke.

Tatsächlich ist der Unterschied zwischen Recht und Gerechtigkeit ungefähr so groß wie jener zwischen einem Komödianten und einem Komödienschreiber. So wie der Schauspieler hundert Möglichkeiten hat, die Idee des Schriftstellers völlig zu entstellen, kann die Anwendung von Rechtsgrundsätzen zu himmelschreienden Ungerechtigkeiten führen. Die alten Römer brachten diesen Sachverhalt auf die Kurzformel *summum ius – summa iniuria*, was besagt, daß manchmal gerade eine pedantische Anwendung des Rechts die größten Ungerechtigkeiten ermöglicht. Friedrich Dürrenmatt illustriert dieses Paradox mittels einer vielleicht etwas frivolen Geschichte.

Der Kalif Harun al Raschid und sein Großwesir wurden von den Christen hart bedrängt, wobei die Christen, die sich durch den Genuß alkoholischer Getränke vor der Schlacht in der Schlacht in eine Raserei zu steigern wußten, leicht im Vorteil lagen. Der Kalif und sein Großwesir beschlossen, dieser Tatsache wissenschaftlich auf den Grund zu gehen, und erhielten vom heiligen Imam, dem großen Kenner des Korans, die Erlaubnis, zu Forschungszwecken einige erbeutete Flaschen Château-neuf-du-Pape zu trinken.

Nachdem sie drei Flaschen Château-neuf-du-Pape getrunken hatten, wobei sie die christliche Kriegstaktik durchexerzierten, kamen sie, ohne recht zu wissen, warum, auf die Frauen zu sprechen. Der Großwesir besaß eine schö-

ne Sklavin, der Kalif verlangte sie zum Geschenk. Der Großwesir schwor beim Barte des Propheten, die Sklavin nicht zu verschenken. Der Kalif erbot sich, die Sklavin zu kaufen, der Großwesir, seltsam eigensinnig, was doch sonst nicht seine Art war, schwor beim Barte des Propheten, die Sklavin nicht zu verkaufen. Nach zwei weiteren Flaschen Château-neuf-du-Pape schwor der Kalif ebenfalls beim Barte des Propheten, daß er die Sklavin des Großwesirs noch diese Nacht als Eigentum besitzen werde.

Kaum war der Schwur getan, als sich die beiden erschrocken anstarrten, denn jeder hatte beim Barte des Propheten das Gegenteil dessen geschworen, was der andere geschworen hatte. Sie ließen den heiligen Imam rufen, der schlaftrunken angetorkelt kam, hatte er doch zu Studienzwecken ebenfalls einige Flaschen Château-neuf-du-Pape mitnehmen dürfen.

Der Kalif und der Großwesir erklärten dem Heiligen das Dilemma. Der Imam gähnte. »Großer Kalif«, sagte er, »das Problem ist einfach zu lösen. Der Großwesir soll dir die Sklavin zur Hälfte verkaufen und zur Hälfte schenken, dann hat er seinen Schwur nicht gebrochen, denn er hat beim Barte des Propheten geschworen, die ganze Sklavin weder zu verschenken noch zu verkaufen.«

Der Imam wurde mit hundert Goldstücken belohnt und ging wieder nach Hause, der Kalif und der Großwesir tranken eine weitere Flasche Château-neuf-du-Pape, und die Sklavin wurde gebracht. Sie war so schön, daß der Kalif schwor, noch diese Nacht mit ihr zu schlafen – leider wieder beim Barte des Propheten. Der Großwesir erbleichte, entkorkte eine weitere Flasche Château-neuf-du-Pape zu wissenschaftlichen Zwecken und lallte: »Mächtiger Kalif, du hast beim Barte des Propheten eine neue Unmöglichkeit geschworen, denn die Sklavin ist noch Jungfrau, und nach den Gesetzen des Korans darfst du erst nach mehrtägigen Riten mit ihr schlafen.« Der Kalif, bestürzt, ließ den Imam rufen. Der heilige Rechtsgelehrte, zum zweiten Mal geweckt, hörte sich das Unglück an. »Großer Kalif«, sagte er, »kinderleicht. Laß einen Sklaven rufen.« Der Sklave wurde gerufen und nahm zitternd vor dem Kalifen Achtungsstellung an. »Gib dem Sklaven die Sklavin zur Frau«, befahl der

Imam. Der Kalif gehorchte. »Nun soll der Sklave den Wunsch aussprechen«, fuhr der Heilige fort, »sich von der Sklavin scheiden zu dürfen. Du vollziehst die Scheidung, und mit einer geschiedenen Frau darfst du nach den Gesetzen des Korans jederzeit schlafen.«

Aber die Sklavin war so schön, daß sich der Sklave weigerte, sich von ihr scheiden zu lassen. Der Kalif bot ihm Goldstücke, zehn Goldstücke, vergeblich, der Sklave blieb störrisch. Der große Imam schüttelte den Kopf. »Großer Kalif«, gähnte er traurig, »wie gering sind deine Kenntnisse, nichts widersteht den Gesetzen des Korans. Es bleiben dir zwei Möglichkeiten offen. Häng den Sklaven auf, mit einer Witwe darfst du jederzeit ins Bett, die Witwe eines Gehängten ist ehrlos.« »Die zweite Möglichkeit?« fragte der Kalif. »Mache aus der Sklavin ein freies Weib«, befahl ihm der Imam gelassen. »Sei ein freies Weib«, sagte der Kalif. »Siehst du«, stellte der Imam fest, »nun kannst du sie gegen den Willen des Sklaven von ihm scheiden lassen, denn sie ist ein freies Weib und er ein Sklave, und eine Ehe zwischen einem Freien und einer Sklavin oder zwischen einem Sklaven und einer Freien kann jederzeit geschieden werden, nicht auszudenken, wohin wir sonst mit unserer gesellschaftlichen Ordnung noch kämen. Doch nun gehe ich endgültig schlafen.«

Der große Rechtsgelehrte wurde mit tausend Goldstücken belohnt, grüßte und entfernte sich. Der Großwesir war schon eingeschlafen, wurde in seinen Palast getragen, der Sklave trotzdem gehängt und der Kalif Harun al Raschid war mit der schönen freigelassenen Sklavin und der letzten Flasche Château-neuf-du-Pape allein.[1]

Die Moral von der Geschichte

Man wird davon ausgehen dürfen, daß der hier beteiligte Sklave weit weniger Vergnügen an der ganzen Geschichte empfindet als manche ihrer Leser und Leserinnen. Für uns

---

[1]   F. Dürrenmatt, Monstervortrag über Gerechtigkeit und Recht, Zürich 1969, 115–119.

jedoch ist hier nicht der Unterhaltungswert dieser Anekdote von Interesse, sondern die ihr zugrunde liegende Moral. Was diese betrifft, fallen zumindest drei Dinge ins Gewicht.

Erstens steht außer Zweifel, daß man sich durch eine fundierte Kenntnis des Gesetzes auf völlig legale Weise mancherlei Vorteile verschaffen kann.

Zweitens erhebt sich die Frage, ob das, was Rechtens scheint, immer und in jedem Fall auch gerecht ist. Im Hinblick auf unsere Geschichte wäre immerhin zu überlegen, wie ein Gesetz, das zwischen Sklaven und Freien unterscheidet, mit den Menschenrechten und damit mit der Gerechtigkeit vereinbar ist. Offenbar beruhen manche Rechtsgrundsätze auf (kulturellen, gesellschaftlichen oder religiösen) Voraussetzungen, die ihrerseits der Überprüfung bedürfen. Das gilt vor allem dann, wenn sie Personen wie Objekte behandeln.

Drittens mag die Geschichte vielleicht etwas anzüglich scheinen; das eigentlich Anstoßerregende aber liegt doch wohl nicht darin, daß der Kalif mit einer schönen Sklavin schlafen möchte (was ihm seine Religion ja gestattet). Pikant wird die ganze Sache erst dadurch, daß die scharfsinnigen Überlegungen des Imam nicht auf irgendeiner von Menschen ersonnenen Rechtsordnung beruhen, sondern allesamt dem Koran und dem daraus abgeleiteten Religionsgesetz entnommen sind. Dies wiederum bedeutet, daß sie teils direkt, teils indirekt auf Allah selbst zurückzuführen sind (je nachdem, ob es sich um koranische Vorschriften oder aus diesen abgeleitete Rechtsgrundsätze handelt). Unter Berufung auf Gott und seine Offenbarung kann man sich scheinbar jede Menge Vorteile verschaffen, wenn man nur über das nötige theologische Wissen verfügt.

Möglicherweise neigen Christen dazu, angesichts dieser betrüblichen Sachlage den Kopf zu schütteln – und sie tun gut daran. Nur dürften sie dabei nicht vergessen, daß es schon immer verschiedene muslimische Rechtsschulen gab und daß das islamische Recht sich im Lauf der Zeit weiterentwickelt hat. Außerdem sollten sie nicht übersehen, daß auch innerhalb des Christentums eine Menge Gesetze Gültigkeit hatten, an die man sich heute nicht mehr so gern erinnert, weil sie einen offensichtlichen Verstoß gegen die Menschenwürde darstellten; von vielen möglichen Beispielen sei hier bloß die Konstitution *Ad exstirpanda* erwähnt, in der Papst Innozenz IV. im Jahre 1252 die Inquisitoren ermächtigte, zur Erzwingung von Geständnissen die Folter anwenden zu lassen.

Im Gegensatz zur *Religiosität*, die auch *individuell* gelebt werden kann, ist die *Religion* ein *soziales Phänomen*. Sie beruht auf gemeinsamen Überzeugungen, Riten und Institutionen, mittels deren ihre Anhänger ihren Standort in der Welt bestimmen und ihren Hoffnungen Ausdruck verleihen. Außerdem schreibt jede Religion ihren Mitgliedern bestimmte Verhaltensnormen vor, deren Beobachtung zur Erreichung der von ihr in Aussicht gestellten Ziele notwendig sind. Es gibt also durchaus so etwas wie ein religiös begründetes Recht. Daß die verschiedenen Religionen untereinander uneinig sind, was jeweils in bezug auf eine bestimmte Sache (Beispiel: Ehescheidung) geboten oder verboten ist, steht hier nicht zur Debatte. Vielmehr beschäftigt uns jetzt die Tatsache, daß die von den Religionen postulierten Rechtsgrundsätze manchmal in einem geradezu unerträglichen Widerspruch stehen zu der von ihnen proklamierten Gerechtigkeit.

Lebt der Mensch für den Sabbat?

Wir tun gut daran, uns diesen Kontrast auch bei der Lektüre der folgenden – diesmal etwas kürzeren – Geschichte vor Augen zu halten.

Als er [Jesus] ein andermal in eine Synagoge ging, saß dort ein Mann, dessen Hand verdorrt war. Und sie [die Pharisäer; vgl. Mk 2,24] gaben acht, ob Jesus ihn am Sabbat heilen werde; sie suchten nämlich einen Grund zur Anklage gegen ihn. Da sagte er zu dem Mann mit der verdorrten Hand: Steh auf und stell dich in die Mitte! Und zu den anderen sagte er: Was ist am Sabbat erlaubt: Gutes zu tun oder Böses, ein Leben zu retten oder es zu vernichten? Sie aber schwiegen. Und er sah sie der Reihe nach an, voll Zorn und Trauer über ihr verstocktes Herz, und sagte zu dem Mann: Streck deine Hand aus! Er streckte sie aus, und seine Hand war wieder gesund. Da gingen die Pharisäer hinaus und faßten zusammen mit den Anhängern des Herodes den Beschluß, Jesus umzubringen (Mk 3,1–6).

Man braucht gewiß nicht an der *Frankfurter Allgemeinen Zeitung* als Literaturkritiker mitzuarbeiten, um auf Anhieb zu verstehen, worauf diese ganze Geschichte hinausläuft. Richtig, auf die provozierende Frage Jesu: »Was ist am Sabbat erlaubt: Gutes zu tun oder Böses, ein Leben zu retten oder es zu vernichten?« Und man braucht kein Theologiestudium absolviert zu haben, um zu begreifen, daß es sich dabei um eine rhetorische Frage handelt.

Eine Erzählung, die in einer derartigen programmatischen Sentenz gipfelt, nennt man *Apóphthegma*. Die Bezeichnung ist griechischer Herkunft und bedeutet ›Ausspruch‹. Diese Bestimmung der literarischen Form macht deutlich, worum es dem Evangelisten in dieser Kürzestgeschichte geht: nicht um eine historisch getreue Darstellung einer bestimmten Begebenheit, sondern einzig und allein um das prägnante Jesuswort über den Sinn des Sabbatgebotes. Darauf verweist auch der ganze weitere Verlauf der Erzählung.

Etwas sonderbar mutet einen schon das Verhalten der Pharisäer an. Wie kommen sie überhaupt auf die Idee, darauf zu achten, ob Jesus am Sabbat heilen würde? Der Darstellung des Evangelisten zufolge ist Jesus ja erst vor kurzem erstmals öffentlich aufgetreten, und erst ein einziges Mal hat er bisher an einem Sabbat, und zwar in Kafarnaum, einen Menschen von einem bösen Geist befreit. Bei dieser Gelegenheit aber waren offenbar gar keine Pharisäer anwesend (vgl. Mk 1,21–28). Sofern sie überhaupt davon gehört hatten, bildete diese eine Sabbatheilung für sie sicher noch keinen hinreichenden Grund, Jesus von vornherein als Wiederholungstäter zu betrachten. Von daher legt sich die Vermutung nahe, daß Markus hier die erst später überhandnehmenden Auseinandersetzungen zwischen Jesus und den Pharisäern etwas vordatiert. Dahinter steckt Absicht; schon am Anfang seines Evangeliums will der Verfasser ein für Jesus (und auch für ihn selbst) überaus bedeutsames Anliegen hervorheben. Die Wundergeschichte dient ihm dabei lediglich als Rahmen. Oder als Illustration. Möglicherweise hat er sich nämlich bei seiner Darstellung von einer Straf- und Heilungswundergeschichte aus dem ersten Buch der Könige inspirieren lassen. Dort ist von einem Gottesmann die Rede, welcher dem König Jerobeam (931–910) mit dem Gericht droht, weil dieser in (dem 18 km nördlich von Jerusalem gelegenen) Bet-El einen Opferaltar für ein goldenes Kalb aufgestellt hatte.

Er [der Gottesmann] gab an jenem Tag auch ein Zeichen und sprach: Das ist das Zeichen dafür, daß der Herr gesprochen hat: Der Altar wird zerbersten, und die Asche auf ihm wird zerstreut werden. Als der König die Worte hörte, die der Gottesmann gegen den Altar in Bet-El ausrief, streckte er am Altar seine Hand aus und befahl: Nehmt ihn fest! Doch die Hand, die er gegen ihn ausgestreckt hatte, erstarrte; er konnte sie nicht mehr zurückziehen. Der Altar aber zerbarst, und die Asche auf ihm wurde zerstreut, wie der Gottesmann im Auftrag des Herrn als Zeichen verkündet hatte.

Nun ergriff der König das Wort und sagte zu dem Gottesmann: Besänftige doch den Herrn, deinen Gott, und bete für mich, daß ich meine Hand wieder an mich ziehen kann. Da besänftigte der Gottesmann den Herrn, und der König konnte seine Hand wieder an sich ziehen; sie war wie zuvor (1 Kön 13,3–6).

Angesichts der hier vorliegenden Ähnlichkeit (ausgestreckte Hand!) mit dem von Markus überlieferten Wunder Jesu erhebt sich die Frage, ob diesem letzteren überhaupt ein historischer Kern zugrunde liegt. Daß sich diese Frage aufgrund der Quellenlage nicht beantworten läßt, ist nicht weiter von Bedeutung, da ja (wie wir schon sahen) die ganze Erzählung lediglich den Rahmen abgibt für das bereits erwähnte Jesuswort über den Sinn des Sabbats, auf das die ganze Geschichte hinausläuft.

Allerdings läßt sich die ganze Tragweite dieses Ausspruchs nicht erfassen ohne eine gewisse Kenntnis der religionsgeschichtlichen Hintergründe.

Natürlich waren sich auch zur Zeit Jesu die meisten Schriftausleger darüber einig, daß Gott stets das Wohl des Menschen will und daß dieser Wille in den ›Zehn Geboten‹

seinen Ausdruck findet, die ja gleichsam die Gründungsurkunde des Bundes zwischen ihm und seinem Volk darstellen. Das beweist schon die hebräische Bezeichnung für ›Gebote‹, nämlich *debarim* (Pluralform von dabar), was man der Genauigkeit halber mit ›Worte‹ übersetzen müßte. Dieser ursprüngliche Sinn ist in dem vom Griechischen ins Deutsche gelangten Fremdwort ›Dekalog‹ erhalten geblieben: die Zehn Worte. Der negative Beiklang, den das Wort ›Gebot‹ in unseren Ohren hat, fehlt im Urtext, ebenso das zehnfache »du sollst (nicht)«. Die genaue Übersetzung lautet: »Du wirst (nicht)«. Gott stellt also lediglich fest, was sich eigentlich von selbst verstehen sollte; seine Anweisungen sind keine Stolpersteine auf dem Weg zu Gott, sondern Meilensteine auf dem Weg zu einem glücklichen und gelungenen Menschsein.

Daß Gott seine *Weisung* (so die angemessene, im Judentum noch heute gebräuchliche Übersetzung) dem Menschen nur zu seinem Besten anvertraut hat, geht unmißverständlich aus der Einleitung hervor: »Dann sprach Gott alle diese Worte: Ich bin Jahwe, dein Gott, der dich aus Ägypten geführt hat, aus dem Sklavenhaus; du wirst neben mir keine anderen Götter haben« (Ex 20,1f; vgl. Dtn 5,6). Zuerst erinnert Gott sein Volk daran, daß er ihm in der Vergangenheit zur Seite stand, und bedeutet ihm so, daß auch die Weisung nur seinem Wohlergehen dient.

Zur Zeit Jesu hofften die Pharisäer und Schriftgelehrten, aber auch andere religiöse Gruppierungen und Gemeinschaften, die Herrschaft Gottes durch eine möglichst exakte Beobachtung des Gesetzes herbeizuführen. Wenn man bedenkt, daß das Judentum 365 Verbote und 248 Gebote kannte (an denen die orthodoxen Juden noch heute festhalten), die mehr oder weniger alle wichtigen Lebenssituationen betrafen, so versteht man leicht, daß da nicht mehr allzuviel Spielraum blieb für eigenverantwortliches Handeln. Außerdem war das einfache Volk (das sich zu einem guten Teil aus Analphabeten zusammensetzte) einfach überfordert, sich sämtliche 613 Vorschriften einzuprägen, ganz abgesehen noch von den teilweise äußerst subtilen Interpretationen. Wer aber die Weisung und das daraus abgeleitete Religionsgesetz nicht kannte, vermochte dieses natürlich auch nicht zu befolgen; solche Menschen galten als Sünder und unrein.

Vor diesem Hintergrund erst erklären sich so sonderbare Fragen wie: »Wer ist mein Nächster?« (Lk 10,29) oder: »Wie oft muß ich meinem Bruder vergeben?« (Mt 18,21). Phantasie und Spontaneität stehen nicht hoch im Kurs, wenn die Liebe von den Vorschriften domestiziert wird. Der Gedanke, daß die Liebe das eigentliche Interpretationskriterium für das Gesetz darstellt, muß in einer solchen Perspektive als *die* Häresie schlechthin erscheinen.

Gerade dies aber lehrt Jesus. Jedenfalls werden die Evangelisten nicht müde zu betonen, wie vehement er sich immer wieder gegen die Veräußerlichung religiöser Bestimmungen wendet. Nicht ihre Abschaffung hat er im Auge; er möchte sie nur in ihrem eigentlichen Sinnzusammenhang verstanden wissen (Mt 5,17). Das gilt für die rechtlichen Anweisungen (Mk 7,10–11par) ebenso wie für die strengen Reinheitsvorschriften (Mk 7,15par) und die kasuistischen Satzungen (Mt 23,16–22). Jesus lehnt das Gesetz nicht ab; er relativiert es bloß.

Besonders gut verdeutlichen läßt sich das anhand seiner Stellung gegenüber dem Sabbat, welche dem Zeugnis aller Evangelisten zufolge nicht nur Zustimmung hervorruft, sondern schon sehr bald zu ernsten Konflikten vor allem mit den Pharisäern führt.

Nicht daß Jesus den Sabbat als solchen in Frage stellte! Aber er will diesen Tag von aller kasuistischen Krämerei befreien und ihn zu seiner ursprünglichen Bestimmung als einem »Tag der Wonne« (Jes 58,13) zurückführen, an dem der Mensch Gott zweckfrei loben und sich seiner Ruhe freuen darf, ohne die ständige Angst, durch irgendwelche Handlungen irgendwelche Bestimmungen zu verletzen.

Wie aus dem sogenannten aus dem 9. Jahrhundert v. Chr. stammenden Bundesbuch (Ex 20,22–23,33) hervorgeht, war der Sabbat in ältester Zeit schlicht und einfach ein Ruhetag für Mensch und Tier (Ex 23,12). Während des babylonischen Exils, im 6. vorchristlichen Jahrhundert, wurde er zu einem ›Bekenntniszeichen‹ Israels inmitten der heidnischen Umwelt. Die Nichteinhaltung des Sabbats galt als Glaubensabfall, worauf die Todesstrafe stand

(Ex 31, 12–17). Hier liegt denn auch der Ansatz zu jenen rigoristischen Sabbatvorschriften, von denen gleich die Rede sein wird.

Daß der Sabbat heilig ist (Ex 20,8) und nicht durch Arbeit oder Geschäfte entweiht werden darf (Ex 20,10; vgl. Jes 58,13), versteht sich für Jesus von selbst. Aber die im Lauf der Zeit aus dieser Weisung abgeleiteten Vorschriften und die damit verbundene Sabbatängstlichkeit vermag er nicht zu teilen. Denn schließlich »ist der Sabbat für den Menschen da, und nicht der Mensch für den Sabbat« (Mk 2,27).

Gerade dies scheint zur Zeit Jesu nicht mehr selbstverständlich gewesen zu sein.[2] So zählten die Rabbinen damals 39 Haupttätigkeiten auf, welche am Sabbat verboten waren und denen ihrerseits wiederum eine Reihe von unerlaubten Nebentätigkeiten zu- oder untergeordnet waren. Beispiele? Aus der Mahnung des Jesaja, am Sabbat nicht aus dem Haus zu gehen, *um Geschäfte zu machen* (58,13), wurde später das Verbot abgeleitet, mehr als tausend (nach anderen Auslegern: zweitausend) Ellen zu gehen – der zulässige Sabbatweg (vgl. Apg 1,12) betrug demnach gerade noch fünfhundert (resp. tausend) Meter. Nicht gestattet war es, irgendwelche Lasten zu tragen, zu kochen (was mit sich brachte, daß man die Speisen am Vortag zubereiten mußte) oder Wasser in ein Gefäß zu schöpfen. Einige Ausleger des Gesetzes verboten am Sabbat nicht nur die Geburtshilfe am Vieh, sondern auch den Beischlaf und den Stuhlgang. Der Sabbat – ein Tag der Wonne?

Wie streng das Sabbatgebot gehandhabt wurde, zeigt der Vorwurf der Pharisäer gegenüber Jesus, als seine Jünger an diesem Tag einmal ein paar Ähren abrissen und verzehrten; dies galt als eine der Haupttätigkeit des Erntens zugeordnete Nebentätigkeit (vgl. Mk 2,23parr). Falls die Jünger von den Zeugen vorher verwarnt worden wären, hätten sie dafür sogar (aufgrund der gängigen Auslegung von Num 15,32–36) wegen Sabbatschändung gesteinigt werden können.

---

[2] Vgl. H. L. Strack / P. Billerbeck, Kommentar zum Neuen Testament aus Talmud und Midrasch, Bd. I: Das Evangelium nach Matthäus, München ⁴1965, 615–631.

Zur Zeit Jesu stritten sich die Rabbinen darüber, ob es erlaubt sei, am Sabbat Trauernde zu trösten und Kranke zu besuchen; die Schule des berühmten und mitfühlenden Rabbi Hillel (um 20 v. Chr.) erlaubte es, während die Anhänger des nicht minder berühmten und unerbittlichen Rabbi Schammai (um 30 v. Chr.) sich dagegen aussprachen. Übereinstimmung hingegen herrschte unter den Talmudweisen darin, daß man am Sabbat einem Kranken keine ärztliche Hilfe leisten dürfe – es sei denn, er schwebe in Lebensgefahr.

Für einige Richtungen innerhalb des heutigen Judentums gehören derartige Erörterungen keineswegs zu den Relikten einer fernen Vergangenheit. Im Gegensatz zum (liberalen) Reformjudentum, das den Anschluß an die Moderne sucht, spielen sie sowohl im orthodoxen Judentum (das dazu neigt, die Moderne schlicht zu negieren), aber auch im konservativen Judentum (welches die Koexistenz mit der Moderne anstrebt) noch immer eine ziemlich wichtige Rolle.

Aber nicht nur strenggläubige Juden, sondern auch fundamentalistisch orientierte Muslime wundern sich heute darüber, warum manche Christenmenschen den detaillierten Verhaltensnormen der Talmudweisen etwas distanziert gegenüberstehen.

Die Angehörigen der katholischen Konfession übersehen nämlich gern und leicht, daß gerade sie am wenigsten Grund haben, sich über eine rigide Auslegung der jüdischen (und islamischen!) Religionsgesetze zu mokieren. Denn auch im gültigen Kirchenrecht, das am 25. Januar 1983 veröffentlicht wurde, stößt man immer wieder auf eine geradezu abenteuerliche Interpretationsakrobatik, die sich in nichts von der talmudischen Kasuistik unterscheidet. Zur Illustration seien hier bloß zwei Beispiele angeführt. Bekanntlich feiert der Zelebrant die Eucharistie am Altar stehend. Da aber auch Priester manchmal unter Altersbeschwerden oder Krankheiten leiden, stellt sich für die Kirchenrechtler die dringliche Frage, was in einem solchen Fall Rechtens sei. Das scharfsinnige Ergebnis ihrer Überlegungen ist nachzulesen im ersten Paragraphen des Kanons 930: »Ein kranker oder älterer Priester darf, wenn er nicht zu stehen vermag, das eucharistische Opfer unter Beachtung der liturgischen Gesetze sitzend feiern, in der Öffentlichkeit jedoch nur mit Erlaubnis des Ortsordinarius [des Bischofs].« Bei sehr vielen Bestimmungen erlaubt das geltende Kirchenrecht Ausnahmen, wenn ein »angemessener Grund« (*iusta causa*) diese rechtfertigt. Hinsichtlich des Kommunionempfanges heißt es jedoch lapidar: »Wer die heiligste Eucharistie empfangen will, hat sich innerhalb eines Zeitraumes von wenigstens einer Stunde vor der heiligen Kommunion aller Speisen und Getränke mit alleiniger Ausnahme von Wasser und Arznei zu enthalten« (Kanon 919 § 1). Die Vorschrift sieht nur die zwei besagten Ausnahmeregelungen vor. Ein Sänger des Kirchenchors, der während der Predigt einen Kräuterbonbon lutscht, damit ihm beim Solo bei der Gabenbereitung die Stimme nicht versagt, bleibt demnach vom Kommunionempfang ausgeschlossen...

Nur am Rande sei schließlich daran erinnert, daß zahlreiche Bestimmungen und Vorschriften, die heute nachgerade als kurios empfunden werden, über Jahrhunderte hin fraglos akzeptiert und praktiziert wurden. So war es früher unter Androhung der Höllenstrafe verboten, am Freitag eine billige Wurst zu essen. Der Genuß eines lecker zubereiteten Fisches hingegen verbaute niemandem den Weg zur ewigen Seligkeit.

Drängt sich angesichts einer solchen Handhabung kirchlicher Bußbestimmungen nicht der Vergleich mit dem Zivilrecht auf? Dieses ermöglicht es ja bekanntlich, so manchen Gaunerstreich auf völlig legalem Wege zu vollbringen. Ähnlich droht auch die kirchliche Moral manchmal zur Interpretationskunst zu entarten, mittels deren man sich jedes Vergnügen leisten kann, ohne sich dabei den Himmel zu verscherzen.

Die Probe aufs Exempel

Daß die Anhänger jeder Religion sich fragen (sollten), wie die ihnen auferlegten Verhaltensnormen situationsbezogen anzuwenden seien, liegt in der Natur der Sache. Dieses Bewußtsein war *ursprünglich* auch bei der pharisäischen Interpretation des jüdischen Religionsgesetzes durchaus vorhanden.

In Wirklichkeit waren die Pharisäer keineswegs jene Dunkelmänner, als die sie in den Evangelien erscheinen. Von allen religiösen Gruppen innerhalb des damaligen Judentums stand Jesus der pharisäischen Richtung am nächsten. Im Gegensatz zur Partei der Sadduzäer, deren Anhänger sich aus den Mitgliedern der Tempelaristokratie rekrutierten, bildeten die Pharisäer eine vor allem vom Mittelstand getragene Laienbewegung, zu der auch die meisten Schriftgelehrten gehörten. Außer dem mosaischen Gesetz hielten sie die Überlieferung der Alten für verpflichtend (Mk 7,3.13), was ein ständiges Studium und eine beträchtliche Gelehrsamkeit voraussetzte. Allerdings waren ihrer Ansicht nach nur jene Menschen gottgefällig, die das Gesetz und die Tradition genau beobachteten. Wenn sich die Pharisäer im Lauf der Zeit immer neue Sonderregelungen ausdachten und immer ausgeklügeltere Ausführungsbestimmungen erarbeiteten, die jede nur denkbare Situation berücksichtigten und damit das Verhalten der Frommen in allen Lebensbereichen bis ins letzte Detail regelten (erinnert sei hier nochmals an manche in unseren Augen grotesken Sabbatvorschriften), so hatte das natürlich einen ganz bestimmten Grund. *Anfänglich* bildeten diese neu hinzukommenden Weisungen eine Art *Schutzwall* oder *Zaun*, welcher um das eigentliche Sabbatgebot herum (vgl. Ex 20,8: »Gedenke des Sabbats! Halte ihn heilig!«) errichtet wurde, damit dieses nur ja nicht verletzt würde. Diese lobenswerte Absicht aber wurde in dem Maß verfehlt, als die zahlreichen Schutzparagraphen allmählich ein Eigenleben zu führen begannen und demzufolge keine Hilfe mehr waren, sondern eine unerträgliche Last darstellten.

Jesus, der diese Mechanismen durchschaut, will den Sabbat wiederum seiner ursprünglichen Bestimmung zuführen. Gewiß ist dieser Tag Gott geweiht (Ex 20,10). Doch ist die älteste Begründung für die Sabbatruhe gerade sozialer Natur: »Sechs Tage kannst du deine Arbeit verrichten, am siebten Tag aber sollst du ruhen, damit dein Rind und dein Esel ausruhen und der Sohn deiner Sklavin und der

Fremde zu Atem kommen« (Ex 23,12). Kurzum, der Sabbat soll geheiligt werden, damit der Mensch sich wohl fühlt und sich freuen kann vor Gottes Angesicht.

Unter anderem (und hier bewegen wir uns auf historischem Boden!) war es vor allem die Haltung Jesu gegenüber der Sabbatfrage, die erst zu Kontroversen mit den Pharisäern und schließlich zur offenen Konfrontation mit ihnen führte. Von daher versteht es sich von selbst, daß diese von den Evangelisten nicht sehr wohlwollend behandelt werden. Im übrigen machte vermutlich nur ein Teil der Pharisäer mit den Parteigängern des herodianischen Herrscherhauses gemeinsame Sache, um Jesus zu beseitigen.

Natürlich geht es in der Auseinandersetzung zwischen Jesus und den Pharisäern nicht ausschließlich um die Sabbatfrage. Diese ist gleichsam nur das ›Material‹, anhand dessen Jesus seine Einstellung zum *ganzen* Gesetz darlegt.

Daß es dabei zum Konflikt kommt, hat seinen besonderen Grund. Für die Pharisäer bildet nicht nur das (Religions-)Gesetz, sondern auch dessen *Interpretation durch die Rabbinen* die Grundlage für jede Diskussion. Hier hat man Prinzipien, an die man sich halten kann! Hier ist ein Weg vorgezeichnet, auf dem man sich sicher bewegt! Hier ist man nicht vor heikle Entscheidungen gestellt! Hier gibt es nichts zu hinterfragen – und damit erübrigt sich auch die Frage nach der eigenen Verantwortung.

Wenn nun aber plötzlich einer kommt, der zwar nicht das Gesetz, wohl aber die ganze »Überlieferung der Alten« (vgl. Mk 7,3,13) mit ihrem »Wenn und Aber«, mit ihrem »Vielleicht und im Zweifelsfalle«, mit ihrem »Jedoch und Doch wieder nicht« in Frage stellt und schlicht und einfach behauptet, daß es gelte, die ursprüngliche Intention der Vorschriften zu erfassen, dann kommen die Rabulisten und die Kasuisten natürlich nicht mehr mit. Bezeichnenderweise bewegt sich die Argumentation der Pharisäer stets innerhalb eines vorgegebenen kasuistischen Rahmens. Doch ebendieser Rahmen wird von Jesus gesprengt. Nicht das Gesetz steht im Mittelpunkt seiner Erörterungen, sondern das Wohl des Menschen.

»Steh auf und stell dich in die Mitte«, sagt Jesus zu dem Mann mit der gelähmten Hand. Erst wenn wir den symbolischen Charakter dieser Aufforderung verstehen, können wir die geschilderte Episode richtig gewichten.

Der Mann repräsentiert *den durch das Gesetz in seinem Menschsein behinderten Menschen.* Gebunden durch Normen, die nicht mehr hinterfragt werden, ist er in seinem Tun und damit auch an der Entfaltung seiner menschlichen Möglichkeiten beeinträchtigt. Paradox formuliert: Das Gesetz verbietet es ihm, das Gebot der Stunde zu erfüllen. Weil er selber verkümmert ist, vermag er auch seinem Nächsten nicht zu helfen; seine Hände sind ihm ja gebunden. Erst nachdem er von seinem Übel geheilt ist, kann er die Hand seinen Mitmenschen reichen und ihnen tatsächlich Beistand leisten.

Jesus zeigt, wie diesem Menschen geholfen werden kann. »Was ist am Sabbat erlaubt: Gutes zu tun oder Böses, ein Leben zu retten oder es zu vernichten?« Jede helfende Tat dient dem Leben. Jede unterlassene Hilfeleistung behindert das Leben. Oberstes Kriterium ist also nicht das Gesetz, sondern das, was das Leben fördert und dem Wohl des Menschen dient. Anders ausgedrückt: Gerechtigkeit steht über allem Recht! Mit der Tatsache, daß es auch Gesetze gibt, die in sich ungerecht sind (beispielsweise weil sie gegen die Menschenrechte verstoßen), brauchen wir uns wohl nicht eigens zu befassen. Hier geht es vielmehr um die Tatsache, daß auch das gerechteste Gesetz nie Selbstzweck sein kann; es hat seine Berechtigung stets nur in dem Maße, als es dem Menschen dient.

Selbstverständlich gilt das alles nicht nur bezüglich der jüdischen Religionsvorschriften; auch die katholischen Moralvorstellungen müssen immer wieder einmal der Probe aufs Exempel unterzogen werden. Greifen wir in diesem Zusammenhang bloß einmal jene immer wieder heftig diskutierte kirchliche Regelung auf, welche die Zulassung der wiederverheirateten Geschiedenen zu den Sakramenten betrifft. Den geltenden Bestimmungen zufolge bleiben sie vom Bußsakrament und vom *Empfang* der Eucharistie ausgeschlossen, es sei denn, sie würden sich voneinander trennen oder sie hätten die feste Absicht, wie ›Bruder und Schwester‹ zusammenzuleben, worunter man den Verzicht auf die geschlechtliche Intimgemeinschaft versteht.

Zweifellos handelt es sich um ein gerechtes Gesetz, da die zivilrechtlich geschlossene Zweitehe bei noch bestehendem Ehebund nach kirchlichem Verständnis eine schwerwiegende sittliche Verfehlung darstellt. Anderseits jedoch sehen viele Betroffene trotz allem guten Willen aus mancherlei sehr gewichtigen Gründen keine Möglichkeit, ein Leben zu führen, welches in diesem Punkt den (auf dem Willen Christi beruhenden) kirchlichen Vorstellungen entspricht.

Angesichts dieses Dilemmas sah sich die Gemeinsame Synode der Bistümer in der Bundesrepublik Deutschland 1975 außerstande, ein Votum zu formulieren, das der geltenden Regelung etwas Neues hätte hinzufügen können.[3]

Eine wesentlich differenziertere Haltung nahm die Synode der Diözese Basel in dem von ihr und ihrem damaligen Bischof im Jahre 1974 verabschiedeten Dokument ein.[4] Natürlich stellt die Synode in keiner Weise die Unauflöslichkeit der Ehe in Frage. Sie möchte aber den Betroffenen zu einem »verantwortbaren Gewissensentscheid« verhelfen. Es lohnt sich, den entsprechenden Text genau zu lesen:

Der Wille zur Umkehr fordert von jedem Christen und so auch von wiederverheirateten Geschiedenen die Bereitschaft, das zu tun, was ihnen hier und jetzt möglich ist. Die Radikalforderung Jesu beinhaltet an sich die Bereitschaft zur unbedingten Treue in der Ehe. Es gibt aber Fälle, in denen die Auflösung einer zweiten Verbindung wegen des schweren Schadens für die Partner und deren Kinder unverantwortlich wäre. Wiederverheiratete Geschiedene, die in einer solchen Konfliktsituation sich befinden, mögen zur Prüfung ihres Gewissens und ihrer Umkehrbereitschaft etwa folgende Kriterien bedenken, wenn sie am sakramentalen Leben der Kirche teilnehmen wollen:

– Ist die Bereitschaft gegeben, begangene Schuld unter die Vergebung Gottes zu stellen und eine fortbestehende

---

[3] Gemeinsame Synode der Bistümer in der Bundesrepublik Deutschland, Beschluß: Ehe und Familie (Nr. 3.5.3.1.), in: Offizielle Gesamtausgabe, Bd. 1, Freiburg Basel Wien 1976, 452.

[4] Synode 72 der Diözese Basel, Ehe und Familie im Wandel unserer Gesellschaft (Nr. 7.8), Solothurn 1974, 31–33; dort auch die folgenden Zitate.

Verantwortung gegenüber dem ersten Partner und den
Kindern aus dieser ersten Ehe nach Kräften zu erfüllen?

– Ist die neue Verbindung auf bürgerlich-rechtlicher
Ebene geordnet und ist der feste Wille vorhanden, dem
neuen Partner in Treue verbunden zu bleiben und die Kin-
der nach christlichen Grundsätzen zu erziehen?

– Ist das Verlangen nach den Sakramenten von wirklich
christlichen Motiven getragen?

– Läßt sich in Rücksicht gegenüber der konkreten Ge-
meinde der öffentliche Sakramentenempfang verantwor-
ten, ohne daß diese darob in ihrem Glauben in schwere Ver-
wirrung gerät?

Für alle Christen ist echte Umkehr nie nur eine private
Angelegenheit, sondern immer auch getragen von der Ver-
antwortung gegenüber der Gemeinschaft der Kirche und
ihrem Auftrag, den Menschen die Vergebung zuzusprechen.
In einer Sache von so wichtigem Belang für die Betroffenen
selbst wie für die Gemeinschaft sind daher wiederverheira-
tete Geschiedene aufgefordert, für einen verantwortbaren
Gewissensentscheid in ihrer Frage das Gespräch mit dem
Priester zu suchen. Der Seelsorger soll sich in seinem Dienst
an die hier vorgetragenen pastoralen Richtlinien halten.

Noch sind nicht alle Fragen theologisch geklärt, die sich
mit dem Sakramentenempfang wiederverheirateter Ge-
schiedener stellen. Fest steht aber, daß die Forderung Jesu
nach unbedingter Treue in der Ehe unverkürzt gültig
bleibt. Fest steht ebenfalls, daß Jesus gegenüber allen Barm-
herzigkeit übt, die angesichts seiner Forderungen geschei-
tert sind, aber sich ehrlich bemühen, in echter Umkehrge-
sinnung das ihnen Mögliche zu tun. Wir alle sind auf diese
Barmherzigkeit Gottes angewiesen und zugleich aufgeru-
fen, im Geiste gegenseitiger Vergebung Barmherzigkeit zu
üben, den Gewissensentscheid der einzelnen zu respektie-
ren und das letzte Urteil Gott zu überlassen. Aus solcher
Gesinnung heraus wird die Gemeinde dieser pastoralen
Hilfe gegenüber wiederverheirateten Geschiedenen Ver-
ständnis entgegenbringen.

Der Sache nach mit diesen Äußerungen übereinstim-
mend haben sich die Bischöfe der Oberrheinischen Kir-
chenprovinz – Oskar Saier, Karl Lehmann und Walter Kas-

per – am 10. Juli 1993 in einem vielbeachteten Hirtenwort geäußert (»Zur seelsorgerlichen Begleitung von Menschen aus zerbrochenen Ehen, Geschiedenen und wiederverheirateten Geschiedenen. Einführung, Hirtenwort und Grundsätze«). Darin bekunden die drei Bischöfe ein hohes Maß an menschlichem Einfühlungsvermögen und pastoraler Verantwortung. Um so befremdlicher wirkt daher die Reaktion seitens der römischen Glaubenskongregation (»Über den Kommunionempfang von wiederverheirateten geschiedenen Gläubigen«) vom 14. September 1994. Dieses Dokument schließt alle wiederverheirateten Geschiedenen unterschiedslos – *also ungeachtet ihrer jeweiligen konkreten Situation* – vom Kommunionempfang aus. Mit der römischen Glaubenskongregation stimmen die drei Bischöfe darin überein, daß die Kirche wiederverheirateten Geschiedenen keine *amtliche Zulassung* vom Kommunionempfang gewähren kann. Im Gegensatz zum römischen Dokument gestehen die Bischöfe den Betroffenen jedoch die Möglichkeit zu, zum Tisch des Herrn *hinzuzutreten*, wenn sie der Überzeugung sind, dies nach einer sorgfältigen *Gewissensprüfung* verantworten zu können. Die Kriterien, welche bei einer solchen Selbstprüfung zu berücksichtigen sind, hatte schon die Basler Diözesansynode formuliert.

Während das Dokument der Glaubenskongregation ausschließlich vom kirchlichen Rechtsdenken geprägt ist, atmet die Stellungnahme der oberrheinischen Bischöfe wahrhaft jesuanischen Geist. Grundsätzlich rüttelt das bischöfliche Hirtenwort in keiner Weise an der kirchlichen Ehelehre. Es geht lediglich von der realistischen Voraussetzung aus, daß es Situationen geben kann, in denen es das Menschenmögliche übersteigt, eine moralische Norm anzuwenden; und – dies vor allem – daß im Zweifelsfalle nicht die Recht-Schreibung, sondern das Wohl des Menschen das letzte Kriterium bildet.

Wird damit nicht jeder Willkür Tür und Tor geöffnet? Wer so fragt, neigt zur Komplizenschaft mit den gesetzesängstlichen Pharisäern. Jesus stellt den Seinen ja keinen Freibrief aus, der sie ermächtigt, nach ihrem *Gutdünken* zu handeln. Er verweist die Menschen auf ihr *Gewissen*. Wenn immer jemand sich nach reiflicher Überlegung und aus innerster Überzeugung auf sein Gewissen beruft, tut er dies gewiß nicht, um sein Leben angenehmer zu gestalten, sondern in dem Bewußtsein, daß er seine Verantwortung wahrnehmen muß. Damit verbunden sind oft mancherlei quälende Unsicherheiten. Wer seinem Gewissen folgt, geht bestimmt nicht den leichteren Weg – ganz abgesehen noch davon, daß ein solcher Mensch vermutlich sehr schnell mit jenen Schwierigkeiten bekommt, die an seinem Verhalten Anstoß nehmen.

Womit wir wiederum bei den Pharisäern angelangt wären, deren Denken ebenso verständlich wie verfehlt ist. Je mehr Menschen sich eine Auffassung zu eigen machen, die man selber vertritt, um so sicherer fühlt man sich. Wird die eigene Überzeugung von anderen nicht geteilt, stellen sie einen dadurch in Frage. So entsteht Angst: Ist der von mir gewählte Weg der richtige? Dieser Angst begegnet man häufig dadurch, daß man andere Ansichten unterdrückt und gleichzeitig die eigenen Vorstellungen – oft genug mit Gewalt – durchzusetzen versucht.

In der Geschichte von der Heilung des Mannes mit der gelähmten Hand ist es nicht das Gesetz, welches die Humanität behindert, sondern, wie der Text ausdrücklich sagt, jene Verstockung des Herzens, die dann vorliegt, wenn man nur die eigenen, auf den *Buchstaben des Gesetzes fixierten* Ansichten gelten läßt – und nicht mehr bereit ist, diese zu hinterfragen. Damit wird das Gesetz zur Ideologie. Auf eine Religion jedoch, die nur mit Hilfe einer Ideologie überlebt, muß der Mensch verzichten, will er nicht seelisch schweren Schaden leiden.

Im Gegensatz zu zahlreichen anderen Wundererzählungen endet die Geschichte vom Mann mit der gelähmten Hand nicht mit einem Chorschluß. Das erlaubt Rückschlüsse auf die Absicht des Evangelisten. Offensichtlich geht es ihm hier in erster Linie nicht darum, seine Leserinnen und Leser zum Glauben hinzuführen; vielmehr will er sie ermuntern, aus diesem Glauben heraus zu handeln, selbst wenn sie dabei mit dem geltenden Recht in Konflikt geraten. Zum letzten Mal also: »Der Sabbat ist für den Menschen da, nicht der Mensch für den Sabbat« (Mk 2,27).

»Gebt ihr ihnen zu essen!«

Die Speisung der Fünftausend (Mk 6,30–44)

Die Erzählung, um die es in diesem Kapitel gehen soll, findet sich in ihrer ältesten auf uns gekommenen Fassung im Markusevangelium; die übrigen Evangelisten haben sie von dort übernommen.

Die Apostel versammelten sich [nachdem sie zuvor ausgesandt worden waren, um die Menschen zur Umkehr zu bewegen: Mk 6,6–13] wieder bei Jesus und berichteten ihm alles, was sie getan und gelehrt hatten. Da sagte er zu ihnen: Kommt mit an einen einsamen Ort, wo wir allein sind, und ruht ein wenig aus. Denn sie fanden nicht einmal Zeit zum Essen, so zahlreich waren die Leute, die kamen und gingen. Sie fuhren also mit dem Boot in eine einsame Gegend, um allein zu sein. Aber man sah sie abfahren, und viele erfuhren davon; sie liefen zu Fuß aus allen Städten dorthin und kamen noch vor ihnen an. Als er ausstieg und die vielen Menschen sah, hatte er Mitleid mit ihnen; denn sie waren wie Schafe, die keinen Hirten haben. Und er lehrte sie lange.

Gegen Abend kamen seine Jünger zu ihm und sagten: Der Ort ist abgelegen, und es ist schon spät. Schick sie weg, damit sie in die umliegenden Gehöfte und Dörfer gehen und sich etwas zu essen kaufen können. Er erwiderte: Gebt ihr ihnen zu essen! Sie sagten zu ihm: Sollen wir weggehen, für zweihundert Denare Brot kaufen und es ihnen geben, damit sie zu essen haben? Er sagte zu ihnen: Wie viele Brote habt ihr? Geht und seht nach! Sie sahen nach und berichteten: Fünf Brote und außerdem zwei Fische. Da befahl er ihnen, den Leuten zu sagen, sie sollten sich in Gruppen ins grüne Gras setzen. Und sie setzten sich in Gruppen zu hundert und zu fünfzig. Darauf nahm er die fünf Brote und die zwei Fische, blickte zum Himmel auf, sprach den Lobpreis, brach die Brote und gab sie den Jüngern, damit sie sie an die Leute austeilten. Auch die zwei Fische ließ er unter allen verteilen. Und alle aßen und wurden satt.

Als die Jünger die Reste der Brote und auch der Fische einsammelten, wurden zwölf Körbe voll. Es waren fünftausend Männer, die von den Broten gegessen hatten (Mk 6,30–44; vgl. Mt 14,13–21; Lk 9,10–17; Joh 6,1–13).

Diejenigen, welche diese Geschichte als erste zu hören bekamen, werden sich darüber nicht allzusehr gewundert haben; ähnliche Vorkommnisse waren ihnen ja bereits aus der Hebräischen Bibel bekannt.

Parallelen in der Hebräischen Bibel

So berichtet das Buch Exodus, daß Jahwe sein Volk in der Wüste mit Manna und Wachteln ernährt (Ex 16). An dieses wunderbare Eingreifen Gottes wird auch im Gebetbuch Israels, in den Psalmen, erinnert (Ps 105,40; vgl. 78,24).

Außerdem kannten wohl fast alle Angehörigen des jüdischen Volkes die Geschichte vom Mehl- und Ölwunder des Elija. Zur Zeit einer großen Dürre kommt der Prophet nach Sarepta, einer rund 180 km nördlich von Jerusalem gelegenen Küstenstadt. Vor dem Stadttor begegnet er einer Witwe und bittet sie um einen Bissen Brot. Diese jedoch besitzt nur noch eine Handvoll Mehl und ein wenig Öl. Davon will sie für sich und ihren Sohn etwas zubereiten; dann werden beide auf den Tod warten. Doch der Prophet versichert ihr im Namen Gottes: »Der Mehltopf wird nicht leer werden und der Ölkrug nicht versiegen bis zu dem Tag, an dem der Herr wieder Regen auf den Erdboden sendet« (1 Kön 17,14). Selbstverständlich bewahrheitet sich die Vorhersage des Elija.

Ein ähnliches Wunder wird von Elijas Schüler und Nachfolger Elischa berichtet. Wiederum ist es eine Witwe, die in Not geraten ist und die darüber hinaus von ihrem Gläubiger bedrängt wird. Außer einem Krug Öl ist ihr nichts mehr geblieben. Auf Drängen des Propheten borgt sie sich von ihren Nachbarn eine Unmenge Gefäße, die sie nun mit dem Öl füllt, das aus ihrem Krug zu fließen beginnt (2 Kön 4,1–7).

Überdies schreibt die Hebräische Bibel dem Propheten Elischa auch ein Brotwunder zu.

Einmal kam ein Mann von Baal-Schalischa und brachte dem Gottesmann Brot von Erstlingsfrüchten, zwanzig Gerstenbrote, und frische Körner in einem Beutel. Elischa befahl seinem Diener: Gib es den Leuten zu essen! Doch dieser sagte: Wie soll ich das hundert Männern vorsetzen? Elischa aber sagte: Gib es den Leuten zu essen! Denn so spricht der Herr: Man wird essen und noch übriglassen. Nun setzte er es ihnen vor; und sie aßen und ließen noch übrig, wie der Herr gesagt hatte (2 Kön 4,42–44).

Die Ähnlichkeiten dieser Erzählung mit der von Markus überlieferten Wundergeschichte sind derart frappierend, daß sich der Gedanke an eine Abhängigkeit von selbst aufdrängt. Während Elischa hundert Männer mit zwanzig Gerstenbroten sättigt, heißt es jedoch von Jesus, daß er mit nur fünf Broten und zwei Fischen fünftausend Menschen verpflegt. Auch weniger bibelfeste Leserinnen und Leser verstehen die nur dürftig verklausulierte Botschaft auf Anhieb: Jesus ist größer als Elischa! Offensichtlich handelt es sich bei der im Markusevangelium überlieferten Geschichte um ein sogenanntes Überbietungswunder.

Dennoch läßt sich nicht übersehen, daß Markus nicht einfach eine bereits vorgegebene Geschichte auf Jesus überträgt. Zwar folgt diese dem Erzählmuster der Vorlage. Wenn man aber den Text genau liest, stößt man auf ein paar Kleinigkeiten, die für ein angemessenes Verständnis nicht ganz unerheblich sind.

Da ist zunächst die Tatsache, daß die Menschen offenbar alles stehen und liegen lassen, um Jesus zu hören. Keine Mühe ist ihnen zu groß, kein Weg zu weit. Sie ziehen nicht nur hinter Jesus her, sondern eilen ihm sogar voraus an einen »abgelegenen Ort« in einer »einsamen Gegend«. Die Frage, wie sie, die ja im Gegensatz zu Jesus nicht den Schiffsweg benutzen, noch vor ihm dort ankommen, wäre falsch gestellt. Dem Evangelisten geht es ja gerade darum zu zeigen, welch unglaubliche Erwartungen diese Menschen Jesus gegenüber hegen. Sie haben, wie es beim Propheten Amos einmal heißt, »Hunger nach einem Wort des Herrn« (Am 8,11).

Nicht zufällig verlegt der Evangelist die Unterweisung Jesu in eine abgelegene Gegend. Das erinnert an die Wüstenwanderung des Volkes Israel. Da gibt es keine Straßen mehr, die in einer bestimmten Richtung verlaufen und an ein bestimmtes Ziel führen. Hier muß sich jeder seinen Weg *suchen*. Und plötzlich gibt man sich Rechenschaft, daß man die Orientierung verloren hat.

Die meisten Menschen machen irgendwann diese schmerzliche Erfahrung. Ihr bisheriges Leben ist scheinbar in geregelten Bahnen verlaufen. Doch unerwartet werden sie aus der Bahn geworfen und sind ganz und gar auf sich selber gestellt. Mit einem Mal wissen sie weder aus noch ein.

Da ist eine Frau, die von ihrem Ehemann oder Partner verlassen wird, mit dem sie jahrelang zusammenlebte und dem sie doch blind vertraut hat. Nie hat sie auch nur einen einzigen Gedanken daran verloren, daß ihre Beziehung einmal scheitern könnte. Sie ist völlig unvorbereitet für das, was jetzt über sie hereinbricht. Wut und Schmerz, Empfindungen von Haß und der Gedanke, sich zu rächen, Verzweiflung, Trauer, Depressionen, Apathie, die Unfähigkeit, das Furchtbare überhaupt begreifen oder anderen mitteilen zu können, der Wunsch, daß der Partner doch wieder zurückfinden möge, die Hoffnung, daß der Bruch nicht endgültig sei und – dies vor allem – die bohrende Frage nach dem Warum, die tagsüber zu einer völligen Lähmung und nachts zu Schlaflosigkeit führt... Und damit verbunden: der Verlust der Identität, das zerstörte Selbstvertrauen, die vorher nie gekannten Minderwertigkeitsgefühle... Was soll man da tun? Sich aus dem Fenster stürzen, sich vor sich selber flüchten in irgendein Abenteuer hinein (aber was soll das, wenn man dabei doch ständig an den früheren Partner denkt?), zu Gott beten (aber was nützt das?), wegfahren für ein paar Wochen (aber wohin?), mit seinem Schicksal hadern (aber was wird sich dadurch ändern?).

In einer solchen Situation braucht man einen Menschen, der sich aufs Zuhören versteht. Der Schmerz wird dadurch nicht gemindert, aber man vermag ihn besser zu ertragen. Die Fragen werden nicht beantwortet, aber man lernt, sich mit ihnen auseinanderzusetzen. Die leidvollen Erfahrungen werden nicht verklärt, aber man kann daran reifen und sie integrieren in sein Leben.

Ähnliches gilt auch bei geistigen Krisen. Diese können einen völlig unvorbereitet überfallen – etwa wenn man irgendwann feststellt, daß eine jahrelang praktizierte Spiritualität oder Frömmigkeitsform zur bloßen Formalität zusammengeschrumpft ist oder daß manche bisher angestrebten Ideale einfach keinen Bezug aufweisen zur eigenen Erfahrungswirklichkeit.

Menschen, die nichts mehr trägt, suchen nach einem Halt. Und zwar möchten sie sich nicht an *etwas,* sie möchten sich an *jemanden* halten.

Ebendies trifft offenbar für die Landsleute Jesu zu, welche ihm sogar zu Fuß vorauseilen in die einsame Gegend, in der er sich zusammen mit den Aposteln ausruhen will. Jesus mag die Erwartungen dieser Menschen nicht enttäuschen. »Er hatte Mitleid mit ihnen, denn sie waren wie Schafe, die keinen Hirten haben.«

Dieses Bildwort hat Markus der Hebräischen Bibel entnommen (Num 27,17; 1 Kön 22,17). Dabei denkt er nicht an einzelne Fehlhaltungen oder Verfehlungen, sondern an die Tatsache, daß es die Menschen, die zu Jesus kommen, nach einer Weg-Weisung verlangt, damit ihr Leben wieder einen Inhalt, einen Sinn und ein Ziel bekommt. Gleichzeitig deutet er damit an, daß sie dieses Ziel nur dann erreichen, wenn sie nicht selbstherrlich ihren eigenen Weg gehen, sondern ihre eigenen Erfahrungen in die (Weg-) Weisung Gottes integrieren.

Das Wort von der unbehüteten Herde seinerseits weckt Assoziationen an die Eingangsverse des 23. Psalms: »Der Herr [Jahwe] ist mein Hirte, nichts wird mir fehlen. Er läßt mich lagern auf *grünen Auen*« (Ps 23,1f). Und damit auch die Begriffsstutzigen die Anspielung auf diese Schriftstelle verstehen, vermerkt der Evangelist ausdrücklich, daß Jesus die Leute auffordert, sich *ins grüne Gras* zu setzen. Auf diese Weise unterstreicht er gleichzeitig, worauf es Jesus ankommt; er will seine Landsleute zu ihrem eigentlichen Hirten, nämlich zu Jahwe, zurückführen. Denn er ist der »Herr«, der es den Seinen an nichts fehlen läßt.

Nun lebt aber der Mensch bekanntlich nicht nur vom Wort Gottes; er bedarf auch des täglichen Brotes. Und zwar sind es ausgerechnet die Apostel, die als erste ans Essen denken; begreiflicherweise, sie sind ja noch ganz erschöpft von ihrer eigenen Predigttätigkeit, zu der Jesus sie ausgesandt hatte (Mk 6,6–13). Ein Afrikamissionar hat mir einmal erzählt, daß die Mütter an seinem Wirkungsort einfach ihre Kinder zum Schreien brächten, wenn sie den Eindruck hätten, daß seine Predigt zu lange dauere. Ähnlich verhalten sich die Zwölf. Ihnen stünde es schlecht an, Jesu Predigt mit dem banalen Hinweis auf den knurrenden Magen zu unterbrechen. Also erfinden sie einen Vorwand: »Es ist schon spät; schick *die Leute* weg, damit sie sich etwas zu essen kaufen können!« Jesus versteht den Wink mit dem Zaunpfahl; die Apostel wollen ihm eine Lehre erteilen. Doch er belehrt sie eines besseren: »Gebt *ihr* ihnen zu essen!«

Jesus verkündet den Menschen das *ewige Heil*; die Apostel werden beauftragt für ihr *leibliches Wohl* zu sorgen? Kein Gottesdienst ohne Weltdienst? Einsatz im Diesseits als Kriterium für den Glauben ans Jenseits?

Zweifellos gehören all diese Dinge ebenfalls zum Kernbestand der von Jesus verkündeten und von den Evangelien überlieferten Frohbotschaft. Die Geschichte von der Speisung der Fünftausend freilich zielt in eine ganz andere Richtung.

Zur Erinnerung: Die Menschen folgen Jesus, weil sie nach dem *Wort Gottes* hungern. Einzig darauf richten sich ihre Gedanken. Und mit der gleichen Selbstverständlichkeit, mit der sie das Wort aus Jesu Mund in sich aufnehmen, nehmen sie nun auch die Speisen entgegen, die er ihnen schenkt.

Im Anschluß an die von Jesus überlieferten Wunderzeichen verweisen die Evangelisten häufig auf die erstaunte oder begeisterte Reaktion der Umstehenden. So bemerkt Markus, daß nach der Heilung des Gelähmten von Kafarnaum »alle außer sich gerieten; sie priesen Gott und sagten: So etwas haben wir noch nie gesehen« (Mk 2,12). Einen solchen Chorschluß (der aber gerade in den Geschenkwundergeschichten fehlt) würde man eigentlich auch am Ende der Episode von der Speisung der Fünftausend erwarten. Wenn man jedoch den Text genau liest, erkennt man leicht, daß gar kein Grund dafür vorhanden ist. Nirgends heißt es, daß die Anwesenden sich darüber Rechenschaft geben, was wirklich vor sich geht. Sie setzen sich ins Gras, sie erhalten ein Stück Brot und als Zugabe etwas getrockneten Fisch. Worüber sollen sie sich also wundern?

Zahlensymbolik

Markus hegt hier nicht die Absicht, mit Hilfe einer Wundergeschichte Jesu Macht und Größe herauszustellen. Er begnügt sich lediglich mit dem (für die damalige Leserschaft sofort verständlichen) Hinweis, daß Jesus Elischa bei weitem überbietet; während dieser hundert Männer mit zwanzig Broten sättigt, speist Jesus mit nur fünf Broten fünftausend Menschen. Im Unterschied zum vierten Evangelisten stellt er keinen Bezug her zum Letzten Abendmahl (vgl. Joh 6).

Worauf es ihm ankommt, begreifen wir, sobald wir ein wenig auf die Zahlensymbolik achten. Warum gerade fünf Brote, zwei Fische, zwölf Körbe?

Zweimal verweist Markus in diesem kurzen Abschnitt darauf, daß die Apostel fünf Brote und zwei Fische als Vorrat haben – also sieben Teile. Beim Volk Israel galt die Sieben schon von alters her als heilige Zahl; sie war gewissermaßen ein Symbol Gottes. Offensichtlich will der Evangelist die Leserinnen und Leser dieses Abschnitts daran erinnern, daß der Mensch sich zuallererst von jener Speise ernähren muß, die vom Himmel herab gekommen ist und die *ewiges Leben* schenkt – ein Gedanke, den der vierte Evangelist in seinem Evangelium noch weiter entfaltet (vgl. Joh 6,33–58). Der Mensch lebt ja nicht vom Brot allein, sondern, letztlich, von dem, »was der Mund des Herrn spricht« (Dtn 8,3). So steht's in der Hebräischen Bibel *und* im Matthäus- und im Lukasevangelium (Mt 4,4; Lk 4,4). Und wenn Jesus zu Beginn der Mahlzeit zum Himmel aufblickt, so tut er das nicht, um von Gott ein Wunder zu erbitten; es handelt sich ganz einfach um das übliche Lob- und Dankgebet, um den Tischsegen, wie wir heute sagen würden.

Aber damit haben wir die dieser Wundergeschichte zugrunde liegende Symbolik erst teilweise entschlüsselt. Nach damaligem jüdischem Verständnis umfaßt das in der Schrift enthaltene Wort Gottes drei Textgruppen, nämlich die *Tora* (die fünf Bücher Mose), die Bücher der *Propheten* und die übrigen *Schriften* (Psalmen, Klagelieder, Weisheitsliteratur, Geschichtsschreibung).

Wir haben gute Gründe anzunehmen, daß die fünf Brote in unserer Geschichte auf die fünf Bücher Mose verweisen. Jedenfalls besitzen wir mehrere Zeugnisse aus dem ersten Jahrhundert, nach welchen die Rabbinen die Tora mit dem Brot (welches damals die Hauptnahrung bildete) vergleichen.[1] Die beiden Fische hingegen versinnbilden die beiden anderen Textsammlungen, nämlich die Bücher der Propheten und die übrigen Schriften. *Damit* wird die anwesende Menschenmenge gespeist, und diese Speise schenkt Jesus allen, die sich ihm zuwenden.

So gering der Vorrat an Broten und Fischen auch ist – er wird nicht weniger! Zwölf Körbe bleiben davon übrig. Wie die Sieben ist auch die Zwölf für die Juden eine heilige Zahl; sie ist Ausdruck der göttlichen *Fülle*. Der Vorrat der von Jesus dargebotenen Speise, d. h. Gottes Wort, ist unerschöpflich; die ganze Menschheit kann damit gesättigt werden.

Die Erkenntnis, daß die Geschichte von der Speisung der Fünftausend stark symbolisch geprägt ist, ebnet uns den Weg zu einem angemessenen Verständnis: Nur wenn der Mensch sich leiten läßt von Gottes Wort und Weisung, findet er hin zu einem erfüllten Leben.

Diese Aussage jedoch erfährt nun eine wichtige Ergänzung. Nachdem die Apostel sich darüber Rechenschaft geben, daß die Leute den ganzen Tag über kaum etwas gegessen haben, wollen sie sie in die umliegenden Dörfer schicken, damit sie sich dort etwas Nahrung besorgen können. Obwohl weit und breit keine Lasttiere mit dem nötigen Proviant für eine solche Menschenmenge zu sehen

---

[1] Vgl. H. L. Strack / P. Billerbeck, Kommentar zum Neuen Testament aus Talmud und Midrasch, Bd. 2: Das Evangelium nach Markus, Lukas und Johannes und die Apostelgeschichte, München ³1961, 483f.

sind, überhört Jesus den Vorschlag der Apostel; vielmehr fordert er sie auf eine geradezu provozierende Weise heraus: »Gebt *ihr* ihnen zu essen!«

Es handelt sich um einen *Auftrag.* Denn (das dürfte aufgrund des bisher Gesagten feststehen) was die Apostel den Leuten geben sollen, sind nicht Brote, sondern Gottes lebendigmachendes Wort – und dieses können sie sich nicht *kaufen*! Sie können es nur dankbar entgegennehmen von denen, die im Grunde selber nichts in ihren Händen haben – und sich dessen bewußt sind.

Diesen Gedanken hat der französische Schriftsteller Georges Bernanos (1888–1948) in seinem Roman »Tagebuch eines Landpfarrers« nicht nur ins Literarische umgesetzt, sondern gleichzeitig auch theologisch vertieft.[2]

Wie der Titel zu verstehen gibt, besteht der Roman aus den Tagebuchaufzeichnungen eines jungen, unerfahrenen und zudem stets kränklichen Pfarrers, der in der Trostlosigkeit eines abgelegenen flandrischen Dorfes wirkt. In seiner kleinen Gemeinde, die »vom Stumpfsinn geradezu aufgefressen wird« (S. 5), unternimmt er den kühnen, aber aussichtslos erscheinenden Versuch, die Geistlosigkeit konventioneller Frömmigkeit aufzudecken und den Widerspruch bloßzulegen zwischen der kirchlichen Institution (die allenfalls noch als Handlangerin der weltlichen Ordnungsmacht fungiert) und dem wahren Christentum, das zu repräsentieren sie vorgibt.

Natürlich weiß dieser einfache Geistliche, wie seine Amtsbrüder ihn beurteilen – beispielsweise der gutmütige Pfarrer im benachbarten Torcy:

Du bist ein komischer Kauz, im ganzen Bistum wäre kein so närrischer aufzutreiben. Und du arbeitest wie ein Pferd, du schuftest dich zu Tod. Der Bischof hat offenbar großen Pfarrermangel, daß er sogar dir eine Gemeinde in die Finger gibt. Glücklicherweise hält so eine Pfarre etwas aus. Bei dir könnte sie sonst in die Brüche gehn (S. 88).

Gerade davon ist der Tagebuchschreiber ja selber überzeugt:

---

[2]   G. Bernanos, Tagebuch eines Landpfarrers (Fischer Bücherei, Bd. 5908), Frankfurt a. M. 1989.

Ich bin wahrscheinlich zu plump und ungeschliffen von Natur, aber ich muß gestehen: ein Priester mit Bildungsehrgeiz war mir stets ein Greuel. Mit Schöngeistern Umgang pflegen, ist ungefähr dasselbe, wie zu einem Festmahl in die Stadt zu gehn... und das tut man nicht vor den Augen von Leuten, die Hungers sterben. [...]

Ich bin nicht mehr imstande, eine Pfarre zu leiten, ich habe weder Klugheit noch Urteil, noch gesunden Menschenverstand genug, und auch nicht die wahre Demut (S. 8; 135).

Was bedeutet: Ich bin der falsche Mann am falschen Platz. Das steht einfach so da, und man hat nicht den Eindruck, als warte dieser Priester insgeheim darauf, daß ihm jemand widersprechen möge. Da fehlt auch die geringste Spur von Koketterie mit der eigenen Demut, die jeden Augenblick umschlagen kann in Stolz auf die zur Schau getragene Bescheidenheit. Hier findet sich einer damit ab, nichts zu sein als ein unnützer Knecht, und das Großartige oder Rührende daran ist, daß er darob nicht verzweifelt.

Der Herr brauchte einen Zeugen, und ich wurde dazu erwählt, zweifellos nur mangels eines Besseren, so wie man einen gerade Vorübergehenden heranruft. Ich müßte wahnsinnig sein, wenn ich mir einbildete, ich hätte dabei eine wirkliche Rolle gespielt. Es ist schon allzuviel, daß Gott mir die Gnade gewährte, bei der Versöhnung einer Seele mit der Hoffnung, bei dieser feierlichen Vermählung, zugegen zu sein (S. 167).

Diese spontan hingeschriebenen Zeilen beziehen sich auf die letzte Begegnung des Pfarrers mit einer in der Nähe des Dorfes residierenden Gräfin, welche, angeekelt von den Liebesaffären ihres Mannes, auch noch den Haß ihrer Tochter zu verkraften hat und die überdies leidet unter dem Schmerz, den ihr der schon Jahre zurückliegende Tod ihres achtzehn Monate alten Sohnes noch immer verursacht. Ihre ganze Existenzberechtigung besteht in der Liebe zu diesem toten Kind. Gerade die Unbeholfenheit dieses einfachen und ungebildeten Geistlichen ist es, welche die Mauer aus Stolz und Hochmut zum Einsturz bringt, hinter der die Gräfin sich ein halbes Leben lang verbarrikadiert hat. Erst angesichts der Schlichtheit und Kindlichkeit eines einfältigen Pfarrers schafft sie es, ihre vorgetäuschte Überlegenheit abzulegen, so daß sie schließlich doch noch hinfindet zu ihrer inneren Ruhe und zum Frieden mit Gott.

Daß die Gräfin am Morgen nach dieser entscheidenden Begegnung in ihrem Bett tot aufgefunden wird, ist nicht auf einen literarischen Kunstgriff zurückzuführen. Oder gibt es vielleicht nicht Augenblicke, in denen man glaubt sterben zu müssen vor Glück?

Bevor die Gräfin sich in jener Nacht zur Ruhe begibt, schreibt sie dem Pfarrer noch ein paar Zeilen.

Sie können sich, glaube ich, nicht vorstellen, in was für einem Zustand ich war, als Sie mich verlassen haben. Derartige psychologische Fragen lassen Sie gewiß ganz kalt. Was soll ich Ihnen sagen? Die verzweifelte Erinnerung an ein kleines Kind hielt mich fern von allem [sie bezieht sich hier auf ihren toten Sohn], hielt mich fest in einer fürchterlichen Einsamkeit, und mir scheint es nun, daß ein anderes Kind mich aus dieser Einsamkeit herausgerissen hat. Ich hoffe, es verletzt Sie nicht, wenn ich Sie jetzt ein Kind nenne. Sie sind ein Kind. Möge der Herrgott Sie für immer so erhalten! Ich frage mich, was Sie getan haben und wie Sie es fertiggebracht haben. Oder vielmehr, ich frage es mich nicht mehr. Alles ist gut so. Ich glaube nicht an die Möglichkeit eines Sich-Ergebens. [...] Ich bin nicht ergeben, ich bin glücklich. Ich habe keinen Wunsch mehr (S. 164).

Wie kommt ein solcher Sinneswandel zustande? Der Landpfarrer jedenfalls betrachtet ihn nicht als sein Verdienst: »Ich bin nur ein armer, sehr unwürdiger und sehr unglücklicher Priester« (S. 133). Aber er vertraut auf das Jesuswort: »Gebt *ihr* ihnen zu essen!«

Jesu Auftrag erfüllen

»Gebt *ihr* ihnen zu essen!« Diese Aufforderung beinhaltet gleichzeitig eine massive Kritik an jenen Amtsträgern, welche vergessen, daß sie - im Wortsinn - selber gar nichts zu sagen und damit auch nicht das Sagen haben, sondern nur weiterreichen können, was sie vorher empfangen haben aus Jesu Händen. Sie sind Gesandte, Beauftragte und *in diesem*

Sinn Bevollmächtigte, was sie nicht berechtigt im eigenen Namen eine Macht auszuüben, die allein Christus zukommt. »Leider hat es immer Amtsträger, Gesandte Jesu gegeben, die ihre Sendung, ihre Autorität, ihre Vollmacht wie eine Monstranz vor sich hergetragen haben. Aber in eine Monstranz gehört immer nur Christus hinein.«[3]

Immer wieder besteht die Gefahr, daß Amtsträger sich in Selbstdarstellung üben. Statt schlicht und einfach Jesu Auftrag zu erfüllen, maßen sie sich eine Autorität an, die unvereinbar ist mit dem von Jesus verkündeten Evangelium. Es mag in diesem Zusammenhang der Hinweis auf die ganze Skala von Ehrentiteln und Rangbezeichnungen genügen, die sich in gewissen kirchlichen Kreisen noch immer höchster Wertschätzung erfreuen. Außer den ehrwürdigen, den hochwürdigen, den sehr hochwürdigen und den hochwürdigsten Herren gibt es da noch die hochwürdigsten Exzellenzen und die ebenfalls hochwürdigsten Eminenzen, und über allen thront Seine Heiligkeit. Insider wissen natürlich, wer innerhalb der hierarchischen Männergesellschaft mit welchem Titel anzureden ist. Jesus zufolge aber basiert die Autorität im Reich Gottes nicht auf irgendwelchen Würdetiteln, sondern in der barmherzigen und demütigen Ausführung seines Auftrags: »Gebt *ihr* ihnen zu essen!«

In dieser Anweisung gipfelt die Geschichte von der Speisung der Fünftausend. Natürlich hat der Evangelist bei der Niederschrift seine damalige Leserschaft im Auge gehabt, insbesondere jene, die mit der Glaubensverkündigung beauftragt waren. Dennoch ist seine Aussage von zeitloser Gültigkeit. Wer in der Kirche ein besonderes Amt innehat, wird ständig versucht sein, dieses eifersüchtig zu hüten, auf seine (Amts-)Autorität zu pochen und darüber zu vergessen, daß jede ›Sonderstellung‹ zu einem speziellen Dienst innerhalb der Glaubensgemeinschaft verpflichtet. Und die ›einfachen Gläubigen‹ werden immer wieder dazu neigen, ihre Verantwortung in Sachen Glaubensverkündigung auf die Amtsträger abzuwälzen.

---

[3] A. Schilling, Was die Kirche krank macht, Regensburg 1992, 25.

Das Wunder der Speisung aber ereignet sich immer neu und immer nur da, wo Amtsträger ihre Aufgabe treu erfüllen, ohne nach Anerkennung und Lohn zu schielen; da also, wo sie anderen nicht den Kopf, sondern die Füße waschen; da auch, wo sie sich nicht nach kirchenfürstlicher Manier bedienen lassen, sondern ihren *Dienst* versehen an der Glaubensgemeinschaft in dem Bewußtsein, daß sie letztlich nichts anderes sind als unnütze Knechte. Das gleiche Wunder geschieht da, wo die einzelnen Gläubigen sich nicht den Kopf zerbrechen über die Grenzen ihrer Fähigkeiten und die Begrenztheit ihrer Kräfte, sondern sich einsetzen für die Ausbreitung des Gottesreiches, und das heißt zuallererst einmal für das Wohl der anderen – für Gerechtigkeit, für Frieden, für die Bewahrung der Schöpfung...

Wo immer dies zutrifft, fällt das Mißverhältnis zwischen der eigenen Beschränktheit und dem angestrebten Ziel überhaupt nicht mehr ins Gewicht. Vielmehr setzt der Glaube daran, daß die Saat aufgeht und dreißig-, sechzig-, ja hundertfache Frucht trägt (Mk 4,8), neue Kräfte frei, so daß plötzlich aus Wenigem viel wird. Das Wenige, das die Apostel in die Hände Jesu legen und aus seinen Händen neu entgegennehmen, reicht bestimmt – *wenn sie es nur weiterreichen.*

Ebendies veranschaulicht Georges Bernanos anhand der Gestalt seines Landpfarrers. Wer der Ansicht ist, daß es sich dabei um eine erbauliche Beispielgeschichte ohne jeden Realitätsbezug handle, mag sich an das Leben eines armen und einfältigen Priesters erinnern, der sich, seinen eigenen Worten zufolge, im Vergleich zum übrigen Klerus »wie ein Dorftrottel vorkam«.[4] Die Rede ist von Jean-Baptiste Marie Vianney (1786–1859), dem im Jahre 1929 von Papst Pius XI. heiliggesprochenen Pfarrer von Ars. Die von ihm erhaltenen fünfundachtzig Predigtskizzen sind lediglich mühsam erarbeitete Auszüge aus Predigtbüchern, die dem Klerus jener Zeit als Orientierung und zumeist auch als Vorlage dienten. Wie Bernanos' Landpfarrer litt auch Vianney unter seiner menschlichen Unzulänglichkeit und seiner theologischen Unwissenheit. Und doch brachte er es

---

[4] P. Manns (Hrsg.), Die Heiligen, Mainz 1975, 555.

fertig, ein gottverlassenes Nest, dessen Bewohner sich dem Vernehmen eines Vorgängers zufolge nur durch die Taufe von den Tieren unterschieden, in eine Musterpfarrei zu verwandeln.

Dabei war er alles andere als ein hervorragender Rhetoriker. Nicht durch wortgewaltige Predigten, sondern durch sein beredtes Zeugnis hat er die Menschen bewogen, ihre Herzen zu öffnen für Gottes Wort.

Im Grunde war Jean-Baptiste Marie Vianney bloß ein armseliger Landpfarrer, der seinem grenzenlosen Mangel an Bildung und Wissen nichts weiter entgegenzusetzen hatte als ein unbegrenztes Gottvertrauen. Einzig deshalb konnte er, trotz seiner dürftigen Kenntnisse, mit vollen Händen hintreten vor seine Mitmenschen.

Das erinnert an den Völkerapostel Paulus: »Wir sind arm und machen doch viele reich; wir haben nichts und haben doch alles« (2 Kor 6,10). Paulus bezieht sich hier nicht nur auf seine eigenen Erfahrungen, sondern auf die Situation der Gläubigen schlechthin, die lebenslang hin und her gerissen werden zwischen dem Wunsch nach Heiligkeit und dem Hang zur Sünde. Aber nicht das Zutrauen zu sich selbst, sondern nur das unerschütterliche Vertrauen auf Gottes Hilfe bewirkt, daß Jesu *Auf*forderung nicht als *Über*forderung empfunden wird.

Lothar Zenetti hat das in Anlehnung an das zitierte Pauluswort und unter Bezugnahme auf die jüdisch-christliche Heilsgeschichte in einem Gedicht so ausgedrückt:[5]

Wir sind in soviel Ängsten
und siehe - wir leben

Die an dich glauben
die gehen durch Wüsten
finden das Manna, das Wasser im Felsen

Die an dich glauben
die gehen durch Wasser
trockenen Fußes durch reißende Flüsse

---

[5] L. Zenetti, Sieben Farben hat das Licht, München 1981, 116.

Die an dich glauben
die gehn durch die Mauern
gehn wie im Traum durch verschlossene Türen

Die an dich glauben
die gehen durch Flammen
lebende Fackeln die doch nicht verbrennen

Die an dich glauben
die gehn durch das Dunkel
scheinen zu sterben und siehe sie leben

Wir sind in soviel Ängsten
und siehe – wir leben

Was kann uns also daran hindern, andere zu speisen, wo doch Gott selbst sich in unsere leeren Hände legt – wenn wir sie nur offenhalten vor ihm?

Von Teufeln, Dämonen und bösen Geistern

Der Besessene von Gerasa (Mk 5,1–20)

In den Evangelien stoßen wir auf Erzählungen, die uns unmittelbar einleuchten, weil wir uns selber in ihnen wiedererkennen. Dazu gehören beispielsweise das Gleichnis vom
verlorenen Sohn (Lk 15,11–32), das allerdings in erster
Linie von der Güte des Vaters handelt, oder die Episode
von der Begegnung Jesu mit der Sünderin, welche über seinen Füßen ihre Tränen vergießt und getröstet von dannen
geht in der Gewißheit, daß Gottes Barmherzigkeit unendlich viel größer ist als alles menschliche Versagen (Lk 7,
36–50).

Anderen biblischen Überlieferungen gegenüber bleiben
wir skeptisch; sie erscheinen uns wie eine Zumutung an den
gesunden Menschenverstand. Zu diesen eher befremd-
lichen Geschichten gehört zweifellos die Wundererzählung
von der Heilung des Besessenen von Gerasa.

*Sie [Jesus und die Jünger; vgl. Mk 4,34] kamen an das
andere Ufer des Sees in das Gebiet von Gerasa. Als er [Je-
sus] aus dem Boot stieg, lief ihm ein Mann entgegen, der
von einem unreinen Geist besessen war. Er kam von den
Grabhöhlen, in denen er lebte. Man konnte ihn nicht bändigen, nicht einmal mit Fesseln. Schon oft hatte man ihn an
Händen und Füßen gefesselt, aber er hatte die Ketten gesprengt und die Fesseln zerrissen; niemand konnte ihn be-
zwingen. Bei Tag und Nacht schrie er unaufhörlich in den
Grabhöhlen und auf den Bergen und schlug sich mit Steinen. Als er Jesus von weitem sah, lief er zu ihm hin, warf
sich vor ihm nieder und schrie laut: Was habe ich mit dir zu
tun, Jesus, Sohn des höchsten Gottes? Ich beschwöre dich
bei Gott, quäle mich nicht! Jesus hatte nämlich zu ihm gesagt: Verlaß diesen Mann, du unreiner Geist!*

*Jesus fragte ihn: Wie heißt du? Er antwortete: Mein Na-
me ist ›Legion‹ [oder ›Tausendschaft‹, wie man auch übersetzen könnte]; denn wir sind viele. Und er flehte Jesus an,
sie nicht aus dieser Gegend zu verbannen.*

Nun weidete dort an einem Berghang gerade eine große Schweineherde. Da baten ihn die Dämonen: Laß uns doch in die Schweine hineinfahren! Jesus erlaubte es ihnen. Darauf verließen die unreinen Geister den Menschen und fuhren in die Schweine, und die Herde stürzte sich den Abhang hinab in den See. Es waren etwa zweitausend Tiere, und alle ertranken.

Die Hirten flohen und erzählten alles in der Stadt und in den Dörfern. Darauf eilten die Leute herbei, um zu sehen, was geschehen war. Sie kamen zu Jesus und sahen bei ihm den Mann, der von der Legion Dämonen besessen gewesen war. Er saß ordentlich gekleidet da und war wieder bei Verstand. Da fürchteten sie sich. Die, die alles gesehen hatten, berichteten ihnen, was mit dem Besessenen und mit den Schweinen geschehen war. Darauf baten die Leute Jesus, ihr Gebiet zu verlassen.

Als er ins Boot stieg, bat ihn der Mann, der zuvor von den Dämonen besessen war, bei ihm bleiben zu dürfen. Aber Jesus erlaubte es ihm nicht, sondern sagte: Geh nach Hause und berichte deiner Familie alles, was der Herr für dich getan und wie er Erbarmen mit dir gehabt hat.

Da ging der Mann weg und verkündete in der ganzen Dekapolis, was Jesus für ihn getan hatte, und alle staunten (Mk 5,1–20; vgl. Mt 8,28–34; Lk 8,26–39).

Eine anstößige Geschichte?

Sogar den Bibelwissenschaftlern schien diese Begebenheit seit jeher nicht ganz geheuer. So spottete der evangelische Theologe David Friedrich Strauß in seinem erstmals 1835 erschienenen »Leben Jesu«, daß da, wo die Teufel in die Schweine fahren, »selbst starkgläubigen Auslegern der Glaube auszugehen« pflege. Der protestantische Exeget Hermann Gunkel (1862–1932) sprach von einer Erzählung, »die ganz wie ein nicht ohne Humor erdichtetes Zaubermärchen klingt und die mit dem geschichtlichen Jesus sicherlich nichts gemein hat«. Für Rudolf Bultmann, den großen Wegbereiter der modernen Bibelauslegung, steht außer Zweifel, »daß hier ein volkstümlicher Schwank auf

Jesus übertragen« wurde, in welchem zudem das weitverbreitete Motiv vom »betrogenen Teufel« eine Rolle spielt. Der englische Philosoph, Mathematiker und Soziologe Bertrand Russel schließlich meint in seinem Buch »Warum ich kein Christ bin«, es sei von Jesus »den Schweinen gegenüber ganz gewiß nicht sehr nett gewesen, die Teufel in sie fahren zu lassen«.[1]

Verwundert es da noch, daß auch theologisch nicht geschulte Gläubige diese Geschichte als anstößig oder doch anrüchig empfinden und dazu neigen, sie dem Bereich der Fabeln oder dem der Folklore zuzuordnen?

Wer sich ernsthaft mit Literatur beschäftigt, tut gut daran, es nicht beim ersten Eindruck bewenden zu lassen, den die Lektüre eines Werkes hervorruft, sondern dieses etwas näher zu analysieren. Nur auf diese Weise vermag man der Aussageabsicht eines Autors oder einer Autorin in etwa gerecht zu werden. Muß man noch eigens betonen, daß dies auch für die biblischen Texte zutrifft?

Vielleicht vermögen ein paar Sacherklärungen den Zugang zu unserem Text etwas zu erleichtern.

Wie aus der Einleitung und dem Schluß der Geschichte hervorgeht, spielt diese im Gebiet der Dekapolis, näherhin in Gerasa. Die damals überwiegend heidnische Dekapolis (›Zehnstädteland‹) lag östlich des Jordans, zwischen dem Toten Meer und dem See Gennesaret. Eine der bedeutendsten Städte der Dekapolis war Gerasa (heute: Dscherasch), in dessen Umkreis die Begebenheit spielt. Doch gerade diese Ortsangabe stellt uns vor nicht unerhebliche Schwierigkeiten. Gerasa lag nämlich ungefähr 55 Kilometer südwestlich vom See Gennesaret entfernt. Einen anderen See aber gibt es dort nicht, in welchen sich die Schweine hätten stürzen können – und darin scheint doch gerade die Pointe der Geschichte zu liegen.

Nach dem Matthäusevangelium ereignet sich das Geschehen (allerdings in etwas veränderter Form) im Umkreis

[1] D. F. Strauß, Das Leben Jesu für das deutsche Volk bearbeitet, Bd. 2, Bonn ⁶1891, 183; H. Gunkel, Das Märchen im Alten Testament, Tübingen 1926, 87; R. Bultmann, Die Geschichte der synoptischen Tradition (1921), Göttingen ⁷1967, 225; 224; B. Russel, Warum ich kein Christ bin, Hamburg 1968, 30.

des Städtchens Gadara (Mt 8,28–34). Einige alte Markus-
handschriften übernehmen diese Lesart, die aber ebenfalls
nicht unproblematisch ist, da auch Gadara immerhin noch
rund 10 Kilometer südöstlich vom See Gennesaret entfernt
liegt. Eine weitere Lesart geht aller Wahrscheinlichkeit
nach auf eine von dem Kirchenschriftsteller Origenes (um
185–253/4) eingeführte Korrektur zurück, welche das Ereignis nach Gergesa verlegt, das sich am Ostufer des Sees
Gennesaret befand und dessen Überreste noch heute in den
Ruinen von Kurse zu besichtigen sind.[2] Diese Lesart emp-
fahl sich vor allem deshalb, weil nur zwei Kilometer von
Gergesa entfernt ein steiler Berghang in den See abfällt.
Nach den Grabhöhlen, von denen im Text die Rede ist, hat
man dort bisher allerdings vergeblich gesucht.

Diese späteren Verbesserungsvorschläge deuten darauf
hin, daß die *ursprüngliche* Erzählung aller Wahrscheinlichkeit nach tatsächlich Gerasa zum Schauplatz hatte. Wenn
dies zutrifft, handelt es sich um die Angabe eines Orts-
unkundigen, welcher die Dekapolis und das berühmte Gerasa wahrscheinlich vom Hörensagen kannte, aber nicht
genau zu lokalisieren wußte. Natürlich ahnte er nicht im
geringsten, welche Wegstrecke er infolge seiner geogra-
phischen Unkenntnis den rasenden Schweinen zumutete.

Wie auch immer, die zweifelhafte Ortsangabe ist jedenfalls ein erster Hinweis dafür, daß die Erzählung in der vorliegenden Form nicht aus einem Guß ist. Wenn nämlich die
Geschichte ursprünglich gar nicht an einem See spielte,
sondern erst später (vom Evangelisten?) in Unkenntnis der
örtlichen Verhältnisse dorthin verlegt wurde, bedeutet das,
daß auch der Untergang der Schweine im See nicht zum ältesten Erzählbestand gehörte, sondern erst nachträglich
hinzugefügt wurde. Auffallenderweise wird nirgends sonst
in den Evangelien das weitere Los von vertriebenen Dämonen mit einer derartigen Erzählfreude dargestellt. Daß
die detailreiche Schilderung (»Legion«, »etwa zweitausend
Tiere«...) schon auf die damalige Leserschaft etwas ausge-

---

[2] Vgl. R. Pesch, Der Besessene von Gerasa. Entstehung und Überlieferung einer Wundergeschichte (Stuttgarter Bibelstudien, Bd. 56), Stuttgart 1972, 18.

fallen gewirkt haben muß, zeigt ein Vergleich mit dem Matthäusevangelium, das bekanntlich auf dem Markustext aufbaut. Ähnlich wie bei der Blindenheilung bei Jericho (vgl. Mk 10,46–52 mit Mt 20,29–34) verdoppelt Matthäus auch hier die Zahl der Geheilten, um die Wirkmacht Jesu zu unterstreichen; nach ihm sind es nun plötzlich *zwei* Besessene, die von den Dämonen befreit werden (Mt 8,28). Was jedoch diese bösen Geister betrifft, streicht Matthäus den Text seiner Vorlage erheblich zusammen; weder nennt er ihren Namen noch eine bestimmte Zahl. Offenbar hegte schon er diesbezüglich einige Bedenken.

All diese Ungereimtheiten lassen darauf schließen, daß die Geschichte verschiedene Überlieferungsstufen durchlaufen hat. Die Frage allerdings, ob die Episode mit den Schweinen erst später hinzugefügt wurde oder ob sie schon zur ursprünglichen Geschichte gehörte, läßt sich kaum mehr entscheiden. Aber selbst wenn die letztere Annahme zutreffen sollte, bedeutet das natürlich noch nicht notwendigerweise, daß sich in diesem zweiten Teil der Geschichte ein historischer Tatbestand widerspiegelt. Was den ersten Teil betrifft, so gilt als sicher, daß *Jesus sich erfolgreich als Exorzist betätigt hat*; jedoch ist es schwierig zu sagen, *welche diesbezüglichen Schilderungen* jeweils einen geschichtlichen Kern enthalten. Im Hinblick auf unseren Text trifft wohl das Urteil des Münchner Neutestamentlers Joachim Gnilka zu, nach welchem »eine konkrete historische Erinnerung wegen des symbolischen Gehalts nicht sehr wahrscheinlich« ist.[3] Noch unmißverständlicher äußert sich ein anderer Exeget, Walter Schmithals, der von einer »mit besonderer Sorgfalt« gestalteten »theologischen Dichtung« spricht.[4]

---

[3] J. Gnilka, Das Evangelium nach Markus (Evangelisch-katholischer Kommentar zum Neuen Testament, Bd. II/1), Zürich Einsiedeln Köln und Neukirchen-Vluyn 1978, 207.

[4] W. Schmithals, Das Evangelium nach Markus (Ökumenischer Taschenbuchkommentar zum Neuen Testament, Bd. 2/1), Gütersloh 1979, 266. Die folgende Auslegung basiert teilweise auf diesem Kommentar.

Satan führt eine Randexistenz

Ein solches Urteil mag jene Leserinnen und Leser beruhigen, die den Dämonenglauben der biblischen Schriften als unzumutbar betrachten. Dennoch stellt sich die Frage, ob *die damit gemeinte Sache* tatsächlich überholt ist. Die Tatsache, daß das Weltbild Jesu und seiner Zeitgenossen sich stark unterscheidet von unserer modernen Denkweise, berechtigt keineswegs zu der Annahme, daß auch die mit der damaligen Sicht verbundenen Sachverhalte für uns bedeutungslos geworden seien.

Während heute den meisten Menschen die Existenz von bösen Geistern, Dämonen und Teufeln recht unwahrscheinlich vorkommt, wird deren Wirken in der Bibel schlicht vorausgesetzt. Daß diese dunklen Mächte ihr Unwesen treiben, war für Jesus und seine Landsleute so selbstverständlich wie die Ansicht, daß die Sonne sich um die Erde drehe. Derlei weltanschauliche *Voraussetzungen* der Verkündigung und des Verhaltens Jesu gehören nicht schon von sich aus zum verbindlichen Glaubensinhalt. Daher fragen sich viele, ob man heute auf die in der Antike allgemein (also auch im heidnischen Raum) verbreiteten Anschauungen von Teufeln und Dämonen nicht verzichten könne.

Wenn wir die Bibel etwas näher unter die Lupe nehmen, bemerken wir zunächst, daß in ihren ältesten Schichten (10. Jahrhundert v. Chr.) weder von guten noch von bösen Geistern die Rede ist. Um die Beziehung zwischen Gott und den Menschen aufrechtzuerhalten, bedarf es keinerlei Zwischenwesen. Jahwe-Gott wendet sich unmittelbar an Abraham oder an Mose. In späteren Jahrhunderten stellte man sich Gott als den ganz Fernen vor; zur Überbrückung des gewaltigen Abstandes zwischen ihm und den Menschen treten nun die Engel (griechisch: *ángelos* = Bote) auf den Plan. Diese Entwicklung wiederum führt gleichzeitig zur Vorstellung vom Bösen als einer personifizierten Macht. Eine bedeutende Rolle spielt dabei die Frage nach dem Ursprung des Bösen. Die älteste Antwort der Bibel auf dieses Problem hat in der Geschichte vom Sündenfall ihren Niederschlag gefunden (Gen 3), welche unterstreicht, daß das Böse nicht von Gott herrührt, sondern vom Menschen verschuldet ist. Die meisten Bibelleserinnen und -leser neigen dazu, die Schlange in dieser Geschichte mit dem Teufel zu identifizieren. Eine solche Sicht liegt aber völlig außerhalb des Verstehenshorizonts des Erzählers; für ihn ist die Schlange lediglich Symbol einer unheimlichen Macht, die aber ihrerseits ganz und gar Gottes Willen unterstellt ist.

Daß letztlich *alles* auf Gott zurückzuführen ist und nichts ohne seinen Willen geschieht, bezeugt auch die sehr alte (wohl schon im 10./9. vorchristlichen Jahrhundert formulierte) Aussage, nach welcher *Gott selber* in seinem »Zorn« David dazu »reizt«, eine Volkszählung durchzuführen (2 Sam 24,1) – was damals als Gottlosigkeit galt, weil Jahwe allein als der Herr seines Volkes betrachtet wurde. Etwa um 300 v. Chr. bezieht sich ein späterer biblischer Schriftsteller auf den gleichen Sachverhalt – nur daß jetzt nicht mehr Gott, sondern der Teufel als Initiator dieser üblen Angelegenheit in Erscheinung tritt: »*Der Satan* trat gegen Israel auf und reizte David, Israel zu zählen« (1 Chr 21,1).

Offensichtlich war inzwischen der Gedanke unerträglich geworden, daß Gott den Menschen zum Bösen anstifte. Deshalb verfiel man darauf, für die Versuchungen zum Bösen Satan als den Widersacher Gottes verantwortlich zu machen. In welchem Ausmaß diese Vorstellung von der altiranischen Religion beeinflußt ist (die bekanntlich ein gutes und ein böses Ur-Prinzip kannte, welche seit jeher miteinander im Widerstreit liegen), ist nicht hinreichend geklärt. Tatsache ist, daß der Satan in den kanonischen Schriften der Hebräischen Bibel lediglich eine Randexistenz führt; gerade dreimal ist dort von ihm die Rede (Sach 3,1; Ijob 1,6; 2,1; 1 Chr 21,1).[5]

Ähnliches gilt für die Verkündigung Jesu. In fast allen Stellen, an denen in den synoptischen Evangelien vom Satan die Rede ist, spiegelt sich nicht die Predigt Jesu, sondern die katechetische Unterweisung der frühen Christengemeinden wider. Das einzige historisch authentische Jesuswort, das sich auf Satan bezieht, findet sich bei Lukas: »Ich sah den Satan wie einen Blitz vom Himmel fallen«

---

[5] Vgl. H. Haag (u.a.), Teufelsglaube, Tübingen 1974, 141–217.

(Lk 10,18). Damit wird gerade nicht gesagt, daß sich der Mensch vor »Satans List und Macht« (wie es in einem bekannten Kirchenlied heißt) zu fürchten hätte, sondern vielmehr, daß dieser angesichts der befreienden Botschaft Jesu seine Rolle endgültig ausgespielt hat.[6]

Bekanntlich lokalisierte Jesus die eigentliche Ursache für das Böse in der Welt nicht im Wirken Satans, sondern im Fehlen jener *Liebe*, die denen zu helfen und die zu heilen vermag, die im Bösen verstrickt sind.

Ebendies demonstriert er auf augenfällige Weise mit seinen Dämonenbannungen. Vielleicht ist hier der Hinweis nicht ganz überflüssig, daß es sich dabei nicht einfach um *Teufels*austreibungen handelt, insofern die Evangelisten ja sehr genau unterscheiden zwischen *dem Teufel* (oder *Satan*; in der Einzahl!) und den *Dämonen,* von denen in den von ihnen verarbeiteten Überlieferungen allerdings recht häufig die Rede ist.

Im Judentum wurden die Dämonen auch als *unreine Geister* bezeichnet. Das hängt mit den damaligen jüdischen Reinheitsvorstellungen zusammen. Bestimmte Menschen, Tiere, Gegenstände oder Orte ›verunreinigen‹ jene, die mit ihnen in Kontakt kommen. Um wieder am Gottesdienst teilnehmen zu können, mußte man sich deshalb besonderen Reinigungsriten unterziehen. So galten etwa Heiden, aber auch Arbeiter, die ein unehrenhaftes Handwerk ausübten (Totengräber, Gerber, Händler...), als unrein. Unter den Tieren galten besonders die Schweine als unrein. Zu den unreinen Orten gehörten Gräber und Friedhöfe. Von den Dämonen nahm man an, daß sie bevorzugt an Begräbnisstätten wohnten; daher der Ausdruck ›unreine Geister‹.

Die in den Evangelien erwähnten Dämonen sind also *nicht mit dem Satan identisch,* sondern sind ein von ihm unabhängiges Phänomen. Tatsächlich führte man in der Antike jede Art von Krankheiten, deren Ursachen man nicht kannte, auf das Wirken dämonischer Mächte zurück, eine Anschauung, die übrigens auch im Mittelalter und

---

[6] So M. Limbeck, Satan und das Böse im Neuen Testament, in: Haag, 317.

selbst zur Zeit des Humanismus noch verbreitet war.[7] Deshalb ist es aus heutiger Sicht durchaus legitim, die Exorzismen Jesu als *Krankenheilungen* (im weiten Sinn) zu interpretieren.

Daß sich im damaligen Palästina außer Jesus zahlreiche seiner Zeitgenossen (und allem Anschein nach mit gutem Erfolg) als Exorzisten betätigten, geht aus einem Wort hervor, das ihm nicht von den Evangelisten in den Mund gelegt wurde, sondern mit Sicherheit von ihm selber stammt: »Wenn ich die Dämonen durch Beelzebul [kanaanitische Gottheit; wörtlich: ›Baal, der Fürst‹] austreibe, *durch wen treiben dann eure Anhänger sie aus*?« (Mt 12,27par).

Was habe ich mit dir zu tun?

Bei dem Höhlenbewohner von Gerasa scheint nun allerdings ein besonders schwerer Fall von Besessenheit vorzuliegen. Alle Anzeichen deuten darauf hin, daß es sich um einen tobsüchtigen Irren handelt. Selbst mittels Fesseln ist er nicht zu bändigen, was dadurch erklärt wird, daß der »unreine Geist«, der von ihm Besitz ergriffen hat, den Namen »Legion« trägt; er vereinigt also die Kräfte einer Unzahl von Dämonen in sich. Seine Gefährlichkeit übersteigt jedes Maß.

Und doch zeigt sich vom ersten Augenblick an, daß sich hinter seinem Gebrüll und seiner Raserei ein einziger Abgrund an Angst auftut: »Was habe ich mit dir zu tun, Jesus, Sohn des höchsten Gottes? Ich beschwöre dich bei Gott, quäle mich nicht.«

Muß man noch eigens betonen, daß dieses Glaubensbekenntnis zu Jesus als dem Sohn Gottes auf den Erzähler dieser Geschichte zurückgeht, der uns damit gleichzeitig den Schlüssel zum Verständnis seiner Geschichte gibt? Angesichts der Macht Jesu beginnt dieser Mensch zu zittern.

---

[7] Näheres dazu bei R. Kieckhefer, Magie im Mittelalter, München 1992, 19; 84–91. Außer auf Dämonen wurden im Mittelalter körperliche Gebrechen häufig auch auf die Bosheit von Kobolden und Elfenwesen zurückgeführt: ebd., 80.

Selber fühlt er sich derart machtlos, daß er – man beachte die Ironie! – Jesus im Namen Gottes beschwört.

Was habe ich mit dir zu tun, du Sohn Gottes? Das ist absolut gemeint. Wir beide haben unser Heu auf verschiedenen Bühnen. Nie und nimmer will ich mir dir etwas zu schaffen haben. Wir bleiben auf ewig getrennt.

So spricht der sündige, der gottlose Mensch. Und *ebendiesen* verkörpert der Besessene. Wer sich von Gott losgesagt hat, ist wohl sein eigener Herr und Meister. Aber gleichzeitig verliert er jeden Halt und jede Orientierung. Er ist, im Wortsinn, ein Irrer.

Selbstredend denkt der Evangelist hier nicht an die Haltung des (modernen) Atheisten, der, aus welchen Gründen auch immer, überzeugt ist, daß es keinen Gott gibt, und der sein Leben nach dem Maßstäben seines Gewissens einzurichten versucht, indem er die Menschenrechte respektiert und die Nächstenliebe praktiziert. Gemeint ist vielmehr der *praktische* Atheist, der sehr wohl weiß, daß es ›eigentlich‹ einen Gott gibt, sich aber einen Teufel darum schert. Wie der Besessene Gott nicht leugnet (»Ich beschwöre dich – bei Gott!«), so kann auch der praktische Atheist durchaus sein Glaubensbekenntnis regelmäßig – womöglich allsonntäglich in der Kirche – rezitieren und doch ein gottloses Leben führen.

Damit wird freilich nicht gesagt, daß der gottlose Mensch sozusagen von Natur aus ein Frevler und Halsabschneider und Unhold, mit einem Wort, daß er ein Scheusal sei. Tatsächlich heißt es ja nicht, daß der Besessene irgend jemandem etwas zuleide tut. Nur sich selber schlägt er mit Steinen; sich selber reißt er die Kleider vom Leib.

Damit legt der Evangelist das Wesen der Sünde offen. Für die meisten Gläubigen besteht die Sünde wohl vorwiegend in der Übertretung von Geboten und in der Mißachtung von Verboten und den damit verbundenen menschlichen Verirrungen. Dieser recht oberflächlichen Betrachtungsweise stellt unsere Geschichte eine ganz andere Sicht gegenüber. Sünde besteht nicht in einzelnen Übertretungen von bestimmten, genau festgelegten moralischen Normen (solche Übertretungen sind bereits eine Folge der Sünde), sondern zuallererst in der offenen oder verdeckten Absage an Gott, die sich darin manifestiert, daß der Mensch sein Leben selber in die Hand nimmt. Er will allein fertig werden mit seiner Vergangenheit; allein will er die Gegenwart gestalten, allein seine Zukunft planen. Dabei baut er ausschließlich auf seine eigene Leistung, auf seine eigene Kraft, auf sein eigenes Können. Er mag sich nichts schenken lassen, er will niemandem etwas schuldig bleiben, er strebt nur eines an: seine Autonomie. Er sieht sich als Erlöser seiner selbst. Ganz und gar hält er es mit dem Besessenen, der Jesus entgegenschleudert: »Sohn Gottes, was habe ich mit dir zu schaffen?«

Daß und wie der Mensch dämonischen Mächten verfällt, wenn er sein Leben an Gott vorbei lebt, illustriert Jesus in einer seiner bewegendsten Gleichniserzählungen, in jener vom verlorenen Sohn (vgl. Lk 15,11–32).

Was veranlaßt den Sohn, auf- oder vielmehr auszubrechen? Warum will er um jeden Preis weg von zu Hause, obwohl es ihm dort offensichtlich an nichts fehlt?

Der Verlauf der Geschichte scheint darauf hinzudeuten, daß der Sohn die Bindung an das Elternhaus als Fessel empfindet; daß er es satt hat, mit jedem Teller Suppe auch einen guten Ratschlag vorgesetzt zu bekommen; daß es ihn nach dem verlangt, was man so das Leben nennt. Die Freiheit will er kosten und sein Dasein nach seinen eigenen Vorstellungen gestalten.

Der Sohn sucht die Freiheit, und diese Freiheit verwechselt er mit Willkür. Erst als er ganz am Boden liegt, beginnt er zu begreifen, daß Freiheit nicht im Fehlen jeglicher Bindung besteht, sondern stets nur innerhalb einer besonderen Form von Bindung möglich ist. Allein im Haus des Vaters hat der Sohn wirklich alle Sohnesrechte. In der Fremde ist er fremdbestimmt; in immer neue Abhängigkeiten gerät er hinein. Diese Bindung an den Vater (ohne Bild: an Gott) ist unerläßlich, wenn der Mensch nicht dem Vorletzten und Zweitrangigen und damit irgendwelchen ›Götzen‹ verfallen soll. Nur in der Verantwortung gegenüber einer außerweltlichen maß-gebenden Instanz bleibt der Mensch allem Innerweltlichen gegenüber frei. Religiös ausgedrückt: Einzig unter Berufung auf sein Gewissen (in dem der Gläubige die Stimme Gottes wahrnimmt) kann er angesichts gesellschaftlicher Zwänge, staatlicher Gesetze oder auch kirchlicher Vorschriften frei und sicher sagen: Hier stehe ich und kann nicht anders.

Die Bindung, innerhalb welcher der Mensch seine Freiheit verwirklichen kann, muß also notwendigerweise transzendenter Art sein. Gott bildet demnach geradezu den Ermöglichungsgrund des menschlichen Freiheitsvollzuges, weil er allein ja den Menschen vor allen innerweltlichen Abhängigkeiten bewahrt.

Eine der dämonischsten Gestalten der Weltliteratur

Diesen Sachverhalt illustriert der russische Schriftsteller Fjodor M. Dostojewski in seinem Roman »Die Dämonen«[8], der gleichzeitig eine Aktualisierung der Geschichte vom Besessenen von Gerasa darstellt (die Dostojewski dem Roman als Motto vorangestellt hat).

Den äußeren Anlaß zu diesem Werk gab ein Vorkommnis, das damals ganz Rußland beschäftigte. Eine revolutionäre Gruppe ermordete am 21. November 1869 in der Nähe Moskaus ein früheres Mitglied, als dieses sich von dem Kreis distanzierte. Dostojewski sah in diesem Verbrechen die logische Konsequenz jener atheistischen und nihilistischen Tendenzen, die unter den Gebildeten seiner Zeit immer mehr Anhänger fanden.

In seinem Roman nun führt der russische Dichter eine Reihe von Menschen vor, deren Denken dermaßen vergiftet ist, daß jede ihrer Handlungen sich zerstörerisch auswirkt. Die tiefste Ursache dieser Haltung liegt in jener Verneinung Gottes begründet, die unweigerlich zur Verachtung des Menschen führt.

Alle Fäden der Handlung sind verknotet mit der Figur des Verbrechers Nikolaj Stawrogin, der mit Menschen experimentiert wie ein Forscher mit weißen Mäusen. Dieser von Jugend auf verwöhnte begabte junge Mann ist weniger das Produkt als vielmehr der Exponent einer sich zersetzenden und zerfallenden Gesellschaft, die dem Gefühl der

---

[8] F. M. Dostojewski, Die Dämonen (Winkler-Ausgabe), München 1961.

Sinnlosigkeit und Öde nur noch die Wollust am Verbrechen entgegenzusetzen hat. »Mein Leben ödete mich an bis zum Stumpfsinn« (S. 507), bekennt Stawrogin in einer schriftlichen »Beichte«, die dem russischen Verleger als derart skandalös erschien, daß er sich weigerte, sie abzudrucken.[9] Zunächst gesteht Stawrogin, die dreizehnjährige Tochter seiner Zimmerwirtin vergewaltigt zu haben, welche sich kurz darauf umbringt. Wenige Tage zuvor hat er ruhig mitangesehen, wie dieses unschuldige Kind wegen eines gar nicht von ihm begangenen Diebstahls von seiner Mutter blutig geprügelt wurde. Im ganzen Werk des russischen Schriftstellers gibt es vielleicht keine fürchterlichere Szene als jene, da das vergewaltigt Kind verzweifelt seine »kleine Faust« gegen seinen Peiniger erhebt (S. 503), ehe es von der Wohnung in einen Schuppen hinabsteigt, um sich dort zu erhängen. Stawrogin *weiß*, daß das Mädchen sich aus lauter Scham umbringen wird; er tut nichts, um es daran zu hindern, sondern beobachtet von seinem Fenster aus jeden Schritt und jede Bewegung dieses verzweifelten Kindes und folgt ihm sogar bis zum Bretterverschlag – und schildert in seiner »Beichte« nachher alles in allen Einzelheiten: »In dem Augenblick, als ich mich auf die Fußspitzen hob, fiel mir ein, daß ich soeben, als ich am Fenster gesessen und gedankenverloren die rote Spinne beobachtet hatte, mir vorgestellt hatte, wie ich mich auf die Fußspitzen heben und das Auge an diese Ritze drücken würde« (S. 505).

Bei dieser Untat ist weder eine unkontrollierte Leidenschaft noch eine pathologische Sexualität mit im Spiele. Was hier geschieht, übersteigt schlicht unser Fassungsvermögen; es befällt einen das blanke Entsetzen. Stawrogin handelt nicht aus irgendwelcher Berechnung, sondern völlig unmotiviert. Er weiß selber nicht, warum er diese schreckliche Tat begangen hat. Ja, er *fragt* nicht einmal nach dem Grund seines verbrecherischen Tuns. Allerdings kann von seinem Standpunkt aus von einem Verbrechen überhaupt keine Rede sein; schändlich und damit sträflich ist

---

[9]   Diese »Beichte« wurde erst 1906, 25 Jahre nach dem Tod Dostojewskis, in den Roman aufgenommen.

sein Tun seiner Meinung nach nur aus der Sicht der anderen. Die Wut, die ihn nach seiner Untat überfällt, gilt weder ihm noch dem Opfer, sondern bloß der Tatsache, daß er einen Augenblick Angst davor empfand, daß sein Verbrechen aufgedeckt und er bestraft würde.

In der Folge beschließt Stawrogin, sein »Leben irgendwie zu verunstalten, und zwar so widerlich wie nur möglich« (S. 507). Aus diesem Grund will er ein halb gelähmtes schwachsinniges Mädchen heiraten »nur um zu sehen, was dabei herauskommt« (S. 214).

Als mein Auge einmal auf die hinkende Marja Timofejewna Lebjadkina fiel, die aushilfsweise in allen Spelunken diente und damals noch nicht ganz verrückt, sondern nur eine exaltierte Idiotin und im geheimen sinnlos in mich verliebt war [...], entschloß ich mich plötzlich, sie zu heiraten. Der Gedanke an eine Ehe zwischen einem Stawrogin und diesem letzten aller Wesen machte meine Nerven erbeben. Etwas Krasseres konnte ich mir gar nicht vorstellen (S. 507).

Bezeichnenderweise spricht Stawrogin in seiner »Beichte« nie von Schuld. Insofern er kein moralisches Gesetz anerkennt, ist es nur folgerichtig, daß ihm auch jedes Schuldbewußtsein abgeht. »[Ich erkläre,] daß ich das Gute und das Böse weder kenne noch fühle, und daß [ich nicht nur] das Gefühl dafür verloren habe, sondern [auch daran festhalte] daß es ein Gut und Böse überhaupt nicht gibt« (S. 506; vgl. 291). Muß man noch eigens betonen, daß eine derartige Ungebundenheit die völlige Beziehungslosigkeit im Sinne einer absoluten Isolation von den Mitmenschen zur Folge hat? Stawrogin jedenfalls gibt sich in seiner »Beichte« durchaus Rechenschaft darüber, daß er »nie jemanden lieben« kann (S. 511).

Ein Mensch, der so denkt, *macht Angst.* Verwundert es da noch, daß er es billigt, daß ein dem Zuchthaus entflohener Mörder, Kirchenräuber und Brandstifter seine, Stawrogins, Frau und deren Bruder und die zufällig anwesende Magd umbringt, damit er sich ungestört seiner Geliebten widmen kann? Diese jedoch verläßt Stawrogin schon nach einer mit ihm verbrachten Nacht, nachdem er ihr eben seine Liebe erklärt hat. »Welch seltsames Geständnis!« (S. 632) entgegnet ihm diese Frau daraufhin. Jetzt, »beim

Tagesgrauen« (S. 630) hat sie plötzlich die Gewißheit, daß zwischen ihr und Stawrogin Welten liegen:

Ich muß Ihnen gestehen, schon früher wurde ich den Gedanken nicht wieder los, Sie müßten etwas Entsetzliches, Schmutziges und Blutiges auf dem Gewissen haben... etwas, das Sie aber dabei gleichzeitig unendlich lächerlich macht... Hüten Sie sich, mir das zu enthüllen, wenn es wahr sein sollte; ich würde Sie auslachen. Ich würde mein ganzes Leben lang nur über Sie lachen... (S. 636).

In der Tat: Ein Mensch, der sich über alle Gesetze hinwegsetzt, der keine ethischen Schranken anerkennt, gerät zur Karikatur seiner selbst. Eine solche Erkenntnis ist tödlich. Zwar behauptet Stawrogin in seinem Abschiedsbrief ausdrücklich, daß das Lächerliche ihn nicht schrecken könne; trotzdem erhängt er sich.

Literarisch und psychologisch gesehen ist Stawrogin die vielleicht riskanteste Figur, welche der russische Schriftsteller sich ausgedacht hat – und eine der dämonischsten Gestalten der Weltliteratur überhaupt. Er ist die personifizierte Perversion.

Theologisch betrachtet, veranschaulicht dieser Roman den Unterschied zwischen Freiheit und Willkür. Wer sich selber zum Maß aller Dinge macht, wähnt sich frei, aber »er hat doch nur die Freiheit des Blattes, das vom Baum gefallen ist und nun dem Wind gehorchen muß, der es treibt, wohin er will: gewiß eine der verderblichsten Möglichkeiten dämonisierten Lebens, die Knechtschaft unter der Willkür des Augenblicks«.[10] Begreiflich daher, daß in Dostojewskis Roman immer wieder vom dem Entsetzen die Rede ist, das Stawrogin in seiner Umgebung hervorruft.

Ebendies trifft auch für den Mann von Gerasa zu. Es ist deshalb nur zu verständlich, daß seine Landsleute versuchen, ihn in Fesseln zu legen.

---

[10] Schmithals, 268.

Eine Posse vom betrogenen Teufel?

Wenn wir die Erzählung von dem Besessenen vor diesem Hintergrund lesen, ahnen wir plötzlich, daß es sich hier nicht um eine unwahrscheinliche oder gar phantastische Geschichte handelt. Vielmehr beinhaltet sie eine ernste Warnung: Wer von Gott abfällt, der fällt den Dämonen anheim.

Der Besessene haust in Grabhöhlen; als Todgeweihter ›lebt‹ er unter Toten; was immer er tut, geschieht im Zeichen des Todes.

Es ist dies exakt die Situation des verblendeten Menschen, der sich in seinem Streben nach Autonomie losgelöst hat von Gott als der Quelle allen Lebens und sich so selber zerstört. In der Erzählung des Evangelisten kommt das dadurch zum Ausdruck, daß der Besessene sich mit Steinen schlägt.

Solange dieser Mensch nichts zu tun haben will mit Gott, ist ihm nicht zu helfen. Aber er kann sich jederzeit helfen lassen. In dieser Hilfe, die von außen kommt, besteht das eigentliche Wunder. Jesus erscheint ungebeten. Theologisch gesagt: Gottes Gnade kommt jedem menschlichen Tun und Walten zuvor. Daß die Zuwendung Gottes zum Menschen (und ebendies bezeichnen wir im theologischen Sprachgebrauch als Gnade) stets größer ist als alles menschliche Mühen, wird dadurch betont, daß der Besessene vor Jesus in die Knie geht. Noch *bevor* er seinen Widerstand geltend machen kann (»Was habe ich mit dir zu tun?«), ist er bereits besiegt.

Gottes Macht ist allemal stärker als die mächtigsten Dämonen. Unsere Geschichte verdeutlicht das durch die Namensbefragung. Nach antikem Verständnis ist der Name einer Person kein zufälliges Attribut, sondern sagt etwas aus über ihr Wesen. Wer den Namen einer Person kennt, gewinnt eine gewisse Macht über sie; erinnern wir uns an das Märchen vom Rumpelstilzchen! Daß der Dämon seinen Namen sagen *muß*, läßt auf seine Hilflosigkeit schließen. Zu unserer Überraschung erfahren wir jedoch, daß hier ein ganzes Heer von Dämonen gezwungen wird, seinen Namen zu offenbaren. Drastischer läßt sich die

Ohnmacht des Dämonischen angesichts der göttlichen Allmacht kaum zum Ausdruck bringen.

Vor Gott hat das Böse keinerlei Bestand. Das zeigt sich darin, daß die Dämonen ihre Sache schon verlorengeben, bevor Jesus überhaupt einschreitet; sie flehen ihn an, sie doch nur ja nicht aus der Gegend fortzujagen. Offenbar befürchten sie, in die unbewohnte Wüste verbannt zu werden (vgl. Tob 8,3, wo ein Dämon »in den hintersten Winkel Ägyptens« vertrieben wird) und so ihren Arbeitsplatz zu verlieren.[11] Andersherum gesagt: Selbst da, wo das Böse keine Chance mehr hat, sucht es dennoch weiter nach Schwachstellen im Menschen, um sich doch noch irgendwie behaupten zu können.

Die nun folgende Schilderung der Bannung der Dämonen ist keineswegs einzigartig; ähnliche Beschreibungen, nach denen die bösen Geister auf Tiere übertragen werden, finden sich auch in der heidnischen antiken Literatur. Ein auf uns gekommener griechischer Exorzismus beispielsweise soll die Dämonen in einen Stier bannen, während ihnen in einer babylonischen Anrufung das Schwein als neue Wohnstatt angeboten wird.[12]

Wenn Jesus den Dämonen erlaubt, in die Schweine zu fahren, entspricht diese Übertragung durchaus den damaligen Vorstellungen. Außerdem gilt das Schwein nach jüdischer Vorstellung als unreines und deshalb verachtetes Tier. Die selbstzerstörerischen Auswirkungen des Bösen zeigen sich darin, daß die nunmehr verhaltensgestörten Säue in die falsche Richtung davonrennen und allesamt im Meer ersaufen und so mitsamt den Dämonen zugrunde gehen.

---

[11] Formgeschichtlich betrachtet erfolgt die Konzessionsbitte in den Erzählungen von Dämonenbannungen fast so regelmäßig wie das Amen in der Kirche; vgl. Pesch, 34: »Als Bestandteil von Austreibungserzählungen ist sie aus ägyptischer Tradition in die jüdische und hellenistische Wundergeschichte gekommen.«

[12] Vgl. Pesch, 37f. »Weichet ins Haupt des Stieres, dort fresset Fleisch, dort saufet Blut, dort zerstört Augen, dort verfinstert den Kopf...« »Gib das Schwein statt seiner, gib das Fleisch als sein Fleisch, das Blut als sein Blut, laß ihn es nehmen; sein Herz gib als sein Herz und laß es ihn nehmen.«

Der Eindruck, daß es sich hier um eine Variante der Posse vom betrogenen Teufel handle, trügt. Zweifellos weist die Geschichte schwankhafte Züge auf. Dennoch zeigt sich der Erzähler nicht an ihrem Unterhaltungswert interessiert, sondern verfolgt eine theologische Absicht.

Zur Erinnerung: Die Gegend bei Gerasa ist zu einem guten Teil von Heiden bewohnt. Wenn die bösen Geister von annähernd zweitausend Schweinen Besitz ergreifen, die sich anschließend ins Meer stürzen, bedeutet das, daß Jesus ebenso viele Dämonen vernichtet. Im Klartext: Wo immer Jesus auftritt, haben die bösen Geister keinerlei Spielraum mehr. Jesu Macht ist unbeschränkt. Sie reicht über die Grenzen und die Religion des Judentums hinaus. Er ist der Retter der ganzen Menschheit.

Wer diese Geschichte *heute* hört, wird hier vielleicht die Frage nach dem entstandenen Sachschaden aufwerfen. Das wäre dann ungefähr so, wie wenn jemand die Rechtschreibung der ersten gedruckten Lutherbibel unter Berufung auf die neueste Ausgabe des »Duden« bemäkeln wollte.

Bekanntlich trifft für die Geschichte von der Heilung des Besessenen von Gerasa zu, was auch für viele andere biblische Texte gilt: Sie untersteht nicht dem Diktat der Logik, sondern folgt den Gesetzen der Theo-Logik. Der weitere Verlauf der Handlung vermag das zu bestätigen.

Weder die Hirten noch die von ihnen herbeigerufenen Leute verlieren ein Wort über den Verlust der Schweine. Wie sie jedoch den Besessenen »ordentlich gekleidet und bei Verstand« sehen, »fürchten« sie sich. Damit ist nicht gemeint, daß sie Angst und Schrecken empfinden. Furcht meint hier jene ehrfürchtige Scheu (Ehrfurcht), die den Menschen überfällt, wenn er mit dem Heiligen, dem Göttlichen oder dem Numinosen konfrontiert wird.

Die Deutung der Geschichte wäre unvollständig, wenn wir nicht auch die beiden denkbaren Reaktionen angesichts dieser Erfahrung mit einbezögen.

Die Bewohner von Gerasa bitten Jesus, die Gegend zu verlassen. Diese Bitte ist Ausdruck ihres Unverständnisses. Sie zählen zu jenen, die hören, ohne zu verstehen, und sehen, ohne zu erkennen (vgl. Jes 6,9). Sie weigern sich nicht, die Präsenz und Evidenz des Göttlichen anzuerkennen.

Aber sie verweigern sich ihm: »Was habe ich mit dir zu tun?«

Anders der Geheilte. Er bittet Jesus, bei ihm bleiben zu dürfen. Damit bekundet er den Willen zur Nachfolge. Jesus bedeutet ihm, worin diese Nachfolge besteht: »Geh nach Hause und berichte deiner Familie alles, was der Herr [= Jahwe-Gott] für dich getan und wie er Erbarmen mit dir gehabt hat.« Ins Heute übersetzt: »Der Christ hat nicht *anderswohin* zu gehen, sondern *als ein anderer* dahin, wo er auch vorher lebte.«[13]

Literarisch betrachtet hat die Geschichte vom Besessenen von Gerasa einen doppelten Schluß, insofern die beiden möglichen Reaktionen auf die von Jesus vollbrachte Machttat dargestellt werden. *Theologisch gesehen* handelt es sich dabei um eine Alternative, mit welcher der Erzähler seine Leserinnen und Leser konfrontiert. *In bezug auf uns selbst* hat die Erzählung ein offenes Ende. Oder besteht etwa nicht ständig die Versuchung, mit dem Besessenen zu sagen: »Was habe ich mit dir zu schaffen?«

Teufel und Dämonen – personale Wesen?

Spätestens hier erhebt sich für uns eine Frage, die zur Zeit der Entstehung dieser Geschichte niemanden beschäftigte. Damals stellte man sich unter den Dämonen persönliche Wesen vor, welchen man die Macht zuschrieb, in das Schicksal der Menschen einzugreifen. Ist diese Annahme bloß dem damaligen Weltbild verpflichtet, oder handelt es sich dabei um eine verbindliche und damit zeitlos gültige Aussage der Heiligen Schrift?

Bei der Beantwortung dieser Frage gehen wir davon aus, daß immer eine Verbindung besteht zwischen dem Dämonischen und den Menschen, die seinen Einflüssen unterliegen (oder sich erfolgreich dagegen zur Wehr setzen). In unserer Geschichte hängt die ganze Macht der Dämonen davon ab, daß sie von einem *Menschen* Besitz ergreifen. Über die Schweine haben sie keinerlei Gewalt; diese führen sie ja

---

[13] Schmithals, 280.

in den Abgrund und damit ihrer Vernichtung zu. Der Besessene ist böse nur in dem Maß, als die Dämonen über ihn verfügen. Aber das Dämonische macht nicht sein *Wesen* aus, sondern pervertiert das Wesen dieses Mannes gerade in ein Un-wesen. Deutlicher gesagt: Als Mensch ist er nicht zwangsläufig böse; das Böse stellt für ihn lediglich eine Möglichkeit dar. Wir erfahren ja nie das Böse ›an sich‹. Vielmehr werden wir immer wieder konfrontiert mit verwerflichen Gesinnungen, niederträchtigen Absichten, mit üblen Einstellungen, welche aber stets Ausdruck der Bosheit sind, welche einer *Person* anhaftet. Das Böse begegnet uns in all jenen Formen, in denen menschliches Fehlverhalten sich konkretisiert: in übler Nachrede, im hartnäckigen und verbohrten Schweigen, im unversöhnlichen Gehaben, im abartigen Denken, im ungerechten Handeln, in allen nur möglichen verwerflichen Taten: im Unterdrücken und Foltern und Quälen, in der Anwendung des ›Rechts‹ des Stärkeren, in der Ausübung von Willkür und Gewalt, in der Demütigung und Schändung anderer, im Hintergehen und Täuschen gutgläubiger Mitmenschen... Man müßte hier die ganze Liste menschlicher Untaten und Verbrechen aufzählen, angefangen vom fatalen Griff nach dem Baum im Paradiesgarten, bis hinauf zum ›Holocaust‹ und zu den Völkermorden in unserer Zeit. Mit einem Wort, wir erfahren das Böse nie als etwas Selb-ständiges, sondern als etwas dem Menschen, *auch uns selbst*, Innewohnendes.

Die Geschichte vom Mann von Gerasa bringt das auch sprachlich zum Ausdruck: »Als er Jesus sah [...], schrie der *Besessene* laut: Was habe *ich* mit dir zu tun? Ich beschwöre dich bei Gott, quäle *mich* nicht!« Offensichtlich geht hier die Rede des Besessenen ohne jeden Übergang in die Rede des Dämons selbst über, so daß beide sozusagen zu einer einzigen Person verschmelzen – und doch ist der Besessene nicht einfach identisch mit den bösen Geistern, wie aus der darauffolgenden Frage Jesu hervorgeht, die sich eindeutig an den *Dämon* richtet: »Jesus fragte *ihn*: Wie heißt du?«

Das alles zeigt uns, daß die neugierige Frage, ob es Dämonen gebe, am eigentlichen Sachverhalt vorbeizielt. In einem gewissen Sinn verharmlost sie das Problem.

Damit dürfte feststehen, daß es in der Geschichte vom Besessenen von Gerasa nicht um die Frage geht, ob wir uns die Dämonen als personale Wesen denken müssen, sondern darum, *daß der Mensch zum Bösen neigt (das Böse als Möglichkeit ist in ihm!) und daß er böse – also dämonisch – ist in dem Maße, als er sich selbst zum Maßstab seines Denkens und Handelns macht (»Was habe ich mit dir zu tun?«).*

Von daher ergibt sich nun eine Fragestellung, die sowohl psychologisch wie theologisch von Interesse ist: Ist der ›Besessene‹ noch er selbst, oder ist er ein ›anderer‹?

Im Anschluß an das vorher Gesagte muß die Antwort differenziert ausfallen. Der Besessene hat den Dämon nicht einfach in sich; er *ist* dämonisch. Anders gesagt: er ist Gott entfremdet und deshalb ein *dämonischer* Mensch; aber als dämonischer *Mensch* ist er *er selbst.*

Diese Doppeldeutigkeit der menschlichen Existenz hat Paulus in seinem Römerbrief ebenso eindrücklich wie einleuchtend zur Sprache gebracht:

Ich begreife mein Handeln nicht: Ich tue nicht das, was ich will, sondern das, was ich hasse. Wenn ich aber das tue, was ich nicht will, erkenne ich an, daß das Gesetz gut ist. Dann aber bin nicht mehr ich es, der so handelt, sondern die in mir wohnende Sünde. Ich weiß, daß in mir, das heißt in meinem Fleisch, nichts Gutes wohnt; das Wollen ist bei mir vorhanden, aber ich vermag das Gute nicht zu verwirklichen. Denn ich tue nicht das Gute, das ich will, sondern das Böse, das ich nicht will. Wenn ich aber das tue, was ich nicht will, dann bin nicht mehr ich es, der handelt, sondern die in mir wohnende Sünde. Ich stoße also auf das Gesetz, daß in mir das Böse vorhanden ist, obwohl ich das Gute tun will. Denn in meinem Innern freue ich mich am Gesetz Gottes, ich sehe aber ein anderes Gesetz in meinen Gliedern, das mit dem Gesetz meiner Vernunft im Streit liegt und mich gefangenhält im Gesetz der Sünde, von dem meine Glieder beherrscht werden. Ich unglücklicher Mensch! Wer wird mich aus diesem dem Tod verfallenen Leib retten? (Röm 7, 15–24).

Dieser Abschnitt liest sich wie eine Analyse des Zustandes des Besessenen von Gerasa, der ja für den Menschen schlechthin steht. Insofern der Mensch zum Bösen neigt und dieser Neigung immer wieder nachgibt, ist er gleichsam ›außer sich‹. Was damit gemeint ist, verstehen wir besser, wenn wir ein wenig auf unsere Sprache hören. Macht nicht jeder Mensch irgendwann einmal die Erfahrung, daß er mit sich selber derart entzweit ist, daß er sich selber plötzlich mit du anredet: Wie konntest du bloß? Was hast du dir nur dabei gedacht? Wer bist du eigentlich? Auf diese Weise distanziert man sich gewissermaßen von sich selbst. Man stellt sich selber in Frage, indem man sich die Frage nach der eigenen Identität stellt. Die Erzählung von dem Besessenen illustriert, daß der Mensch erst in der Zuwendung zu den anderen seine Identität findet. Zur gleichen Einsicht gelangt Paulus in seinem ›Kommentar‹ zu dieser Geschichte: »Ich unglücklicher Mensch! Wer wird mich aus diesem dem Tod verfallenen Leib retten?« Ja, wer? Die Antwort: »Dank sei Gott durch Jesus Christus, unseren Herrn!« (Röm, 7,24f).

Nach all dem Gesagten dürfte deutlich geworden sein, daß die Frage, ob wir uns den Teufel und die Dämonen als *personale Mächte* vorstellen müssen, als höchst zweitrangig und in mancher Hinsicht sogar unangemessen erscheint. Gewiß ist das Dämonische insofern personal, als es immer einem Menschen anhaftet. Der Mensch spürt, daß das Böse in ihm wohnt und daß er diesem Bösen zugeneigt ist, ohne daß es dazu besonders listiger ›Einflüsterungen‹ von außen her oder ausgefallener Versuchungskünste seitens ›leibhaftiger‹ Dämonen bedürfte (auf deren Kosten er sein Fehlverhalten dann wiederum entschuldigen könnte). Darüber hinaus weiß er um seine Erlösungsbedürftigkeit und Erlösungsfähigkeit. Wer sich zum Christentum bekennt, hält außerdem daran fest, daß das Böse vor Jesus Christus keinerlei Bestand hat und daß Jesus Christus jedem Menschen einen Weg eröffnet hat, der zu Gott und damit *gleichzeitig* zu sich selber, zur Wahr-nahme der eigenen Identität führt. Diese Wahrheiten sind grundlegend für den christlichen Glauben. Wer sich zu ihnen bekennt, hat begriffen, worum es in der Heiligen Schrift *eigentlich* geht, wenn dort vom Teufel und von Dämonen die Rede ist.

Diesen Gedanken bringt auch Dostojewski in seinem Roman zum Ausdruck, anhand der Gestalt des Intellek-

tuellen Stepan Werchowenskij, die einen positiven Gegenentwurf zu Nikolaj Stawrogin darstellt. Als Werchowenskij die zerstörerische Gewalt jener gottlosen Ideen erkennt,
die er in seiner Jugend selber vertreten hat, macht er eine
innere Wandlung durch. Als Pilger zieht er durch das Land
und kommt so in Kontakt mit dem tiefverwurzelten Glauben des einfachen Volkes. Auf dem Sterbebett läßt er sich
die Begebenheit von der Heilung des Besessenen von Gerasa vorlesen. Jetzt erst geht ihm »der Sinn für diese abson-
derliche Stelle« auf, die »zeitlebens ein Stein des Anstoßes«
für ihn gewesen ist (S. 784):

Das ist ganz wie in unserem Rußland. Diese Teufel, die
aus den Besessenen heraus in die Säue fahren – das sind all
die Seuchen, die Miasmen, alle die Unsauberkeiten [...], die
sich in unserem großen lieben Kranken angehäuft haben, in
unserem Rußland, seit Jahrhunderten und Jahrhunderten.
[...] Der Kranke wird genesen und zu Füßen Jesu sitzen
(S. 784).

Dostojewski verleiht hier seiner Überzeugung Aus-
druck, daß allein der Glaube an Gott den Menschen vor der
Selbstzerstörung zu bewahren vermag. In der Tat: Wer zu
Füßen Jesu sitzt und aufschaut zu ihm, braucht sich keine
Gedanken zu machen über das Wesen der Dämonen. Sein
Herz ist ja ganz erfüllt von dem, in dessen Nähe das Dä-
monische, wie immer es konkret in Erscheinung treten
mag, seine Macht verliert.

»Nicht ich bin es, der handelt«

Heilung eines besessenen Jungen (Mk 9,14–29)

Im nachhinein vergeht man oft beinahe vor Scham. Da hat man im Affekt oder aus Aggressivität einen Menschen, den man eigentlich mag oder zu dem man – aus welchen Gründen auch immer – zumindest eine korrekte Beziehung unterhalten möchte, angeschrien, beleidigt oder gedemütigt. Hinterher ist man selber verwundert, daß man sich derart vergessen konnte. Man ist versucht zu sagen: Das war nicht ich. Ja, aber wer denn sonst?

Die Jagd nach Verdiensten

Angesichts solcher Erfahrungen erweist sich der französische Schriftsteller und Nobelpreisträger François Mauriac, gerade weil er vorwiegend die dunklen Seiten der Existenz beschreibt, als verläßlicher Führer durch den Irrgarten der menschlichen Psyche. In seinem Roman »Die Pharisäerin« zeichnet er das Bild einer Frau namens Brigitte Pian, die als Wohltätigkeitsdame unablässig am Gespinst ihrer Verdienste webt. Im Gedanken an die Schwächen ihrer Mitmenschen fällt es ihr nicht schwer, Gott für die eigene Tugendhaftigkeit zu danken, wobei allerdings nicht zu entscheiden ist, ob sie sich dabei mehr von ihrem Hochmut oder von ihrer Selbstgerechtigkeit leiten läßt.

Unter anderen betreut Brigitte Pian auch die Puybarauds, ein verarmtes junges Ehepaar, für dessen Wohnungsmiete sie aufkommt. Bei einem ihrer gefürchteten Besuche, die stets auf eine Inspektion hinauslaufen, fällt ihr ein Klavier in die Augen.

»Es ist seltsam«, sagte sie, »dies Klavier ist nicht im Inventar enthalten, das man mir übersandt hat, als ich für Sie die Wohnung mietete.«

»Nein«, antwortete Octavie mit bebender Stimme, »es ist eine Torheit, an der ich allein die Schuld trage.« […]

»Soll ich das so verstehen«, fragte sie mit allzu sanfter Stimme, »daß Sie dies Klavier gemietet haben?«

Die Angeklagten neigten die Köpfe.

»Einer von Ihnen kann also Unterricht erteilen? Ich glaubte, daß Sie in der Musik kaum bis zur Kenntnis der Noten vorgedrungen seien.«

Octavie antwortete, sie hätten geglaubt, sich diese Zerstreuung leisten zu dürfen.[1]

Auf eine geradezu infame Weise gibt Brigitte Pian den Puybarauds zu verstehen, daß man sich keinerlei Zerstreuungen leisten darf, solange man von anderer Leute Almosen lebt.

Darauf schrie Monsieur Puybaraud in der Wut der Schwachen, und weil Brigitte Pian bereits auf dem Treppenabsatz war, etwas zu laut: »Wir sind hier bei uns zu Hause, Liebste!« [...]

»Wirklich bei Ihnen zu Hause?«

Der Sieg war ihr so leicht gemacht worden, daß sie eine Ruhe wiederfand, die ihr himmlisch schien. Tatsächlich hätte sie diesem Wort nichts hinzuzufügen brauchen. Es schloß ihrem elenden Gegner den Mund. Aber sie konnte sich dieser letzten Äußerung doch nicht enthalten:

»Soll ich Ihnen alle die Mietquittungen zusenden? Sie lauten nicht auf Ihren Namen, soviel ich weiß« (S. 120).

Brigitte Pian war noch nicht auf der Straße, als sie schon den Rest ihres Zornes gegen sich selbst wendete. Wie konnte sie ihre Selbstbeherrschung derart verlieren, und was mußten die Puybarauds davon denken? Sie sahen nicht, wie sie selbst, ihre Vollkommenheit von innen: sie maßen weder deren Höhe noch Breite, noch Tiefe. Sie würden sie nach diesem galligen Augenblick beurteilen, dessen sie sich in Wahrheit schämte. Wie schwach ist doch die menschliche Natur! dachte sie, wenn schon der Anblick eines Klaviers genügt, um aus der Fassung zu geraten, nach einem ganzen Leben des Ringens um Selbstüberwindung, da man sich endlich frei glaubt von Schwächen, die andere erschrecken.

---

[1] F. Mauriac, Die Pharisäerin (Ullstein Taschenbücher, Bd. 207), Frankfurt a. M. 1961, 118.

Daß manchmal eine Masche riß in diesem Gewebe der Vollkommenheit, an dem Brigitte wirksam immerfort arbeitete, das war in Ordnung, und sie tröstete sich darüber, wenn es ohne Zeugen geschehen war. Aber die Puybarauds waren die letzten, vor denen sie freiwillig eine Schwäche hätte zeigen wollen (S. 122f).

Da der Friede sie immer noch floh, trat sie in einen Beichtstuhl und klagte sich an, heftig gewesen zu sein, gewiß nicht ungerecht (denn ihr Zorn war gerechtfertigt), doch ihre berechtigte Entrüstung nicht in den Schranken einer wohlgeordneten Milde gehalten zu haben (S. 124).

Wenn immer wir gegen unsere Überzeugungen handeln, sind wir versucht, ein Fehlverhalten als peinliche Schwäche, als unnötige Entgleisung, als vermeidbaren Fehler zu interpretieren. Wie Brigitte Pian bedauert man dann möglicherweise weniger, daß man die Geduld, sondern vielmehr daß man sein Ansehen verloren hat. Nicht die einem anderen Menschen zugefügte Verletzung, sondern die verletzte Eitelkeit macht einem zu schaffen, und natürlich die Tatsache, daß man es wieder einmal nicht geschafft hat, *aus eigenen Kräften* eine weitere Stufe auf der Leiter der Vollkommenheit zu erklimmen. Man fühlt sich schlecht, nicht weil man schlecht ist, sondern weil man einer schlechten Neigung nachgegeben hat.

Die Bibel allerdings sieht die Dinge gerade umgekehrt; sie stellt dieses Ursache-Wirkungs-Prinzip auf den Kopf. Der Mensch ist nicht deshalb schlecht, weil er Böses tut; vielmehr gibt er seinen schlimmen Neigungen immer wieder nach, weil er von Grund auf verdorben ist. Aufgrund seiner konstitutionellen Verderbtheit vermag er aus sich heraus überhaupt nichts Gutes zu wirken.

Markus erzählt in seinem Evangelium eine Wundergeschichte, welche das sehr eindrücklich zum Ausdruck bringt.

Als sie [Petrus, Jakobus und Johannes, nach der Verklärung Jesu] zu den anderen Jüngern zurückkamen, sahen sie eine große Menschenmenge um sie versammelt und Schriftgelehrte, die mit ihnen stritten. Sobald die Leute Jesus sahen, liefen sie in großer Erregung auf ihn zu und begrüßten ihn. Er fragte sie: Warum streitet ihr mit ihnen?

Einer aus der Menge antwortete ihm: Meister, ich habe meinen Sohn zu dir gebracht. Er ist von einem stummen Geist besessen; immer wenn der Geist ihn überfällt, wirft er ihn zu Boden, und meinem Sohn tritt Schaum vor den Mund, er knirscht mit den Zähnen und wird starr. Ich habe schon deine Jünger gebeten, den Geist auszutreiben, aber sie hatten nicht die Kraft dazu.

Da sagte er zu ihnen: O du ungläubige Generation! Wie lange muß ich noch bei euch sein? Wie lange muß ich euch noch ertragen? Bringt ihn zu mir! Und man führte ihn herbei.

Sobald der Geist Jesus sah, zerrte er den Jungen hin und her, so daß er hinfiel und sich mit Schaum vor dem Mund auf dem Boden wälzte.

Jesus fragte den Vater: Wie lange hat er das schon? Der Vater antwortete: Von Kind auf; oft hat er ihn sogar ins Feuer oder ins Wasser geworfen, um ihn umzubringen. Doch wenn du kannst, hilf uns; hab Mitleid mit uns! Jesus sagte zu ihm: Wenn du kannst? Alles kann, wer glaubt. Da rief der Vater des Jungen: Ich glaube; hilf meinem Unglauben!

Als Jesus sah, daß die Leute zusammenliefen, drohte er dem unreinen Geist und sagte: Ich befehle dir, du stummer und tauber Geist: Verlaß ihn und kehr nicht mehr in ihn zurück! Da zerrte der Geist den Jungen hin und her und verließ ihn mit lautem Geschrei. Der Junge lag da wie tot, so daß alle Leute sagten: Er ist gestorben. Jesus aber faßte ihn an der Hand und richtete ihn auf, und der Junge erhob sich.

Als Jesus nach Hause kam und sie allein waren, fragten ihn seine Jünger: Warum konnten wir den Dämon nicht austreiben? Er antwortete ihnen: Diese Art kann nur durch Gebet ausgetrieben werden (Mk 9,14–29).

Ein paar grundsätzliche Bemerkungen sollen uns den Weg zum Verständnis dieser Wundergeschichte ebnen. Zunächst ist daran zu erinnern, daß es sich bei den Dämonen, von denen in den Evangelien vor allem im Zusammenhang mit den Exorzismen die Rede ist, nicht um den Teufel handelt, sondern um böse Geister. Jesu Exorzismen gelten also nicht dem Teufel als dem eigentlichen Widersacher Gottes, sondern jenen Abergeistern (wie Fridolin Stier treffend übersetzt[2]), die nach damals allgemein verbreiteter Auffassung den Menschen übel mitspielen. Zu berücksichtigen bleibt ferner, daß die biblischen Verfasser *ihrem* Weltbild verpflichtet sind, das sie natürlich nicht weiter hinterfragten und welches sich von dem unseren weitgehend unterscheidet. Tatsächlich führte man in jener Zeit (und nicht nur in der Welt der Bibel!) Krankheiten, für die man keine Erklärung hatte, auf den Einfluß von Dämonen zurück. In Ermangelung eines medizinischen Befunds behalf man sich mit einer theologischen ›Diagnose‹. Und diese lautete auf Besessenheit.

Besessenheit oder Krankheit?

Solche Deutungen, die damals an der Tagesordnung waren, mögen heute befremden. Darüber aber sollte man nicht übersehen, daß sie in manchen Kreisen noch immer verbreitet sind. Bloß daß sich dabei das Gewicht von der medizinischen Ebene in den psychischen Bereich verlagert hat. Man weigert sich dann, Persönlichkeitsstörungen einem Krankheitsbild zuzuordnen, und wartet statt dessen mit ›übernatürlichen‹ Erklärungen auf. Nicht selten sind es die Betroffenen selbst, welche – unbewußt – dazu neigen, eine psychische Störung oder Krankheit dämonologisch zu interpretieren. Was damit gemeint ist, kann ein Fallbeispiel illustrieren.[3]

Ein ratloser Psychiater äußert einem ihm bekannten Pfarrer gegenüber die Bitte, ihm eine junge Patientin schicken zu dürfen, die jede ärztliche Behandlung ablehnt. Allenfalls ist sie bereit, sich einem Priester in der Beichte zu offenbaren. Im Gespräch mit dieser Frau erfährt der Priester, daß sie mit dem Teufel einen Pakt geschlossen hat. Wenn er ihr hilft, durch maßloses Essen so dick zu werden,

---

[2]   Das Neue Testament. Übersetzt von F. Stier, München und Düsseldorf 1989.

[3]   Vgl. K. P. Fischer / H. Schiedermair, Die Sache mit dem Teufel, Frankfurt a. M. 1980, 173f.

daß sie schließlich platzt, will sie ihm ihre Seele überantworten.

Die Nachforschungen ergeben, daß die Frau an Lebensüberdruß leidet, offenbar weil sie zeitlebens zu kurz gekommen und schlecht behandelt worden ist. Ihre Wut darüber hat sie buchstäblich in sich hineingefressen. Das wollte sie (unbewußt) ihren Mitmenschen anschaulich vor Augen führen; diese sollten sehen, daß sie an ihrem Elend schuld waren: Ihr mögt mich nicht, ihr könnt mich nicht riechen, ihr habt mich ruiniert.

Das Bündnis mit dem Teufel ist letztlich nichts anderes als das Ergebnis der Verteufelung der jungen Frau durch die anderen: Die spinnt total, die ist absolut verrückt, soll sie doch der Teufel holen!

Und damit schließt sich dieser Teufelskreis. Die Frau fühlt sich abgelehnt, und diese (wirkliche oder vermeintliche) Ablehnung treibt sie in die Isolation. Die Mitmenschen ihrerseits reagieren mit verstärkter Abweisung – wer fühlt sich schon wohl in der Gesellschaft eines ›komischen‹ Menschen?!

Ärzte und Seelsorger machen immer wieder ähnliche Erfahrungen: wer unterdrückt wird und nicht gelernt hat, sich zu wehren, gerät leicht in die Vorstellung, alle anderen seien böse – oder übernimmt die Vorstellung der anderen und hält sich selbst für böse. Das bedeutet: Je mehr wir einen leidenden, unterdrückten, kranken Menschen aus der Gemeinschaft aussondern, um so leichter lassen wir ihn zum Gegentyp des ›normalen‹ Menschen werden, zum ›Sonderling‹, zum ›Sündenbock‹ und ›Bösewicht‹, der vermeintlich ›selbst an allem schuld‹ ist; ihm bleibt nur noch die schlimme Außenseiterrolle, in die wir ihn mit Gewalt hineindrängen.

So kommt in diese Geschichte der Teufel nicht von ungefähr hinein, sondern er ist gleichsam das Echo, die Resonanzgestalt des Aussonderungsverhaltens der anderen. Das ›Bündnis‹ mit dem Teufel signalisiert einen letzten Rest an Gegenwehr, freilich in verzweifelter Ohnmacht. In unserem Fall konnte der Seelsorger die ambivalenten Gefühle der jungen Frau aufnehmen; es gelang, sie mit Hilfe einer Person ihres Vertrauens schrittweise und geduldig in die menschliche Gemeinschaft zurückzuführen, und in dem Maße, als dies gelang, ›wich der Teufel von ihr‹, das heißt, löste sich das Teufelsbündnis auf.

Es ist leicht zu verstehen: in Wirklichkeit war es nicht diese Frau, sondern es waren die sie isolierenden Mitmenschen, die – biblisch gesprochen – dem Teufel Raum in ihrem Herzen gegeben hatten. Einen Menschen aussondern aus der menschlichen Gemeinschaft, ihn aufgeben, abstempeln, ›zum Teufel jagen‹, ist in Wahrheit ein Zeichen dafür, daß wir mit dem anderen, mit seiner Art, mit seinem Leid nicht umgehen können, daß wir Angst haben, uns anzustecken, mit hineingezogen zu werden, uns zu verunreinigen, selber krank zu werden.[4]

Ähnlich wie bei dieser jungen Frau können wir auch die ›Besessenheit‹, von der Markus in seiner Wundergeschichte berichtet, heute etwas näher benennen. Sämtliche Krankheitssymptome deuten auf Epilepsie: eine Macht ergreift den Kranken und wirft ihn zu Boden, wo er sich mit schäumendem Mund in Konvulsionen wälzt. Die Krämpfe äußern sich im Zähneknirschen und im Erstarren. Nach dem Kollaps ist er völlig erschöpft – eben »wie tot«.

Zwar hatte Hippokrates, der Begründer der griechischen Heilkunde, schon um 430 v. Chr. eine Schrift über »Die heilige Krankheit« veröffentlicht, in welcher er das Leiden, welches wir heute als Epilepsie bezeichnen, naturwissenschaftlich zu erklären versuchte. Doch seine Theorie fand damals wenig Anklang. Daß sie sich auch später nicht durchzusetzen vermochte, geht zu einem guten Teil auf das Konto des Kirchenschriftstellers Origenes (um 185–253/4), welcher sich in seinem Kommentar zum Matthäusevangelium über die Heilung des epileptischen Jungen so äußert: »Ärzte mögen immerhin eine natürliche Erklärung versuchen, da nach ihrer Überzeugung hier kein unreiner Geist im Spiel ist, sondern eine Krankheitserscheinung des Körpers vorliegt. [...] Wir aber glauben dem Evangelium auch darin, daß diese Krankheit in den damit Behafteten offenkundig [!] von einem unreinen, stummen und tauben Geist gewirkt wird.«[5]

---

4 Ebd., 174f.

Wenn wir heute die vom Evangelisten stillschweigend vorausgesetzte und von Origenes ausdrücklich vertretene dämonologische Interpretation der Krankheit durch einen medizinischen Befund ersetzen, läuft das natürlich auf die Feststellung hinaus, daß Jesus hier keinen Abergeist gebannt, sondern einen Kranken geheilt hat. Überdies stellt sich die Frage, ob es sich bei dieser Geschichte um eine Überlieferung handelt, welche lediglich der narrativen Illustration der Person und Sendung Jesu dient, oder ob ihr eine historische Begebenheit zugrunde liegt.

Es spricht einiges dafür, daß das letztere zutrifft.[6] Die Erzählung folgt nämlich keinem vorgeprägten Erzählmuster (wie das bei Wundergeschichten sonst häufig der Fall ist), sondern weist individuelle Züge auf. Insbesondere trifft dies zu für die detaillierte Beschreibung des Krankheitsbildes. Für eine historische Reminiszenz spricht auch die Tatsache, daß in dieser Erzählung jene christologischen Bekenntnisformeln fehlen, die sich in anderen Wundergeschichten finden (und die in der Regel als theologische Interpretation der Gestalt Jesu seitens der Gemeinde oder des Evangelisten zu betrachten sind; vgl. Mk 1,24, wo der Evangelist dem Abergeist ein Glaubensbekenntnis zu Jesus in dem Mund legt: »Ich weiß, wer du bist: der Heilige Gottes«).

Derartige Hinweise mögen, besonders im Zusammenhang mit der Leben-Jesu-Forschung, nicht ganz unwichtig sein. Ganz gewiß aber stehen sie nicht im Vordergrund, wenn wir uns überlegen, was die Geschichte von der Heilung des epileptischen Knaben für *unseren* Glauben bedeutet. Die entscheidende Frage lautet dann, ob und in welcher Weise wir selber in dieser Episode vorkommen.

---

[5] Origenes, Comment. in Matthaeum, Tomus XIII, in: PG 13, 1106f; zit. R. Pesch, Das Markusevangelium, II. Teil (Herders theologischer Kommentar zum Neuen Testament), Freiburg Basel Wien 1977, 89 (wobei Pesch die Quelle nicht korrekt angibt: Kommentar zu Mt 13,6 statt zu 17,15f).

[6] Dazu ausführlich Pesch, 95.

Dem Bösen ausgeliefert

Tatsächlich handelt diese ganze Geschichte eigentlich nur von uns! Sicher ist, daß der Evangelist uns nicht darüber belehren will, ob wir uns die Dämonen als personale Wesen oder als apersonale Mächte vorstellen sollen; das ist *unser* Problem; damals war das überhaupt keine Frage. Vielmehr geht es ihm um eine völlig unakademische Sache, nämlich um die Erfahrungstatsache, daß jeder Mensch in der einen oder anderen Weise dem Bösen ausgeliefert ist. Und daß Jesus uns davor erretten kann. Wie aus der abschließenden Frage der Jünger (»Warum konnten wir den Dämon nicht austreiben?«) hervorgeht, haben diese vor der Ankunft Jesu vergeblich versucht, den Jungen zu heilen. Damit soll gezeigt werden, daß alle Hilfe von Jesus kommt.

Wir selber erkennen uns in dieser Geschichte auf Anhieb, sobald wir uns Rechenschaft geben darüber, daß der an der Fallsucht erkrankte Junge für den Menschen schlechthin steht. Der Mensch ist nicht frei, das Böse abzulehnen oder es zu ergreifen. Er selber ist ja vom ersten Augenblick seiner Existenz an bereits vom Bösen ergriffen. *Aus sich heraus* hat der Mensch keinerlei Macht über das Böse, weil dieses sich seiner längst bemächtigt hat.

Diese Auffassung vertritt die ganze Bibel, angefangen bei den ersten mythologisch eingefärbten Sätzen, bis hin zu den theologisch feindurchdachten Briefen des Paulus. Dieser letztere bezieht sich durchwegs auf eigene Erfahrungen, wenn er darüber klagt, daß er sein eigenes Handeln nicht begreift: »Ich tue nicht das, was ich will, sondern das, was ich hasse« – nämlich die Sünde (Röm 7,15).

Wohlgemerkt, Paulus bezieht sich hier nicht auf seinen Lebenswandel *vor* seinem Damaskuserlebnis; er redet von seiner menschlichen Verfaßtheit überhaupt. Ein Eiferer war er schon vor seiner Bekehrung zum Christentum, und ein solcher ist er geblieben bis zu seinem Lebensende. Und stets macht er die gleiche Erfahrung: Sein Wollen und sein Verhalten, sein Trachten und sein Handeln stehen miteinander im Widerstreit: »Nicht mehr ich bin es, der handelt, sondern die in mir wohnende Sünde« (Röm, 7,17). Das heißt doch: Ich bin nicht einmal mehr Herr im eigenen Haus; hier hat vielmehr die Sünde das Sagen; *sie* lenkt mich, *sie* agiert, *sie* setzt sich durch.

Dabei denkt Paulus überhaupt nicht daran, die Verantwortung des Menschen zu relativieren oder zu nivellieren oder gar zu negieren. Ich selbst bin es ja, der den Graben aufgerissen hat zwischen dem Ich, das das Gute will, und jenem anderen Ich, das stets das Böse schafft! Sein Thema hier ist nicht die Frage nach dem Ausmaß der Verantwortung, sondern die Erfahrung der radikalen Verfallenheit an das Böse.

Rein logische Kategorien erweisen sich als unzureichend, um derartige Erfahrungen zu analysieren. Wohl kann man sein Erschrecken drüber bekunden, aber sie lassen sich nie angemessen artikulieren.

Ähnliche Erfahrungen haben zahlreiche Denker und Dichter veranlaßt, über das Wesen des Menschen und seine Identität nachzusinnen.

Erinnert sei an den italienischen Schriftsteller Elio Vittorini und seinen Roman mit dem unübersetzbaren Titel »Uomini e no« (deutsch: »Dennoch Menschen«), genauer an jene entsetzliche Szene, in der ein Hauptmann einen Soldaten von seinen Hunden zerfleischen läßt, weil dieser aus Notwehr einen von ihnen getötet hat. Am Schluß dieser grauenvollen Schilderung macht Vittorini sich ein paar Gedanken:

Der Mensch, sagt man. Und dabei denken wir an die, die fallen, an die, die verloren sind, an die Weinenden und Hungernden, an die Frierenden und Kranken, an die Verfolgten und an die, die getötet werden. Wir denken an die Erniedrigung, die sie erleiden, und an ihre Würde. An all das, was in ihnen erniedrigt und beleidigt worden ist und was ihnen gegeben war, um sie glücklich zu machen. Das ist der Mensch. [...]

Wir unterstellen immer, zum Menschen gehöre nur das, was erlitten ist, und die Überwindung des Leids. Hungern. Das gehört unserer Meinung nach zum Menschen. Frieren. Und nicht mehr hungern, nicht mehr frieren, die Luft auf dieser Erde atmen, sie besitzen, diese Erde besitzen, die Bäume, die Flüsse, das Korn, die Städte; den Wolf besiegen und der Welt ins Gesicht schauen. Das gehört unserer Meinung nach zum Menschen. [...]

Aber der Mensch kann auch handeln, wenn irgend etwas in ihm vorgeht, ohne daß er gelitten und überwunden hat, ohne Hunger und Kälte zu kennen, dann glauben wir, er sei kein Mensch. Wir sehen ihn. Er ist wie ein Wolf. Er greift an, er erniedrigt und beleidigt. Und wir sagen: das ist der Mensch nicht. Kalt handelt er wie der Wolf. Aber ändert das etwas daran, daß er gleichwohl ein Mensch ist?

Wir denken nur an die Erniedrigten und Beleidigten.

O Mensch! O Mensch! Wo einer erniedrigt und beleidigt wird, stehen wir sofort auf seiner Seite und sind der Meinung, er sei der Mensch. Blut? Ja, da ist der Mensch. Tränen? Ja, da ist der Mensch.

Und der, der erniedrigt und beleidigt hat, was ist der? Wir denken nie daran, daß auch er ein Mensch ist. Was soll er sonst sein? Wirklich ein Wolf?[7]

Auschwitz und die Pastoralsymphonie – beides wurde vom Menschen ersonnen und ins Werk gesetzt. Der Mensch ist buchstäblich zu allem fähig. Er vermag nicht nur ungeahnte Höhen zu erreichen, sondern stürzt (oder stürzt sich) auch in die tiefsten und dunkelsten Abgründe. Um diese Zwiespältigkeit weiß schon der Psalmist. Was ist der Mensch? Ein Nichtsling! »Ich aber bin ein Wurm und kein Mensch« (Ps 22,7). Und dann wieder, im Hinblick auf seine Bestimmung und mit dem Blick auf Gott: »Was ist der Mensch, daß du an ihn denkst? Du hast ihn nur wenig geringer geachtet als Gott, hast ihn mit Herrlichkeit und Ehre gekrönt. Du hast ihn als Herrscher eingesetzt über das Werk deiner Hände, hast ihm alles zu Füßen gelegt« (Ps 8,5–8).

Dabei verhält es sich beileibe nicht so, daß sich die Menschheit in zwei Gruppen aufteilen ließe, in Gute und Böse. Vielmehr geht der Bruch durch den einzelnen Menschen selbst hindurch; ein und derselbe Mensch vereinigt beides in sich, Glanz und Elend, Herrlichkeit und Erbärmlichkeit, das Streben nach Reinheit und den Hang zum Verbrechen.

---

[7] E. Vittorini, Dennoch Menschen, Olten 1963, 178 und 186.

Darauf verweist auch der russische Schriftsteller Leo Tolstoi (1828–1910) in seinem Roman »Auferstehung«:

Es ist einer der gewöhnlichsten und am weitesten verbreiteten Aberglauben, daß jeder Mensch nur eine einzige bestimmte Eigenschaft habe, die ihm zugehöre, daß ein Mensch entweder gut oder böse oder klug oder dumm oder energisch oder apathisch sei und so weiter. Die Menschen pflegen nicht so zu sein. Wir können von einem Menschen zwar behaupten, er sei öfter gut als böse, öfter klug als dumm, öfter energisch als apathisch oder umgekehrt, aber es trifft einfach nicht zu, wenn wir von einem Menschen behaupten, daß er gut oder klug sei, und von einem anderen, daß er böse oder dumm sei. Und doch teilen wir die Menschen immer so ein. Das ist falsch. Die Menschen sind wie Flüsse: das Wasser ist überall gleich, überall dasselbe, aber jeder Fluß ist bald schmal und rasch, bald breit und still, bald rein und kalt, bald trübe und warm. Ebenso ist es auch mit den Menschen. Jeder Mensch trägt in sich die Keime aller menschlichen Eigenschaften, das eine Mal stellt er die einen heraus, das andere Mal die anderen, und oft scheint er sich selber überhaupt nicht mehr ähnlich zu sein, während er doch immer derselbe Mensch bleibt.[8]

Noch pointierter äußert sich der französische Philosoph, Naturwissenschaftler und Mathematiker Blaise Pascal (1623–1662): »Dieser Mensch, der geboren ist, das Universum zu erkennen, über alle Dinge zu urteilen, einen ganzen Staat zu verwalten, da sehen wir ihn beschäftigt und ganz erfüllt von der Sorge, einen Hasen zu jagen.«[9] Goethes Faust bringt solche Bildrede auf den Begriff; er redet von den »zwei Seelen«, die in seiner Brust wohnen.[10] Hermann Hesse illustriert den gleichen Sachverhalt in seinem Roman »Narziß und Goldmund«, wobei die beiden Titelgestalten eine einzige Person in ihrem Hin-und-hergerissensein zwischen Sinnlichkeit und Geistigkeit symbolisieren.

---

[8] L. Tolstoi, Auferstehung (Winkler-Ausgabe), München o.J., 257f.

[9] B. Pascal, Gedanken, Fragment 140 (nach der Zählung von L. Brunschvicg).

[10] J. W. von Goethe, Faust, 1. Teil, Vers 112.

In all diesen Äußerungen spiegeln sich menschliche Grunderfahrungen wider. Deshalb wird sich jeder Mensch auf die eine oder die andere Weise in ihnen wiedererkennen.

Solche Texte helfen uns auch, unseren Markustext etwas besser zu verstehen, welcher ebenfalls die menschliche Verfallenheit an das Böse unterstreicht, und zwar dadurch, daß der Dämon und der von ihm besessene Junge sozusagen zu einer einzigen Person verschmelzen. Gegenüber dem Bösen ist der Mensch hilflos, fassungslos und – dies vor allem – sprachlos; nicht zufällig ist der Abergeist, der sich des Jungen bemächtigt hat, stumm.

Für ein angemessenes Verständnis dieser Geschichte ist außerdem von Bedeutung, daß der Vater des Knaben *in erzählerischer Hinsicht* nur als Sprachrohr und Interpret seines stummen Sohnes fungiert, dem es angesichts der Verfallenheit an das Böse buchstäblich die Sprache verschlägt. *Theologisch betrachtet* ist der Vater eine Art Doppelgänger, was dadurch zum Ausdruck kommt, daß er zu Jesus sagt: »Hab Mitleid mit uns!«

Der Junge repräsentiert die von Jesus als ungläubig bezeichnete Menschheit überhaupt; denn diese ist – wie jener – dem Bösen ausgeliefert. Ebenso trifft für den Menschen ganz allgemein zu, was von dem Jungen gesagt wird, nämlich daß der Dämon ihn immer wieder zu Boden und damit in den Dreck wirft.

Aber dort lag er eigentlich schon immer, seit seiner Geburt: »Von Kind auf«, antwortet der Vater auf Jesu Frage, wie lange er das schon habe. Das ist keine biographische Notiz, sondern eine theologische Aussage. Tatsächlich ist der Mensch von allem Anfang an den lebensfeindlichen Mächten ausgeliefert, so daß er schlechthin alles als todbringend erfährt. Selbst das wärmende Feuer und das lebenspendende Wasser werden zur Bedrohung: Oft schon hat, den Worten des Vaters zufolge, der Dämon das Kind »ins Feuer oder ins Wasser geworfen, um es umzubringen«.

Diese Verfallenheit des Menschen an das Böse bildet eines der Hauptthemen der Heiligen Schrift, wobei das Böse nach Auffassung der Bibel im menschlichen Fehlverhalten selbst seinen Ursprung hat.

Selbstverständlich ist es müßig, sich in Spekulationen darüber zu ergehen, worin denn nun die erste Sünde des Menschen bestanden haben könnte. Bekanntlich handelt es sich bei der Sündenfallgeschichte nicht um einen historischen Bericht, sondern um eine ätiologische Rekonstruktion. Der biblische Verfasser sucht nach den Ursachen (griechisch: aitía = Ursache, Grund) für die ihm und seinen Zeitgenossen nur zu bekannte Erfahrung, daß der Mensch zum Bösen neigt, anderen Böses zufügt und so immer neue Leiden verursacht. Indem der Mensch vom Baum der Erkenntnis ißt (Gen 2,17; natürlich handelt es sich hier um eine bildhafte Rede), setzt er sich an Gottes Stelle; er selbst bestimmt, was für ihn gut und was böse ist, und beschwört so Leiden und Tod herauf (vgl. Gen 3,14–19).

Gleichzeitig lehnt er sich mit seinem Fehlverhalten auf gegen Gottes Weisung, die ihm doch zu seinem Wohl anvertraut wurde. Folgerichtig führt der Bruch denn auch zum Zerbrechen der menschlichen Gemeinschaft. Kaum daß Adam gesündigt hat, distanziert er sich von seiner Gefährtin, die doch Bein von seinem Bein und Fleisch von seinem Fleisch ist (Gen 2,23): »Die Frau, die du mir beigesellt hast, sie hat mir von dem Baum gegeben« (Gen 3,12). Zum ersten Mal wird hier die Schuldgeschichte eines Menschen umgelogen in eine Entschuldigungsgeschichte – auf Kosten eines anderen Menschen. Damit zeigt der biblische Schriftsteller, worin die eigentliche Macht des Bösen besteht, die unaufhaltsam weiterwirkt und in der Folge eine Eigendynamik entwickelt: im Egoismus des Menschen. Die böse Tat ist einem Stein vergleichbar, den man in einen See wirft. Immer neue Kreise dehnen sich immer weiter aus. In der Folge greift der Bruch innerhalb der zwischenmenschlichen Beziehung auf die Söhne Adams über. Abel wird von Kain umgebracht (Gen 4,8). Die Gewalttaten der Menschen nehmen immer verheerendere Ausmaße an, wie der wilde Sang Lamechs, eines Nachkommen Kains, bezeugt: »Ja, einen Mann erschlage ich für eine Wunde und einen Knaben für eine Strieme. Wird Kain siebenfach gerächt, dann Lamech siebenundsiebzigfach« (Gen 4,23f).

Welch katastrophale Folgen das Böse schließlich zeitigt, erhellt der Erzähler in der Einleitung zur Geschichte der

Sintflut: »Der Herr sah, daß auf der Erde die Schlechtigkeit des Menschen zunahm und alles Sinnen und Trachten seines Herzens nur böse war« (Gen 6,5).

Weil die biblischen Verfasser hier eigene Erfahrungen mitverarbeiten und diese in die Vergangenheit zurückprojizieren, verwundert es nicht, daß ihren Berichten zufolge die spätere Geschichte Israels geradezu eine Wiederholung der Anfangsgeschichte der Menschheit darstellt. Wie die ersten Menschen ist das Volk Israel von Gott mit Wohltaten überhäuft worden. Und wie diese kündigt es Gott den Gehorsam auf. Darauf verweisen, häufig unter Lebensgefahr, fast alle Propheten. So verkündet Hosea (um 750 v. Chr.):

Es gibt keine Treue und Liebe
und keine Gotteserkenntnis im Land.
Nein, Fluch und Betrug,
Mord, Diebstahl und Ehebruch machen sich breit,
Bluttat reiht sich an Bluttat
(Hos 4,1f; vgl. Jes 59, 12–14).

Es geht allein um die Liebe

Solche Menschheitserfahrungen mit dem Bösen vermögen die zeitlos existentielle Bedeutung der Geschichte vom besessenen Jungen einigermaßen zu veranschaulichen.

Die Jüngerfrage »Warum konnten wir den Dämon nicht austreiben?« läßt darauf schließen, daß der Vater sich in seiner Verzweiflung zuvor an die Jünger gewandt hat, und zwar vergeblich. Seine ganze Hoffnung richtet sich zunächst allein auf eine menschliche Macht. Demgegenüber betont der Erzähler, daß eine Rettung in keinem Fall von menschlicher Seite, sondern einzig von Jesus kommen kann. Er allein erweist sich ja allen Todesmächten überlegen. Dies jedenfalls geht aus Jesu Antwort an die Jünger hervor: »Diese Art [von Abergeistern] kann nur durch Gebet ausgetrieben werden.« Gebet aber ist nichts anderes als der sprachliche Ausdruck des Glaubens.

Offensichtlich daran gebricht es der »ungläubigen Generation«. Nicht einzelne gottwidrige Taten, sondern das fehlende Vertrauen auf Gott wirft Jesus seinen Landsleuten (und der Evangelist seiner Leserschaft) vor. Die einzelnen Verfehlungen, deren der Mensch sich schuldig macht, sind ja bloß eine *Folge* und damit gleichsam eine Konkretisierung des Unglaubens, von dem Jesus spricht.

Nur wenn der Mensch sich Jesus und damit Gott zuwendet, erfährt er wirklich, was Leben bedeutet; denn »in keinem anderen ist das Heil zu finden« (Apg 4,12). Diese Aussage der Apostelgeschichte wird in der Erzählung vom besessenen Jungen narrativ entfaltet.

Einzig der Glaube (und darunter versteht der Evangelist die tätige und zumeist alltäglich-banale Jesusnachfolge) vermag das Böse zu überwinden. Wenn der Dämon den Jungen auf Jesu Befehl hin verläßt, wird damit angedeutet, daß der Mensch allein mit seinen begrenzten Mitteln und Kräften das Böse nie zu besiegen vermag. Gegen die Macht der Sünde hilft einzig die Kraft der Gnade, die immer dann wirksam wird, wo jemand sich Gottes Führung gläubig überläßt.

Solcher Glaube kann (wie alles menschliche Vertrauen überhaupt) immer von Zweifeln bedroht und Unsicherheiten ausgesetzt sein. Das geht auch aus dem Bekenntnis des Vaters hervor (der auch hier wiederum als Sprachrohr des Sohnes in Erscheinung tritt): »Ich glaube; hilf meinem Unglauben!«

Hilf meinem Unglauben! Das bedeutet nichts anderes, als daß der Glaube seinerseits ein Geschenk darstellt und nicht als Ergebnis menschlicher Leistung verstanden werden darf. Denn der dem Bösen verfallene Mensch kann aus sich selbst gar nichts Gutes wirken; was immer er tut, steht von vornherein unter dem Vorzeichen des Todes.

Ebendies übersieht François Mauriacs Pharisäerin, welche das Heil nicht entgegennehmen will, sondern meint, es sich *erwerben* zu müssen – gerade so, als ob Gott *käuflich* wäre und als ob man sich den Himmel *verdienen* könnte!

Ganz allerdings bleibt ihre selbstgerechte Haltung nicht verschont vor den Anfechtungen der Gnade. Nachdem sie sich von den Puybarauds zur Kathedrale begeben hat, um in der Beichte ihren vermeintlichen Frieden wiederzufinden, ahnt sie, wenn auch nur vage, daß ihr bisheriges Frömmigkeitsstreben nie und nimmer hinführt zu Gott:

An manchen Tagen zerrissen in ihrem Inneren Blitze die Nebel ihrer Seele, und plötzlich erkannte sie sich. Sie entdeckte mit einer blendenden Gewißheit (es währte nur einen Augenblick), daß es ein anderes Leben gab als ihr Leben, einen anderen Gott als ihren Gott. Die Befriedigung, Brigitte Pian zu sein, die sie erfüllte, verschwand jäh, und sie schauderte plötzlich, elend und nackt, auf einem öden Strand, unter einem ehernen Himmel. Von weit her kam der Sang der Engel, denen sich die abscheuliche Stimme der Puybarauds beimischte (S. 124).

Doch diese Erkenntnis wird gleich wieder verdrängt:

Es war nur ein Blitzstrahl, und es gelang ihr bald, dank jener Stoßgebete, deren Wirksamkeit sie kannte, das Gleichgewicht ihres Geistes wiederzufinden. Sie hielt dann am Fuß eines Altars an, so wie sie es auch an diesem Tag in der Kathedrale tat, stellte die Ruhe in sich wieder her und verehrte diese Stille als die Billigung des verborgenen Herrn selbst. Aber vor dem ausgestellten heiligen Sakrament, dann vor der Jungfrau, die hinter dem Chor stand, blieb sie unter der inneren Drohung einer Mißbilligung: Es ist eine Prüfung, dachte sie, ich nehme sie an. Und in ihr bedeutete das: Merke es dir gut, Herr, daß ich es annehme, und vergiß nicht, dieses Annehmen in die Liste meiner Verdienste einzutragen (S. 134).

Erst viel später ringt sich Brigitte Pian zu der Überzeugung durch, daß die Heiligkeit nicht auf eine mühselige Glaubenswerkelei hinausläuft, sondern eine unverdiente Gabe und ein reines Geschenk ist und daß einem letztlich gar nichts anderes übrigbleibt, als alles, wirklich *alles* »der großen Barmherzigkeit« (S. 185) anheimzustellen:

Am Abend ihres Lebens hatte Brigitte Pian endlich entdeckt, daß man nicht einem hochmütigen Diener gleichen dürfe, der nur darauf bedacht ist, seinen Herrn zu blenden, indem er ihm sozusagen seine Schuld bis auf den letzten Obolus zurückzahlt, und daß unser Vater von uns nicht erwartet, daß wir kleinliche Buchhalter unserer eigenen Verdienste sind. Sie wußte nun, daß es nicht um Verdienste geht, sondern allein um die Liebe (S. 185f).

Mauriacs Roman »Die Pharisäerin« bildet geradezu eine Paraphrase auf die Erzählung vom besessenen Jungen, insofern Brigitte Pian schließlich doch erkennt: Wenn der Mensch eigen-mächtig handelt, geht seine Sache übel aus. Wenn er hingegen ganz auf Gott vertraut, nimmt alles ein gutes Ende. Mit einem Wort, sie hat den Schritt vom Tod zum Leben vollzogen.

Wie gelangt der Mensch vom Tod zum Leben? Dies ist die eigentliche Frage, welche der Geschichte vom besessenen Jungen vorausliegt und auf die diese eine Antwort geben will.

»Der Junge lag da wie tot, so daß alle Leute sagten: Er ist gestorben. Jesus aber faßte ihn an der Hand und richtete ihn auf, und der Junge erhob sich.« Im Grund wird hier eine Totenerweckung beschrieben und gleichzeitig gesagt, daß einzig der Herr über Leben und Tod alle dunklen Mächte besiegen und das Leben schenken kann. Gesagt wird aber auch, daß eine Gesellschaft, in der uns nichts geschenkt wird, tödlich ist – und daß wir uns alles schenken lassen dürfen in der Begegnung mit Jesus, die Leben schafft.

Reinen Wein einschenken!

Die Hochzeit zu Kana (Joh 2,1–12)

Bei der Lektüre einiger in der Bibel geschilderter Ereignisse könnte man beinahe ein wenig neidisch werden auf Jesu Zeitgenossen, weil man selber nicht dabeigewesen ist. Mir jedenfalls ging es als Kind so, als ich die Geschichte von der Hochzeit zu Kana zum erstenmal zu hören bekam. Der Ort spielte für mich keine Rolle; wenn jemand mir erklärt hätte, daß mit Kana wahrscheinlich das rund 13 Kilometer nördlich von Nazaret gelegene Khirbet Kana gemeint sei, von dem bloß noch ein paar armselige Ruinen übriggeblieben sind, hätte ich das sofort wieder vergessen. Was mich interessierte, war einzig und allein das unglaubliche Ereignis.

Inzwischen weiß ich natürlich längst, daß man Texte sehr genau lesen muß, um sie vor Fehlinterpretationen zu schützen.

Am dritten Tag fand in Kana in Galiläa eine Hochzeit statt, und die Mutter Jesu war dabei. Auch Jesus und seine Jünger waren zu der Hochzeit eingeladen. Als der Wein ausging, sagte die Mutter Jesu zu ihm: Sie haben keinen Wein mehr. Jesus erwiderte ihr: Was willst du von mir, Frau? Meine Stunde ist noch nicht gekommen. Seine Mutter sagte zu den Dienern: Was er euch sagt, das tut!

Es standen dort sechs steinerne Wasserkrüge, wie es der Reinigungsvorschrift der Juden entsprach; jeder faßte ungefähr zwei bis drei Metreten, das sind rund achtzig bis hundertzwanzig Liter. Jesus sagte zu den Dienern: Füllt die Krüge mit Wasser! Und sie füllten sie bis zum Rand. Er sagte zu ihnen: Schöpft jetzt und bringt es dem, der für das Festmahl verantwortlich ist.

Er kostete das Wasser, das zu Wein geworden war. Er wußte nicht, woher der Wein kam; die Diener aber, die das Wasser geschöpft hatten, wußten es. Da ließ er den Bräutigam rufen und sagte zu ihm: Jeder setzt zuerst den guten Wein vor und erst, wenn die Gäste zuviel getrunken haben,

den weniger guten. Du jedoch hast den guten Wein bis jetzt
zurückgehalten.

So tat Jesus ein erstes Zeichen, in Kana in Galiläa, und
offenbarte seine Herrlichkeit, und seine Jünger glaubten an
ihn (Joh 2,1–11).

Ungereimtheiten

Auch jene Leserinnen und Leser, welche fraglos mit der
Möglichkeit von Wundern rechnen, werden bei der Lektüre dieser Geschichte mehr als einmal eine kurze Überle-
gungspause einschalten wollen. Oder müssen. Fast hat es
den Anschein, als sei der Erzähler geradezu darauf aus, bei
seiner schon allein des Wunders wegen verblüfften Leserschaft noch zusätzliches Befremden hervorzurufen. Jedenfalls gibt es da ein paar Kleinigkeiten, die (zumindest für
unser heutiges Empfinden) störend wirken.

Da ist beispielsweise die Tatsache, daß die ›Hauptdar-
steller‹ gar nicht auftreten. Der Bräutigam wird gerade einmal vom Tafelmeister zurechtgewiesen, während von der
Braut nicht einmal die Rede ist. Das läßt darauf schließen,
daß das Brautpaar in dieser Geschichte eine höchst untergeordnete Rolle spielt.

Sonderbar scheint auch die Art, wie Jesus seine Mutter
anredet: »Frau!« Und gleich setzt er noch eines drauf: »Was
habe ich mit dir zu schaffen?« Daran haben die Schriftgelehrten seit jeher herumgerätselt. Inzwischen weiß man,
daß diese Redewendung damals recht verbreitet war; sinn-
gemäß übersetzt müßte es heißen: »Laß mich in Frieden!«
oder »Was willst du eigentlich?« (im Sinne des im Italienischen heute üblichen *Ma cosa vuoi?!*). Damit gibt Jesus seiner Mutter (deren Name im Johannesevangelium übrigens
nie erwähnt wird) zu verstehen, daß sie keinerlei Einfluß
hat auf seine messianische Sendung. Daß diese Anrede
»Frau!« keine Herabwürdigung oder Beleidigung darstellt,
geht schon daraus hervor, daß der Evangelist sie Jesus auch
in der Stunde seines Todes in den Mund legt, als er seiner
Mutter den bevorzugten Jünger anvertraut: »Frau, siehe,
dein Sohn!« (Joh 19,26).

Entgegen einer weitverbreiteten Annahme geht aus dem Wortlaut des Textes nicht hervor, daß Maria Jesus um ein Wunder bittet; sie macht ihn lediglich aufmerksam auf eine für das Brautpaar peinliche und für die Gäste prekäre Situation. Allerdings *schließt sie nicht aus*, daß ihr Sohn für Abhilfe sorgen könnte, wie aus ihrer Bemerkung gegenüber den Dienern hervorgeht.

Jesus allerdings hört aus dieser Bemerkung etwas ganz anderes heraus. Seiner Ansicht nach meint sie, daß er sich schon jetzt als der endgültige Heilbringer offenbaren soll. Dieser Erwartung aber kann er nicht entsprechen. Darum: »Meine Stunde ist noch nicht gekommen.« Aus der theologischen Sicht des Evangelisten ist *diese* »Stunde« erst die Stunde der Passion, über deren Wann und Wie allein der Vater zu bestimmen hat. Unmißverständlich geht das aus dem Gebet hervor, welches der Evangelist Jesus vor seiner Verhaftung in den Mund legt: »Vater, *die Stunde ist da*. Verherrliche deinen Sohn, damit der Sohn dich verherrlicht« (Joh 17,1).

Diese etwas komplizierten Sachverhalte ergeben sich aus der Tatsache, daß der Verfasser des Johannesevangeliums auf eine Schrift zurückgriff, welche den übrigen Evangelisten nicht zur Verfügung stand und die vorwiegend Wundererzählungen enthielt. In der Fachwelt spricht man diesbezüglich von der Semeion-Quelle (vom griechischen *semeion* = [Wunder-]Zeichen), welche neben dem Weinwunder zu Kana mindestens noch sechs weitere Wundergeschichten beinhaltete.[1] Diese Quelle hat der vierte Evangelist (der bekanntlich nicht mit dem Apostel Johannes identisch ist und seine Schrift erst gegen Ende des ersten Jahrhunderts verfaßte) übernommen, redigiert und seinem Werk einverleibt. Daß er sich dabei, genauso wie die übrigen Evangelisten, von einer theologischen Absicht leiten ließ, versteht sich von selbst. Konkret bedeutet das, daß

---

[1] Heilung des Sohnes eines königlichen Beamten (Joh 4,46–54); Heilung eines Kranken am Teich Betesda (5,1–9); Speisung der Fünftausend (6,1–13); Jesus wandelt auf dem See (6,16–21); Heilung eines Blindgeborenen (9,1–34); Auferweckung des Lazarus (11,1–44).

er seine literarische Vorlage für die Wundergeschichten nicht einfach kopierte, sondern auch kommentierte.

Ein Beispiel für einen solchen Kommentar bildet die Erläuterung bezüglich der sechs steinernen Wasserkrüge. Weil der Evangelist offensichtlich für ein Publikum schreibt, welches mit den jüdischen Weisungen nicht vertraut ist, sieht er sich zu einer Erklärung genötigt: »...wie es der Reinigungsvorschrift der Juden entsprach.«

Diese Wasserkrüge dienten der körperlichen Hygiene und der rituellen Reinigung. Beispielsweise war es vorgeschrieben, die Hände vor und nach den Mahlzeiten zu waschen, sowie nach der Rückkehr vom Markt oder von jedem anderen Ort, an welchem verunreinigende Berührungen mit Nichtjuden möglich waren. Außerdem bestanden strenge religiöse Bestimmungen bezüglich der Reinigung des Geschirrs und der Gefäße.

Um den Fortgang der Geschichte zu verstehen, muß man sich zunächst einmal vergegenwärtigen, was der Erzähler *nicht* sagt: daß es sich um ein armes Brautpaar gehandelt habe; daß die Gäste reichlich über den Durst, also gegen jede Vernunft getrunken hätten; daß Jesus mit seiner Jünger- und Verwandtenschar (vgl. Vers 12!) erst im letzten Augenblick und womöglich noch unangemeldet eingetroffen sei und damit die Gastgeber in eine peinliche Lage versetzt und ihnen dann aus purer Anständigkeit oder aus reumütiger Beklommenheit aus der Verlegenheit geholfen habe.

Berechtigt hingegen ist die Vermutung, daß es sich um eine fidele Dorfhochzeit handelte, und die dauerte damals in der Regel so lange, wie sich das in unseren Zeiten selbst Fürsten kaum mehr leisten können, nämlich ganze sieben Tage (falls es sich um eine Jungfrau handelte; für Witwen hingegen, die sich wieder verheirateten, waren bloß drei Festtage vorgesehen).[2] Allerdings waren nicht alle Gäste die ganze Zeit über anwesend. Geschenke seitens der Geladenen gehörten zur Hochzeitsfeier wie heute die Schoko-

---

[2] Vgl. H. L. Strack / P. Billerbeck, Kommentar zum Neuen Testament aus Talmud und Midrasch, Bd. I: Das Evangelium nach Matthäus, München ⁴1965, 517; zum folgenden ebd., 616f.

ladehasen zu Ostern oder der Christstollen von Aldi zum Septemberanfang.

Daß auf dem Dorffest zu Kana *zuviel* gezecht wurde, wäre eine willkürliche Behauptung. Daß man hingegen *reichlich* Wein genoß, war selbstverständlich. Für den Evangelisten jedenfalls versteht es sich von selbst, daß manche Gäste dem Wein über die Maßen zusprechen (»erst wenn sie zuviel getrunken haben...«). Überdies kennen wir einige diesbezügliche Zeugnisse aus dem Talmud, nach welchen sogar die Rabbinen bei Hochzeiten gern auf ihr und ihrer Schüler Wohl den Becher leerten, wobei ihr angeheiterter Zustand sich manchmal auf die kostbaren und leichtzerbrechlichen Trinkgefäße ungünstig auswirkte (worauf später der Brauch zurückgeführt wurde, bei Hochzeiten Glasgeschirr zu zerschlagen).

Müßig hingegen wäre es, über den Grund des Weinmangels zu spekulieren. Der Evangelist stellt einfach und sachlich fest: Ein zur Förderung der Hochzeitsfreude essentieller Bestandteil fehlt.

Jesus nun beschränkt sich nicht darauf, bloß das *Notwendige* zu beschaffen. Sechs Riesenkrüge voll Wasser, von denen jeder zwei bis drei Metreten, also zwischen rund 80 und 120 Liter, faßt, verwandelt er in Wein. *Summa summarum* ergibt das zwischen 480 und 720 Liter – wobei es sich überdies noch um einen Prädikatswein handelt, wenn wir dem Urteil des Tafelmeisters Glauben schenken wollen. Allerdings ist dessen Spruch wohl eher als humorige Bemerkung zu verstehen, da sich für diese ›Weinregel‹ (»den besseren Wein zu Beginn einschenken«) im Altertum keine weiteren Belege finden.

Belegt jedoch sind gewisse Analogien zwischen dieser Wundergeschichte und der in der Antike verbreiteten Dionysoslegende. Dionysos (lateinisch: Bacchus) war der Gott des Weines. An seinem Fest, das man am 6. Januar feierte, wurde in manchen der ihm geweihten Tempel Wein ausgeschenkt, von dem es hieß, es handle sich um vom Gott verwandeltes Wasser. Besondere Beachtung in diesem Zusammenhang verdient vielleicht ein Brauch, der in Elis, einer Gegend im Nordwesten des Peloponnes, beliebt war. Dort pflegte man am Vorabend des Dionysosfestes drei leere Krüge im Heiligtum des Gottes aufzustellen. Anschließend wurden die Türen verschlossen, und am anderen Morgen fand man die Krüge mit Wein gefüllt vor.[3] Manche Exegeten halten es für möglich, daß dieser Brauch die Entstehung der Geschichte vom Weinwunder zu Kana mitbeeinflußt hat. Das schließt jedoch nicht aus, daß *der Evangelist* selber, der seine Erzählung bekanntlich aus der Semeion-Quelle übernommen hat, diese wahrscheinlich nicht bloß bildlich, sondern wörtlich verstand.

Eine chinesische Parabel

Das eigentliche Problem hingegen liegt nicht darin, ob der Evangelist das Weinwunder von Kana symbolisch oder realistisch auffaßte; entscheidend ist vielmehr, *was er mit dieser Geschichte sagen wollte.*

Auffallend an seiner Darstellung ist die Tatsache, daß das spektakuläre Ereignis überhaupt niemanden in Erstaunen versetzt, obwohl die Unmenge an Wein ohne weiteres ausreichen würde, um eine ganze Kompanie trinkfester Gesellen in einen Vollrausch zu versetzen. Allerdings ist es für die neutestamentlichen Geschenkwunder charakteristisch, daß sie unter den Anwesenden keinerlei Erstaunen hervorrufen, weil in ihnen der wunderbare Vorgang selber (im Gegensatz etwa zu den Heilungswundern) nie ausführlich beschrieben, sondern lediglich angedeutet wird.[4] Dies zeigt: Obwohl der Evangelist ein äußerst spektakuläres Ereignis schildert, geht es ihm nicht um das Spektakel. Tatsächlich wird eine rein historische Fragestellung (die im Hinblick auf eine Rekonstruktion des Jesusbildes durchaus berechtigt sein mag) der Aussageabsicht des Evangelisten nicht gerecht. Nicht den *Sinn des Wunders an sich,* sondern *die Absicht, die der Evangelist mit der Schilderung dieser Wundergeschichte verfolgt,* gilt es zu ergründen.

[3] Vgl. R. Schnackenburg, Das Johannesevangelium, 1. Teil (Herders theologischer Kommentar zum Neuen Testament), Freiburg Basel Wien ²1967, 343.

[4] Vgl. die Speisung der Fünftausend (Mk 6,32–44 parr); die Speisung der Viertausend (Mk 8,1–10par); der Fischzug des Petrus (Lk 5,1–11).

Dazu müssen wir nun nochmals auf ein Problem zurückkommen, von dem schon einmal kurz die Rede war.[5] Jesu Mutter weist darauf hin, daß der Wein ausgegangen ist. Jesus versteht die Bemerkung dahingehend, daß er sein Erlösungswerk schon jetzt vollenden soll. Die »Stunde« jedoch, in der dies geschehen soll, hängt allein vom Willen des Vaters ab. Dem Willen Jesu indessen ist es freigestellt, etwas anderes zu tun. Und so wirkt er ein Zeichen, durch welches er nicht nur seine »Herrlichkeit«, sondern gleichzeitig auch den Sinn seines ganzen künftigen Wirkens im voraus enthüllt und mit dem er den Seinen zu verstehen gibt, was er von ihnen erwartet, nämlich *daß auch sie Wasser wandeln in Wein.*

Dies ist der eigentliche und einzige Grund, warum der Evangelist diese Geschichte erzählt.

Bevor wir jedoch diesen Gedanken weiter vertiefen (es geht ja nicht an, das Evangelium zu kommentieren, ohne es gleichzeitig zu aktualisieren), wollen wir uns einer anderen Geschichte zuwenden, die aus einer ganz anderen Zeit stammt und in einem völlig anderen Kulturkreis überliefert wurde. Es handelt sich um eine chinesische Parabel.

Ein Brautpaar schickte sich an, Hochzeit zu feiern. Obgleich sie arm waren, wünschten die Brautleute, daß viele Menschen mit ihnen ihre Freude teilen sollten. Wie aber würden sie, die arm waren, ohne guten Wein, das Zeichen der Festfreude, mit so vielen Gästen feiern können? Sie berieten lange hin und her und faßten schließlich einen, wie ihnen schien, klugen Beschluß. Sie luden alle ihre Freunde und Nachbarn zum Hochzeitsfest ein und baten sie, als Hochzeitsgabe von ihrem eigenen Wein zum Hochzeitsmahl mitzubringen.

Der Tag des Hochzeitsfestes kam heran, und Braut und Bräutigam erwarteten voller Freude die Gäste. Die langen Tische waren zwar einfach, aber doch festlich gedeckt, und die Musik spielte auf. Die Gäste erschienen, und einer um der andere goß seinen mitgebrachten Wein in die am Ein-

5   Zum folgenden vgl. R. H. Fuller, Die Wunder Jesu in Exegese und Verkündigung, Düsseldorf 1967, 107.

*gang bereitgestellten mächtigen Steinkrüge, so daß sie sich
bis zum Rande füllten.*

*Als das Hochzeitsmahl begann, winkte der Bräutigam
jene heran, die sich anerboten hatten, die Gäste zu bedienen. Sie sollten den gesammelten köstlichen Trunk nun auf-
tragen. So liefen sie, um ihre Krüge mit dem Wein aus den
großen Gefäßen zu füllen, und schenkten dann behutsam
dem Bräutigam und der Braut und allen Geladenen ein.
Die Hochzeitsgäste erhoben sich feierlich, um dem Brautpaar zuzutrinken. Jedermann kostete voller Erwartung den
süßen Wein.*

*Doch da geschah es, daß plötzlich die Braut zu weinen
begann und der Bräutigam entsetzt in die Runde starrte.
Mit einem Schlag wurde es ganz still im Saal. Die Gäste
senkten ihre Köpfe und blickten vor sich hin. Was keiner geglaubt, sah jeder vor sich: in seinem Becher funkelte kein
Wein, sondern war pures Wasser.*

*Offenbar hatte jeder Besucher gedacht: Das bißchen
Wasser, das ich in die mächtigen Krüge gieße, wird niemand
bemerken. Das Wasser, das ich bringe, wird sich leicht mit
dem Wein der anderen vermischen.*

*Der Bräutigam legte den Arm um seine Braut, und
während er sie mit leisen Worten zu trösten versuchte, standen die Geladenen auf und verließen beschämt den Saal,
ohne daß das Fest stattgefunden hatte.*[6]

Die Geschichte vom Weinwunder in Kana und die Parabel vom ›Wasserwunder‹ in China verhalten sich zueinander wie das Vorbild zum Vorwurf. Beide zusammen kann
man, und wie mir scheint nicht ohne Gewinn, auf die Kirche beziehen.

Wasser zu wandeln in Wein, das ist nach Ansicht des
Evangelisten der Auftrag, der an die Kirche ergangen ist.
Und diese Bestimmung will er mit der Geschichte vom
Weinwunder zu Kana seiner Leserschaft in Erinnerung
rufen. Daß die Kirche diesem Auftrag nie ganz gerecht
wurde und wird und einer nach Sinn und Orientierung
suchenden Menschheit den Wein des Evangeliums zumeist

---

[6] Zit. A. Steiner / V. Weymann, Wunder Jesu. Bibelarbeit in der Gemeinde, Basel und Zürich Köln 1978, Anhang.

bloß in verwässerter Form verabreicht, hängt damit zusammen, daß sie keine abstrakte Größe darstellt, sondern sich ausnahmslos aus sündigen Menschen konstituiert, deren moralische Grenzen und (ja auch dies!) geistige Beschränktheit so offenkundig sind, daß nur Verblendete – also Blinde – dies nicht sehen können.

Die Kirche – ein ganz miserabler Verein?

Nein, wir wollen hier keine Rechnung aufmachen, indem wir die in der Chronik der offiziell beglaubigten Heiligen zusammengetragenen Verdienste gegen die in Karlheinz Deschners »Kriminalgeschichte des Christentums« aufgelisteten Untaten kirchlicher Amtsträger gegeneinander aufwiegen. Es wäre dies ohnehin ein unmögliches und überdies ein sinnloses Unterfangen.

Soviel Gutes ließe sich sagen, was die Kirche im Lauf der Jahrhunderte gewirkt und hervorgebracht hat in den Herzen der Menschen. Und soviel Leiden ließen sich aufzählen, die diese selbe Kirche nicht nur zugelassen, sondern auch selber hervorgerufen hat, nicht nur in gesellschaftlicher Hinsicht, sondern auch in den Seelen der einzelnen Menschen. Diese Kirche, die das von Jesus angekündigte Heil nicht nur verkündete, sondern, wenn auch nur annähernd, verkörperte, ließ sich gleichzeitig immer wieder blenden vom eigenen Sendungsauftrag, so daß sie, manchmal fanatisch und blind für die Zeichen der Zeit, häufig gerade da Unheil anrichtete, wo sie dieses, helfend und heilend, hätte lindern oder abwenden können. Diese der kirchlichen Predigt und Praxis seit ihren Ursprüngen anhaftende Diskrepanz zwischen Ideal und Wirklichkeit ist mit ein Grund, warum die Kirche so unterschiedlich beurteilt wird.

Was ist die Kirche? Ein alter Katechismus antwortet auf diese Frage lapidar: »Die Kirche ist das Reich Gottes auf Erden.«[7]

---

[7] Catechismus ex decreto Concilii Tridentini ad parochos, Rom 1858 (1566), 329. Dieser *erste* katholische Weltkatechismus bildete (im An-

»Kirche? Was ist denn das?« Diese Frage stellt auch Friedrich Nietzsche in seiner Schrift »Also sprach Zarathustra«. Dort lautet die Antwort: »Kirche – das ist eine Art von Staat, und zwar die verlogenste.«[8]

Selbst wenn man Nietzsches Behauptung mit guten Gründen widersprechen kann, so bedeutet das noch lange nicht, daß man sich deswegen die erwähnte Katechismusantwort zu eigen machen muß. Man kann durchaus loyal zur Kirche stehen, und sich doch gleichzeitig von jenem Hurra-Katholizismus distanzieren, der jede Kirchenkritik dadurch zu erledigen trachtet, daß er sie als Nestbeschmutzung diffamiert. Das zeigt das Beispiel eines Theologen, der in einer Predigt erklärt hat: »Wenn ich gefragt werde, was ich von der katholischen Kirche halte, dann sage ich gern: ›Ich halte die katholische Kirche für einen ganz miserablen Verein; aber ich kenne keinen besseren, weil ich daran glaube, daß trotz allem in ihr Gott selbst mir entgegenkommt. Diese Kirche liebe ich, und trotz aller Probleme setze ich mich mit meinen schwachen Kräften sehr gern in ihr ein, so gut ich nur kann.‹«

Diese Redeweise wurde dem Betreffenden, dem vor einigen Jahren verstorbenen Adolf Exeler[9], von manchen seiner Zuhörerinnen und Zuhörer übel vermerkt. Sie empfanden es als deplaziert und ungerecht, von der Kirche derart respektlos zu sprechen.

Respektlos? Ungerecht? Wir beten doch, zumindest noch in der sonntäglichen Eucharistiefeier, regelmäßig das Vaterunser. Wir bitten Gott um das *Kommen* seines Reiches, um die Kraft, seinen Willen erfüllen zu *können*, auch um die *Vergebung* unserer Schuld.

Darum aber bitten wir nicht nur als einzelne; darum bitten wir alle – als Glaubensgemeinschaft und damit als Kirche. Kirche – das sind ja nicht bloß der Papst und die

---

schluß an das Konzil von Trient) den römischen Gegenentwurf zu Martin Luthers »Großem Katechismus« (1530). In lateinischer Sprache verfaßt, sollte er den Seelsorgern als Unterlage und Handbuch für die Glaubensverkündigung dienen.

[8] F. Nietzsche, Also sprach Zarathustra, 2. Teil: »Von großen Ereignissen«.

[9] A. Exeler, Gott, der uns entgegenkommt, Freiburg i. Br. 1980, 46.

Bischöfe und die Pfarrer und ihre Kapläne (sofern sie überhaupt noch einen haben). Kirche, das sind wir alle, die getauft sind und an Jesus Christus glauben. Haben wir uns schon einmal überlegt, wie kirchenkritisch das Vaterunser ist, wenn wir es aus diesem Bewußtsein heraus beten?

Dein Reich komme! Gerade diese Bitte hat die Kirche viel zuwenig selbstkritisch verstanden. Solange wir um das Kommen des Gottesreiches bitten, bekennen wir doch gleichzeitig, daß Gottes Reich noch aussteht. Statt dies einzusehen, hat die Kirche sich manchmal mit einer geradezu bestürzenden Selbstverständlichkeit mit dem Reich Gottes identifiziert. Wenn aber die Kirche das »Reich Gottes auf Erden« wäre (wie der erwähnte Katechismus quasihäretisch behauptet), dann bräuchten wir das Vaterunser nicht mehr zu beten; dann wäre jede Bitte um Vergebung müßig und jede Eucharistiefeier überflüssig; dann bräuchten wir keine Eucharistie mehr zu feiern; dann wäre die Krankensalbung ein sinnloser Ritus und der Empfang des Bußsakramentes eine reine Farce; dann bräuchten wir auch keine kirchlichen Ehen mehr zu schließen; dann wäre alle Liturgie und auch der kleinste Stoßseufzer zu Gott nichts als leeres Getue. Denn jedes Sakrament und jede Andachtsübung, ja schon das bloße Anzünden einer Kerze vor der Statue des heiligen Antonius oder vor einem Standbild der Gottesmutter dient ja nicht nur dazu, unseren Glauben zu bekunden und uns Gott näherzubringen, sondern ist gleichzeitig auch ein sinnfälliges Zeichen dafür, daß Gottes Reich sich in dieser Weltzeit noch immer im Werden befindet.

Dies wiederum zeigt, daß die Kirche unmöglich identifiziert werden kann mit dem Reich Gottes auf Erden; ihre *Aufgabe* besteht vielmehr darin, danach zu streben, dieses Gottesreich *zeichenhaft* zu verwirklichen und den Blick der Menschen darauf zu lenken, damit sie ihr Herz dafür offenhalten können, und ihnen so den Weg dazu zu ebnen. Ebendeshalb muß sich die Kirche stets davor hüten, sich in dieser Welt-Zeit zu etablieren oder verlorene Machtpositionen aus einer nostalgischen Wehmut heraus zu idealisieren. Die Kirche ist naturgemäß ein *Provisorium*; ihr Wirkungsort ist nicht das Ziel (also das Reich Gottes), sondern der *Weg,* auf dem sie sich vorwärtsbewegt, und die Frage ist dann bloß, ob sie danach trachtet, sich diesem Ziel zu nähern, oder ob sie, sich selbst absolut setzend und das Evangelium verratend, sich davon entfernt. Daß es sich bei dieser Vorstellung um eine durchaus realistische Einschätzung handelt, belegt ihre keineswegs immer ruhmvolle Geschichte. Und solange die Kirche sich bewußt bleibt, daß sie *auf dem Weg* ist, wird sie auch den Gedanken nicht verdrängen können, daß Gottes Zusage, sie schließlich ans Ziel zu führen, die Möglichkeit nicht ausschließt, daß sie, zumindest zeitweise, auf Irrwege und Abwege gerät oder doch Umwege macht.

Die Kirchenväter sprachen in dieser Hinsicht von der *Ecclesia semper reformanda,* von der *stets* reformbedürftigen Kirche. Ähnlich äußert sich auch das Zweite Vatikanische Konzil, wenn es in Erinnerung an das durch die Wüste ziehende Gottesvolk Israel von der Kirche sagt, daß sie »auf der *Suche* nach der kommenden und bleibenden Stadt (vgl. Hebr 13,14) in der gegenwärtigen Weltzeit *einherzieht*«.[10]

Ihr Ziel erreicht die Kirche erst dann, wenn sie überflüssig wird, nämlich am Ende der Zeiten. Bis dahin ist sie auf dem Weg. Deshalb bezeichnet das Konzil die Kirche als *pilgerndes* Gottesvolk und stellt nüchtern und realistisch und gleichzeitig doch wieder voll Zuversicht fest: »Dieses Volk Gottes bleibt zwar während seiner irdischen Pilgerschaft in seinen Gliedern der Sünde ausgesetzt, aber es wächst in Christus und wird von Gott nach seinem geheimnisvollen Ratschluß sanft geleitet, bis es zur ganzen Fülle der himmlischen Herrlichkeit im himmlischen Jerusalem freudig gelangt.«[11]

Bis dahin aber wird es sich diese Kirche gefallen lassen müssen, daß man sie an den von ihr verkündeten Maßstäben, nämlich am Evangelium, mißt, wenn ihre Glaubwürdigkeit zur Diskussion steht.

---

[10] Vaticanum II, Dogmatische Konstitution über die Kirche, *Lumen gentium,* Nr. 9; kursiv von mir.

[11] Vaticanum II, Dekret über den Ökumenismus, *Unitatis redintegratio,* Nr. 3.

Diese Glaubwürdigkeit erweist sich nicht nur darin, daß ihre Predigt mit ihrer Praxis übereinstimmt, sondern auch an ihrer Haltung gegenüber den Erfahrungen der Menschen.

»Freude und Hoffnung, Trauer und Angst der Menschen von heute, besonders der Armen und Bedrängten aller Art, sind auch Freude und Hoffnung, Trauer und Angst der Jünger [und auch der Jüngerinnen!] Christi. Und es gibt nichts wahrhaft Menschliches, das nicht in ihren Herzen seinen Widerhall fände.«[12] In Wirklichkeit ist diese vom Zweiten Vatikanischen Konzil getroffene Feststellung wohl eher als Richtschnur zu verstehen: so sollte, so müßte es sein!

Um auf die Fragen der Menschen überhaupt eingehen und sie – vielleicht! – auch beantworten zu können, muß man ihnen zunächst einmal zuhören, wenn sie von ihren Schwierigkeiten und von ihren Erfahrungen, von ihren Zweifeln und von ihren Ängsten, von ihren Hoffnungen auch und von ihren Erwartungen erzählen. Erwecken aber nicht manche Lehrbeauftragte der Kirche den Eindruck, als wüßten sie immer schon von vornherein, was die Menschen von heute rund um den Erdball beschäftigt? Auf diese Weise jedoch laufen sie ständig Gefahr, Fragen zu beantworten, die gar niemand gestellt hat. Kennzeichen für derartige ›Antworten‹ sind in der Regel eine schwammige Sprache, ein schwülstiger Stil und die salbungsvolle Diktion.

Bis zum Ende der Zeiten ist die Kirche *unterwegs* und daher ständig in der Versuchung, sich mit dem Zeitgeist zu arrangieren und das Evangelium zu domestizieren. Wo immer dies geschieht, verrät sie ihren Auftrag, Wasser zu wandeln in Wein. Und stets besteht die Gefahr, daß diese Kirche insgeheim sich selber zum Zweck erklärt, wo sie doch bloß Mittel ist, und dies heißt nichts anderes, als daß sie ganz und gar im *Dienst* der Menschen stehen müßte, die allesamt ein Recht darauf haben, daß man ihnen *reinen* Wein einschenkt.

---

[12] Vaticanum II, Pastoralkonstitution über die Kirche in der Welt von heute, *Gaudium et spes*, Nr. 1.

Der große Hieronymus (um 347–419/20) scheint das sehr gut verstanden zu haben. Als einst einer zu ihm kam und bezüglich der Geschichte von der Hochzeit zu Kana seine Zweifel anmeldete, fragte ihn der berühmte Bibelübersetzer und Kirchenlehrer nach dem Grund. »Nun, das war ja eine unglaubliche Menge Wein!« war die Antwort. Hieronymus darauf: »Allerdings. Wir trinken ja heute noch davon.«

Sag ja zu dir selber!

Die Heilung eines Gelähmten (Mk 2,1-12)

Es gibt Augenblicke im Leben von uns Menschen, da sind wir wie gelähmt. Diese Lähmung ist total, wenn man eine solche Situation selber verschuldet oder doch verursacht hat.

Da lernt eine junge Frau einen netten Mann mit guten Umgangsformen kennen, sie verliebt sich in ihn, und es kommt eine tiefere Beziehung zustande. Irgend etwas, sie weiß selber nicht was, hält sie davon ab, ihn nach seinen Verhältnissen zu fragen; es wird sich schon eine Gelegenheit bieten, einmal darüber zu sprechen, und man will ja nicht als neugierig erscheinen. Eines Tages erfährt diese Frau dann rein zufällig, vielleicht von einer Bekannten, daß der Mann verheiratet ist, und das hätte er ihr doch nicht verschweigen dürfen. Wie sie ihn zur Rede stellt, macht er ihr klar, daß er nicht an Scheidung denke und daß man die freie Zeit auch so miteinander verbringen könne. Die Frau faßt sich an den Kopf, weil sie plötzlich begreift, daß sie nur *benutzt* worden ist, so wie man ein Spielzeug benutzt oder einen Golfschläger oder sonst was, solange man gerade Spaß daran findet. Zwar schafft sie es noch, sich von dem Mann zu trennen, aber dann ist sie mit ihren Kräften völlig am Ende.

Oder da ist ein Mann, der sich in der Kneipe in einen unsinnigen Streit verwickeln läßt und dabei einem Kumpel eine Bierflasche über den Kopf haut. Der fällt auf der Stelle tot um, und Tote kann man auch mit dem blanken Entsetzen über eine solche unselige Tat nicht wieder lebendig machen.

Wie reagieren Menschen in solchen Situationen? Vielleicht stampfen sie mit den Füßen auf den Boden, sie ringen die Hände, sie hauen mit den Fäusten gegen die Tür oder schlagen mit dem Kopf an die Wand. Oder sie schmeißen den nächstbesten Gegenstand durchs Fenster oder zertrümmern die halbe Wohnungseinrichtung. Oder sie betrinken sich. Womöglich brüllen sie ihre ganze Wut aus sich heraus, oder sie schreien auf angesichts ihrer bodenlosen Ohnmacht. Möglicherweise kriegen sie einen Wein- oder einen Lachkrampf.

Die Frau, die ihren Fehler einsieht, wird vielleicht als erstes denken: Aber die geplante Urlaubsreise mache ich trotzdem, jetzt halt allein. Und der Mann, der eben seinen Kollegen erschlagen hat, könnte sich zuallererst fragen: Mit wem werde ich denn nun in Zukunft Karten spielen?

Wenn der erste Schock vorbei ist und das Furchtbare langsam ins Bewußtsein vordringt, sind diese Menschen zu nichts mehr fähig. Zu *gar nichts*. Zunächst sind sie völlig außerstande, ihre Gedanken zu ordnen oder sie überhaupt zu sammeln.

Und dann, ganz allmählich, geht die Verzweiflung über in Stumpfheit und Apathie. Die Betroffenen schleichen wie Schatten durch die Gegend, und es ist ihnen alles gleichgültig. Genauer gesagt, alles ist mit einemmal gleich ungültig für sie. Sie sind wie gelähmt. Mehr noch, sie *sind* gelähmt. Wie findet man wieder heraus aus einem solchen Zustand?

Ein Blick in die Werkstatt der Bibelausleger

Im Neuen Testament gibt es eine Geschichte, welche auf diese Frage eine Antwort versucht.

Als er [Jesus] einige Tage später [nachdem er in der Gegend von Galiläa das Wort Gottes verkündet hatte; vgl. Mk 1,39] nach Kafarnaum zurückkam [vgl. 1,21], wurde bekannt, daß er (wieder) zu Hause war. Und es versammelten sich so viele Menschen, daß nicht einmal mehr vor der Tür Platz war; und er verkündete ihnen das Wort. Da brachte man einen Gelähmten zu ihm; er wurde von vier Männern getragen. Weil sie ihn aber wegen der vielen Leute nicht zu Jesus bringen konnten, deckten sie dort, wo Jesus war, das Dach ab und schlugen (die Decke) durch und ließen den Gelähmten auf seiner Tragbahre durch die Öffnung hinab. Als Jesus ihren Glauben sah, sagte er zu dem Gelähmten: Mein Sohn, deine Sünden sind dir vergeben.

Einige Schriftgelehrte aber, die dort saßen, dachten im stillen: Wie kann dieser Mensch so reden? Er lästert Gott. Wer kann Sünden vergeben, außer dem einen Gott? Jesus erkannte sofort, was sie dachten, und sagte zu ihnen: Was für Gedanken habt ihr im Herzen? Ist es leichter, zu dem Gelähmten zu sagen: Deine Sünden sind dir vergeben!, oder zu sagen: Steh auf, nimm deine Tragbahre, und geh umher? Ihr sollt aber erkennen, daß der Menschensohn die Vollmacht hat, hier auf der Erde Sünden zu vergeben. Und er sagte zu dem Gelähmten: Ich sage dir,
steh auf, nimm deine Tragbahre, und geh nach Hause! Der Mann stand sofort auf, nahm seine Tragbahre und ging vor aller Augen weg. Da gerieten alle außer sich; sie priesen Gott und sagten: So etwas haben wir noch nie gesehen (Mk 2,1–12).

Offensichtlich haben wir es hier mit zwei ineinander verschachtelten Erzählungen zu tun. Das ergibt sich schon daraus, daß der erste und der letzte Abschnitt zusammen eine Texteinheit bilden, welcher das Schema einer klassischen Heilungswundergeschichte (Art des Leidens – heilender Eingriff – Feststellung des Heilerfolges) zugrunde liegt.[1]

Eine Einheit für sich bildet aber auch der (in unserer Darstellung eingerückte) Textabschnitt, welcher ein Streitgespräch zwischen Jesus und einigen Schriftgelehrten beinhaltet. Darin spiegelt sich aller Wahrscheinlichkeit nach eine Auseinandersetzung wider, die in den *frühchristlichen Gemeinden* im Gange war und die der Evangelist in die Zeit Jesu zurückdatiert hat. Damit wird natürlich nicht behauptet, daß der Zuspruch der Sündenvergebung (durch Gott) nicht auf den historischen Jesus zurückgeführt werden könne. Daß diese Frage in den frühchristlichen Gemeinden heiß diskutiert wurde, zeigt die Tatsache, daß der Evangelist das *Streitgespräch* über die Sündenvergebung durch Jesus mit der *Heilungswundergeschichte* verknüpft.

»Deine Sünden sind dir (von Gott) vergeben.« Die Schriftgelehrten verstehen das Wort so, als würde Jesus im

---

[1] Vgl. dazu das 3. Kapitel in diesem Buch.

eigenen Namen und aus eigener Vollmacht Sünden vergeben (»Ich vergebe dir deine Sünden.«). Bei dem zur *Heilungswundergeschichte* gehörenden Zuspruch Jesu liegt das
Schwergewicht aber ganz und gar auf dem Zusammenhang
zwischen den *Sünden des Gelähmten* und seiner *Krankheit.*
In dem vom Evangelisten eingeschobenen *Streitgespräch*
hingegen geht es um die *göttliche Vollmacht Jesu* (»Wer
außer Gott kann Sünden vergeben? Der Menschensohn!«)
– und damit um ein Problem, das gerade in den ersten ju-
denchristlichen Gemeinden heftig erörtert wurde. Denn in
ebendiesen vom Judentum her kommenden und diesem
noch immer verbundenen Kreisen stellte sich mit besonderer Eindringlichkeit die Frage, welche die Schriftgelehrten
in unserem Text aufwerfen: Wer außer dem einen Gott
kann Sünden vergeben? Zumal man ja im Judentum nicht
einmal dem erwarteten Messias diese Vollmacht zuge-
stand! Gerade gegenüber diesen Gruppen sah sich die Kirche zu dem Nachweis genötigt, daß Jesus dank seiner göttlichen Herkunft dieses Vorrecht Gottes legitimerweise für
sich beanspruchte und daß die Kirche ihrerseits von Jesus
dazu ermächtigt war, diese Vollmacht auszuüben. Noch
deutlicher als bei Markus tritt das apologetische Bemühen
im Matthäusevangelium hervor, wo es im Anschluß an das
Wunder heißt: »Als die Leute das sahen, erschraken sie und
priesen Gott, *der den Menschen solche Vollmacht gegeben
hat*« (Mt 9,8). Man kann diese Verdeutlichung erst dann
richtig gewichten, wenn man sich daran erinnert, was hier
auf dem Spiel steht, nämlich nichts Geringeres als die Ver-
gebungspraxis der Kirche (worauf wir noch zurückkommen werden).

Die Wundergeschichte selber, welche den Rahmen für
das Streitgespräch abgibt, enthält ebenfalls einige Aussagen, die nicht ohne weiteres verständlich sind und deshalb
einer kurzen Erläuterung bedürfen.

So heißt es von Jesus, daß er nach Kafarnaum *zurück-
kommt* und *wieder zu Hause ist.* Von Kafarnaum, wo er die
Schwiegermutter des Petrus geheilt hatte, war Jesus aufge-
brochen (Mk 1,39), um in Galiläa das Wort zu verkünden.
Wenn der Evangelist nun sagt, daß Jesus wieder zu Hause
ist, denkt er dabei vermutlich an das Haus des Petrus. Wenn

dieses Haus so gebaut ist wie fast alle Häuser in dieser Gegend, handelt es sich um einen einzigen großen Raum. Das Dach besteht aus Tragbalken, zwischen die man Schilf, Heu und Zweige einflocht. Das Ganze wurde mit einer dicken Lehmschicht überzogen und möglicherweise mit Platten belegt, so daß eine Art Dachterrasse entstand, auf der man sich vor allem nach Sonnenuntergang gerne aufhielt. Die Treppe führte von außen her hoch. Viele dieser Dächer hatten außerdem eine Öffnung, die im Sommer meist nicht überdeckt wurde und durch die man das Korn und andere Vorräte, die oben in der Sonne getrocknet wurden, herunterholte.

Vor dem Haus, in welchem Jesus predigt, drängt sich die Schar der Leute, bis hinaus vor die Tür. Da der Zugang zu Jesus versperrt ist (»wegen der vielen Leute«) verfallen die vier Männer, welche den Gelähmten zu Jesus bringen wollen, auf den etwas ungewöhnlichen Gedanken, sich durch das Dach Einlaß zu verschaffen. Diese Erklärung geht wahrscheinlich auf den Evangelisten zurück, welcher den ursprünglichen Grund für dieses merkwürdige Vorgehen nicht mehr kannte. Weil damals die Grenzen zwischen Magie und Medizin fließend waren, griff man im Krankheitsfall nicht nur zu den bekannten Heilmitteln, sondern suchte sich gleichzeitig auch gegen den Einfluß von allerlei Krankheitsdämonen abzusichern. Es ist daher mehr als wahrscheinlich, daß in der ursprünglichen Überlieferung dieser Geschichte der Kranke nicht wegen der großen Menschenansammlung durch die Dachöffnung zu Jesus gebracht wurde, sondern um den Krankheitsdämon hinters Licht zu führen; dieser darf den richtigen Eingang des Hauses nicht kennen, um nicht zurückkehren zu können! Allerdings wäre es auch denkbar, daß der Evangelist diesen Sachverhalt nicht aus Unkenntnis uminterpretiert, sondern weil er sich an der abergläubischen Vorstellung stößt.[2]

Das ›Bett‹ des Kranken, der auf einer Tragbahre hergebracht wird, besteht aus einer zusammenrollbaren Schlaf-

---

[2] Vgl. J. Gnilka, Das Evangelium nach Markus (Evangelisch-Katholischer Kommentar zum Neuen Testament, Bd. II/1), Zürich Einsiedeln Köln und Neukirchen-Vluyn 1978, 97f.

unterlage, wie sie damals allabendlich im Raum des einfachen orientalischen Wohnhauses ausgebreitet wurde.

Sünde – ein »vergleichsweise humoristisches Wort«

Diese fachlichen und sachlichen Erläuterungen sind in jedem ausführlicheren Evangelienkommentar nachzulesen. Sie vermögen uns zwar den Zugang zu dieser Geschichte zu erleichtern. Aber die *eigentliche Aussageabsicht* des Evangelisten ist damit noch keineswegs geklärt.

Wie wir bereits feststellen konnten, hat Markus die ursprüngliche Geschichte von der Heilung des Gelähmten theologisch übermalt. Ihm geht es ja darum, in die zu seiner Zeit aktuelle Diskussion über die von der christlichen Gemeinde beanspruchte Vollmacht der Sündenvergebung einzugreifen. Die ursprüngliche, vom Evangelisten übernommene Wundergeschichte (ohne das Streitgespräch!) jedoch handelte vom *Zusammenhang zwischen Sünde und Krankheit*.

Die Verkoppelung von Krankheit und Sünde mag uns zunächst etwas befremdlich anmuten. Daß es sich dabei keineswegs um eine abwegige Ansicht handelt, können wir leicht nachvollziehen, wenn wir an jene Leiden denken, die man heute als psychosomatische Krankheiten bezeichnet. Damit sind gesundheitliche Störungen gemeint, deren Ursachen im seelischen Bereich zu lokalisieren sind. So ist es nicht verwunderlich, wenn ein Mensch, der den anderen stets als Sündenbock dient, plötzlich an einem Magengeschwür leidet; er muß ja immer alles schlucken! Manche Dermatologen sind davon überzeugt, daß Ausschläge häufig darauf zurückzuführen sind, daß sich jemand einfach *nicht mehr wohl fühlt in der eigenen Haut.* Chronische Schlaflosigkeit oder Alpträume lassen sich in vielen Fällen auf *verdrängte und deshalb unbewältigte Erfahrungen* zurückführen...

Derartige psychosomatische Krankheiten gehören bereits in den Themenbereich unserer Wundergeschichte, nur daß hier die seelische Ursache der Krankheit mit dem Begriff *Sünde* umschrieben wird.

Nicht nur der Werbung, sondern auch bestimmten von der kirchlichen Morallehre gesetzten Prioritäten ist es zu verdanken, daß das Stichwort ›Sünde‹ selbst in christlichen Kreisen das eine oder andere Bonmot evoziert: Nicht einmal mehr im Bett lasse die Kirche die Menschen in Ruhe; und alles was man gern möchte, mache entweder dick oder sei Sünde... Es trifft wohl zu, was Thomas Mann in einem Brief an seinen Dichterkollegen Gerhart Hauptmann bemerkte, daß nämlich der Begriff ›Sünde‹ schon seit langem als »halb gutmütiges, vertrauliches und versuchsweise humoristisches Wort« verwendet werde.[3]

Im Neuen Testament meint Sünde immer Entgottung Gottes und Selbstvergötzung des Menschen. Eine treffliche Illustration dafür bildet das Gleichnis vom verlorenen Sohn (Lk 15,11–32). Dessen Sünde besteht nicht darin, daß er irgendwelche Vorschriften übertritt oder sich mit Dirnen einläßt, sondern daß er sich vom Vater abwendet. Ohne Bild: Der eigentliche Bezugspunkt, nach dem der Mensch sich ausrichten soll – Gott und seine Weisung, die dieser ihm zu seinem Wohl anvertraut hat –, wird durch Götzen ersetzt, nach denen man sein Leben ausrichtet: Macht, Geld, Vergnügen, Ansehen, Karriere – oder all das zusammen. Indem der Mensch auf selbstherrliche Weise die Maßstäbe dafür setzt, was ihm förderlich ist, setzt er sich an Gottes Stelle; er entscheidet selber, was gut ist für ihn. Dem biblischen Verständnis zufolge besteht die Sünde nicht einfach in der Übertretung von einzelnen Verboten oder in der Mißachtung bestimmter Vorschriften oder Gebote. Derartige ›Verfehlungen‹ machen nicht das *Wesen der Sünde* aus, sondern sind bereits eine *Folge der Sünde*, nämlich der Abkehr von Gott, die der Mensch vorher schon vollzogen hat. Mit einem Wort, was wir gemeinhin als ›Sünden‹ (im Sinn von Übertretungen einzelner Gebote) bezeichnen, hat seine Wurzeln im Bruch mit Gott, neutestamentlich ausgedrückt: im Unglauben. Darin besteht das *Wesen der Sünde*, die sich dann konkretisiert in den einzelnen ›Sünden‹.

Deshalb verwundert es nicht, daß die Geschichte von der Heilung des Gelähmten weder mit einer genauen Dia-

---

[3] Th. Mann, Briefe 1889–1936, Frankfurt a. M. 1961, 125.

gnose seiner Krankheit aufwartet noch daß sie näher erläutert, worin der Kranke sich verfehlt hat. Wichtig ist vielmehr der kausale Zusammenhang zwischen Sünde und Krankheit. Dieser Mensch ist gelähmt, weil er der Sünde ausgeliefert ist. Oder besser (sein Zustand hat ja etwas mit seiner Freiheit zu tun!) weil *er sich* der Sünde *ausgeliefert hat*. Seine Krankheit – biblisch: seine Heillosigkeit – ist nicht die Folge einzelner Verfehlungen, sondern ist bedingt durch seine verkehrte (also pervertierte oder *sündhafte*) Einstellung zum Leben.

Dem ursächlichen Zusammenhang zwischen Sünde und Krankheit entspricht nun umgekehrt auch die Interaktion von Heil und Heilung. Erst wenn der Gelähmte sein psychisches Gleichgewicht – sein *Seelen*heil – gefunden hat, kann er auch von seiner *körperlichen Krankheit* geheilt werden. Damit dieser Mensch seinen Frieden wiederfindet, muß er zunächst herausfinden aus seiner Verfallenheit an sich selbst und aus seiner Entfremdung von Gott; in neutestamentlicher Sprache ausgedrückt: Er muß von seiner Sünde befreit werden. Zu Recht haben die Exegeten darauf hingewiesen, daß die Jesus zugeschriebenen Heilungen fast immer die Befreiung der Kranken zu sich selbst und zu Gott, also die Wiederherstellung des *seelischen* Gleichgewichtes beinhalten.[4]

Auferweckt zu einem neuen Leben

In der Geschichte von der Heilung des Gelähmten wird dieser Sachverhalt sozusagen im Zeitraffer dargestellt: »Deine Sünden sind dir vergeben!« Und alsogleich darauf: »Steh auf, nimm deine Tragbahre und geh nach Hause!«

In Wirklichkeit beinhaltet dieser Vorgang der Selbst- und Gottfindung und die damit verbundene Heilung natürlich einen Prozeß, der sich in der Regel über einen längeren Zeitraum hinzieht.

---

[4] Vgl. W. Schmithals, Das Evangelium nach Markus (Ökumenischer Taschenbuch-Kommentar zum Neuen Testament 2/1), Gütersloh und Würzburg 1979, 158.

Auf literarisch meisterhafte und psychologisch glaub-
würdige Art veranschaulicht dies Leo Tolstoi in seinem
1899 erschienenen Roman »Auferstehung«.

Zwei Personen stehen im Mittelpunkt dieses Werkes.
Die eine, Katjuscha Maslowa, ist die Tochter einer ledigen
Viehmagd. Von zwei alten adeligen Damen aufgezogen,
wurde sie von deren Neffen, dem Fürsten Dimitrij Nechljudow, verführt und sitzengelassen. Nach dem Tod ihres
Kindes landet sie im Bordell. Nun steht sie vor Gericht und
ist fälschlicherweise angeklagt, einen Freier vergiftet und
beraubt zu haben. Unter den Geschworenen befindet sich
ausgerechnet ihr ehemaliger Verführer, den sie nun nach
neun Jahren zum erstenmal wiedersieht. Zwar sprechen
sich die Geschworenen für Katjuschas Unschuld aus. Doch
das Urteil enthält einen Formfehler, und die Maslowa wird
zu vier Jahren Zwangsarbeit in Sibirien verurteilt.

Als Grundbesitzer kann sich der Fürst alle Annehm-
lichkeiten leisten. Obwohl er immer neue Zerstreuungen
sucht, bleibt er unbefriedigt. Irgendwie spürt er, daß er am
Leben vorbeilebt. Die Gerichtsverhandlung wird für ihn
zu einem eigentlichen Schlüsselerlebnis; mit einem Mal
»fühlte er schon in der Tiefe seiner Seele die ganze Grau-
samkeit und Niedertracht nicht nur dieser seiner Tat, sondern seines ganzen bisherigen müßigen, lockeren, grausa-
men und selbstherrlichen Lebens; und jener furchtbare
Vorhang, der wie durch ein Wunder während dieser ganzen
Zeit, alle diese zehn Jahre hindurch, dieses sein Verbrechen
und sein ganzes darauf folgendes Leben vor ihm verborgen
hatte, bewegte sich schon, und er konnte schon hier und da
hinter ihn schauen«[5].

Alles, was Nechljudow bisher getan hat, lief auf eine
einzige Selbsttäuschung hinaus. Angesichts des Lebens-
ekels, der sich in ihm aufgestaut hat, wünscht er plötzlich
nur noch eines: er möchte endlich »einfach ein wenig frei
aufatmen« (S. 135). Nun erst gibt er sich Rechenschaft darüber, daß er in seiner Jugend ein ganz anderer Mensch gewesen ist.

---

[5] L. Tolstoi, Auferstehung (Winkler-Ausgabe), München o. J., 105f.

184

Der Unterschied zwischen dem, was er damals gewesen war, und dem, was er gegenwärtig war, war ungeheuer; er war ebenso groß, wenn nicht größer als der Unterschied zwischen der Katjuscha in der Kirche und jener Prostituierten, die [...] sie heute morgen verurteilt hatten. [...] Er erinnerte sich, wie er ehemals auf seine Geradheit stolz gewesen war, wie er es sich damals zur Regel gemacht hatte, immer die Wahrheit zu sagen, und wirklich wahrhaftig gewesen war, und jetzt war er ganz in die Lüge verstrickt, in die allerschrecklichste Lüge, in eine Lüge, die seine ganze Umgebung für die Wahrheit hielt. Und es gab kein Entrinnen, wenigstens sah er keine Möglichkeit dazu. Und er versank in diese Lüge, gewöhnte sich an sie und hätschelte sie (S. 136).

In der Tat, Nechljudow ist ein Gefangener, oder, was auf dasselbe hinausläuft, ein *Gelähmter*. Er weiß sich schuldig; wenn er das unerfahrene Mädchen nicht verführt hätte, wäre alles anders gekommen. Von Gewissensbissen gepeinigt, beschließt er, der Verurteilten zu helfen. Da es ihm in Petersburg nicht gelingt, die Kassation des Urteils zu erreichen, folgt er Katjuscha Maslowa in die Verbannung, um ihr dort wenigstens ein paar Erleichterungen zu verschaffen.

Es dauert noch eine ganze Weile, bis Nechljudow endlich erkennt, daß er damit nur sich selber betrügt und daß der Abscheu, den er gegenüber den anderen Menschen empfindet, »der Abscheu vor sich selbst« ist (S. 137).

Um sein Verbrechen wiedergutzumachen, beschließt Nechljudow schließlich, Katjuscha zu heiraten.

Ich sage ihr, daß ich ein Taugenichts bin, daß ich vor ihr schuldig bin, und ich werde alles tun, was ich kann, um ihr Schicksal zu mildern. Ja, ich werde sie sehen und sie bitten, mir zu verzeihen. [...] Ich heirate sie, wenn es nötig ist (S. 139).

Es wäre dies aber eine reine Alibiübung, die wiederum der bloßen Selbsttäuschung diente; Nechljudow macht sich vor, den aufrechten Gang zu gehen, während er in Wirklichkeit doch weiter haltlos im Leben umhertaumelt, wie damals, nachdem er das Mädchen verführt hatte und seine »Schuld mit Geld begleichen zu können« meinte (S. 136).

Katjuscha lehnt Nechljudows Angebot ab und zwingt ihn so, sich endlich mit sich selber auseinanderzusetzen. Erst jetzt gibt dieser sich Rechenschaft darüber, daß er gefangen ist »im Netz seines dummen, leeren, ziellosen und nichtigen Lebens, aus dem er keinen Ausweg sah, ja, aus dem er gewöhnlich gar nicht einmal heraus wollte« (S. 136). Ihm ist, als befinde er sich am Fuß einer Geröllhalde, und bei jedem Versuch, hochzuklettern, rutschen ihm die Steine unter den Füßen weg. Oben am Rand aber steht Katjuscha und gibt ihm mit ihrem sanften Blick zu verstehen, daß sie daran glaubt, daß er den Aufstieg schließlich schaffen wird, auch wenn er manchmal noch den Halt verliert und wieder ein Stück abgleitet; und Katjuscha hat Zeit.

Denn sie ahnt, aus welchen Beweggründen Nechljudow sie heiraten will: »Meine Sache ist es zu tun, was mein Gewissen von mir fordert, sagte er sich. Mein Gewissen verlangt das Opfer meiner Freiheit, damit ich meine Sünde sühne; und mein Entschluß, sie zu heiraten – mag die Ehe auch nur auf dem Papier stehen – und ihr zu folgen, wohin man sie auch [in die Gefangenschaft] schickt, bleibt unverändert, dachte er mit bösem Trotz« (S. 403f).

Erst im Laufe der Zeit beginnt Nechljudow zu begreifen, daß er seine Schuld nicht dadurch sühnen kann, daß er sein Schicksal mit jenem der Maslowa verbindet, sondern nur, indem er sein »leeres, zielloses und nichtiges Leben« (S. 136) *grundlegend* ändert. Diese Erkenntnis veranlaßt ihn, seine Ländereien an die mittellosen Bauern zu überschreiben; er setzt sich ein für eine Verbesserung des Strafrechts und für die dringend notwendigen sozialen Reformen. Nachdem Nechljudow einmal erkannt hat, daß der Mensch *zuerst* »nach dem Reich Gottes trachten« muß, beginnt für ihn »ein ganz neues Leben, nicht so sehr, weil er in neue Lebensbedingungen eintrat, sondern weil alles, was seitdem mit ihm geschah, eine ganz andere Bedeutung als früher bekam« (S. 585f).

Am Anfang dieses Kapitels haben wir uns die Frage gestellt, wie ein Mensch herausfindet aus einem Zustand innerer Gelähmtheit und seelischer Apathie.

Es ist dies nur möglich mittels der Hilfe anderer. Damit aber ändert sich auch unsere Fragestellung: Wie erlöst man einen Menschen aus dem Zustand der Verzweiflung und Teilnahmslosigkeit, in den er sich selber hineinmanövriert hat durch sein Verhalten?

Katjuscha wird Nechljudow nicht heiraten. Aber sie wird ihm vergeben, daß er ihr damals Liebe vorgeheuchelt hat, obwohl er genau wußte, daß die gemeinsam verbrachte Nacht eine flüchtige Episode bleiben würde in seinem Leben. Katjuscha weiß, daß Schuld zum Leben gehört und daß man einem Menschen nicht hilft, wenn man eine Wiedergutmachung fordert; es wäre dies allenfalls eine Strafe, aber keine Sühne, welche die innere Umkehr miteinschließt. Und sie sieht ein, daß man einen Menschen, der sich nach Kräften bemüht, aus der Geröllhalde seines vertanen Lebens herauszuklettern, nicht zurückstoßen darf, sondern daß man ihm die Hand reichen muß. In dieser schlichten und gleichzeitig menschlichsten aller Gesten drückt sich aus, was Jesus zu dem Gelähmten sagt: »Steh auf und gehe!«

Steh auf und gehe! Mit anderen Worten: Wenn du dich darauf beschränkst, dich durch irgendwelche Leistungen freizukaufen von deiner Schuld, wirst du weiterhin gelähmt bleiben und darniederliegen. So hast du nur deinen Fehltritt vor Augen, der dir peinlich ist, und darüber vergißt du ganz und gar, dich mit den Ursachen und Beweggründen auseinanderzusetzen, aufgrund deren du in diese mißliche Lage geraten bist. Wenn du tatsächlich frei werden und dich erheben willst, dann darfst du dich nicht auf deine Schuldgefühle fixieren. Vielmehr mußt du versuchen, dich mit der Tatsache abzufinden, daß du in deinem Leben immer wieder Fehlentscheidungen treffen kannst und vermutlich auch treffen wirst – und daß du deswegen nicht schon ein strafwürdiger oder verdammenswerter Mensch bist.

Es gehört zu unserem Menschsein, daß Furchtbares mit uns geschehen kann und daß wir – manchmal gerade deshalb – auch anderen Menschen Furchtbares zufügen. Aber es gehört zu unserem Menschsein auch, daß wir mehr sind als bloß die Summe unserer Fehler und unserer Schuld. Und dieses Menschsein haben wir nicht dann schon verwirklicht, wenn wir unsere Schulden *abbezahlt* haben (wie

Nechljudow anfänglich meint). Menschlicher werden wir erst, wenn wir nach den Gründen und Hintergründen unseres Fehlverhaltens fragen. Nur dann können wir uns erheben, wenn jemand zu uns sagt: Steh auf, wag den Versuch, und *gehe*! Oder auch: Deine Schuld ist dir vergeben!

Die Angst, sich anzunehmen

Seit Jahrhunderten vernehmen Menschen dieses Wort nicht nur von jenen, an welchen sie schuldig geworden sind, sondern auch aus dem Mund von Priestern, nachdem sie sich zuvor ihrer Sünden angeklagt haben. Ein Großteil *dieser* Gelähmten aber findet trotzdem nie die Kraft, sich zu erheben. Sie verrichten ihre ›Buße‹, um eine Schuld abzuzahlen – und humpeln weiterhin durchs Leben an ihren elenden Krücken.

Begreiflicherweise, denn es sind ja nicht die einzelnen Sünden und Verfehlungen, die die Menschen lähmen, sondern das Gefühl, daß es mit dieser ›Buße‹ nicht getan sei, weil sich damit ja nichts ändert in ihrem Leben. Und darüber hinaus lähmt sie die ständige (zumeist unbewußte) Angst, sie könnten schon am gleichen Tag wieder etwas Falsches tun und erneut dann vor sich selber Scham empfinden. Diese Angst wird nicht überwunden durch den Zuspruch einer priesterlichen Amtsperson. Ein solcher Zuspruch (und nicht bloß *dieser*!) kann nur dann Frieden stiften im eigenen Herzen, wenn er dazu beiträgt, sich selber anzunehmen, mit seinen Fehlern, mit seiner Sünde, auch mit seiner Schuld. Das ist es, was Gott zuallererst vom Menschen erwartet, und nicht, daß er vollkommen ist.

Kirchlicherseits hat man das fast immer übersehen, und manchmal hat man es ganz einfach nicht wahrhaben wollen. Nicht auf die Selbstannahme wurde Wert gelegt, sondern auf die Vollkommenheit – als ob diese ohne jene zu verwirklichen wäre! Dies ist einer der Hauptgründe, warum die sakramentale Bußpraxis der Kirche in immer neue Sackgassen hineinführen mußte.

Um das zu verstehen, muß man sich daran erinnern, daß die kirchliche Bußpraxis das Ergebnis einer ebenso langen wie komplexen Entwicklung darstellt. Bekanntlich sind nicht schon die Apostel jeden Samstagnachmittag im Beichtstuhl gesessen. An eine ›Beichte‹ hat in den damaligen Zeiten niemand gedacht, da die *Predigt Jesu* ja nicht auf eine Wiederversöhnung – also auf eine ›zweite‹ Umkehr –, sondern auf die Umkehr überhaupt zielte; er forderte die Menschen zum Glauben auf und zur Nachfolge.

Die *Kirche* allerdings machte schon sehr bald die Erfahrung, daß manche der Getauften in ihrer ursprünglichen Begeisterung merklich nachließen und durch ihr Verhalten Ärgernis erregten. Dem suchte sie entsprechend dem Geist Jesu gegenzusteuern. Ein bekanntes Beispiel dafür ist die vom Matthäusevangelium überlieferte Gemeinderegel (18,15–18): Wer sündigt, soll zuerst »unter vier Augen« zurechtgewiesen werden. Wenn diese Ermahnung nichts fruchtet, ist die Zurechtweisung vor Zeugen zu wiederholen; falls der Schuldige keine Einsicht zeigt, ist der Fall der Gemeinde zur Beurteilung zu übergeben. Bleibt der Sünder auch jetzt noch verstockt, soll die Gemeinde ihn exkommunizieren, das heißt aus ihrer Mitte ausschließen.

Etwas später wurde dann die Frage diskutiert, ob es nach der Taufe, die ja alle Sünden tilgt (und vorwiegend von den Erwachsenen empfangen wurde), für Fehlbare noch eine ›zweite Nachlassung‹ geben könne. Schließlich verschaffte sich die Ansicht Geltung, daß schwerwiegende Verstöße wie Glaubensabfall, Mord, Ehebruch (falls die Sache bekannt war) oder schwerer Diebstahl zwar vergeben werden können, jedoch nicht wie bei der Taufe durch einen reinen Gnadenakt Gottes, sondern durch die Ableistung entsprechend strenger Bußwerke. Die Schuldigen bekannten ihre Verfehlungen dem Bischof, wurden in den Büßerstand eingegliedert (was den Ausschluß von der Eucharistie zur Folge hatte, außerdem mancherlei Fastenübungen und häufig auch den Verzicht auf die eheliche Intimgemeinschaft). Die Wiederversöhnung und Wiedereingliederung in die Kirche fand in der Regel am Gründonnerstag statt.

Diese ›zweite Umkehr‹ wurde jedoch nur ein einziges Mal gewährt. Um den mit einem möglichen Rückfall verbundenen Folgen zu entgehen, und teilweise auch wegen der harten, vor der Wiederaufnahme zu leistenden Bußwerke setzte sich die Gewohnheit durch, die Bitte um Eingliederung in den Büßerstand ins hohe Alter und schließlich auf das Sterbebett zu verschieben. Im Jahre 538 verbot eine kirchliche Synode in Orléans, junge und schon verheiratete Gläubige zur Buße zuzulassen – wegen der damit verbundenen fast unerfüllbaren Verpflichtungen!

Im 6. Jahrhundert begannen die Äbte in irischen und angelsächsischen Klöstern, den Gläubigen *wiederholt* Buße und Versöhnung zu gewähren. Nicht nur der Bischof, sondern auch der einfache Priester sprach nun im Namen der Kirche die Vergebung zu, und zwar schon *vor* Erfüllung der immer noch harten Bußpraktiken, die in sogenannten »Bußbüchern« genau geregelt waren. Der folgende kurze Abschnitt stammt aus einem Bußbuch, das manche Forscher einem englischen Mönch namens Beda (gest. 735) zuschreiben:

Wer trinkt, bis er sich übergeben muß, soll vierzig Tage fasten, falls es sich um einen Priester oder Diakon handelt; dreißig Tage, wenn der betreffende ein [Laien-]Mönch und zwölf Tage, wenn er ein [gewöhnlicher] Laie ist. Wer sich übergibt, weil er krank ist, sündigt nicht. Wer sich übergeben muß, weil er zuviel gegessen hat: drei Tage Fasten. Wer sich trotz des Verbots seines Herrn betrinkt, sich aber danach nicht übergibt, soll sieben Tage fasten.

Ein Unverheirateter, der eine sündhafte Beziehung zu der Frau eines anderen unterhält: zwei Jahre Fasten. Ein verheirateter Mann, der eine sündhafte Beziehung zu einer verheirateten Frau unterhält: drei Jahre Fasten, wobei sich der Verheiratete während des ersten Jahres seiner Frau nicht nähern darf. (Fasten meint hier Enthaltung von zahlreichen Speisen; praktisch waren nur Brot, Wasser, Gemüse und Früchte erlaubt.)[6]

Da die dieser Tarifbuße (so der etwas befremdliche Fachausdruck) anhaftende Strenge nicht durchzuhalten war und daher letztlich wiederum ein Hindernis für die Versöhnung mit Gott und der Kirche darstellte, sann man auf Abhilfe; beispielsweise konnte man ein langes Fasten

---

[6] C. Vogel, Il peccatore e la penitenza nel Medioevo, Turin 1970, 62 und 66.

durch Gebet und Almosen, durch die Stiftung eines gemeinnützigen Werkes oder durch Messen ›abtragen‹ (oder durch andere abtragen lassen; hier liegt der Ursprung des Ablaßwesens).

Für die weitere Entwicklung des Bußsakramentes wichtig sind die im Jahre 1551 vom Konzil von Trient verabschiedeten Lehrentscheidungen. Dort ist nicht mehr von der öffentlichen Kirchenbuße, sondern nur noch von der *Ohrenbeichte* die Rede. Sämtliche Todsünden sind unter Angabe der Anzahl und der näheren Umstände zu beichten. Dies wiederum hängt damit zusammen, daß man die Beichte mit einem Tribunal vergleicht, bei dem der Priester als Richter fungiert.

Schon dieser sehr summarische Überblick zeigt, daß die heutige Beichtkrise zu einem guten Teil darin ihre Ursache hat, daß die Kirche sich bei ihren Überlegungen zum Sakrament der Wiederversöhnung fast ausschließlich von dogmatischen Kriterien leiten ließ, was notwendigerweise zu einer im Wortsinn un-menschlichen Entwicklung beigetragen hat. Tatsächlich vermißt man ja jedes psychologische Einfühlungsvermögen (wie es etwa der Aufforderung zur geschwisterlichen Zurechtweisung in der zitierten Gemeinderegel noch durchscheint). Das Tribunal ist nicht mehr bloß ein *Modell* für die Beichte; vielmehr *gerät* die Beichte zum Tribunal. Dabei hätte man im Neuen Testament selbst angemessenere Modelle finden können. Man denke bloß an die Begegnung zwischen Jesus und dem Zöllner Zachäus, den Jesus mit keinem Wort verurteilt (Lk 19,1–10), oder an das Gleichnis vom verlorenen Sohn (Lk 15,11–32), dem der Vater auch den geringsten Vorwurf erspart.

Diesen eindrücklichen Geschichten steht seit dem Konzil von Trient ein dogmatisches Gestrüpp von kirchlichen Lehren über das Bußsakrament gegenüber. Man diskutiert, ob der Priester als Richter in Erscheinung tritt; ob die unvollkommene Reue ausreicht, um Vergebung zu erlangen, und weshalb die vollkommene Reue besser ist; warum man die artverändernden Umstände einer (Tod-) Sünde unbedingt in das Schuldbekenntnis miteinbeziehen muß; wer berechtigt ist, die Beichte zu hören; wie oft man beichten muß... Um diese Aussagen richtig zu gewichten, muß man sie natürlich in ihrem historischen Kontext betrachten. Aber auch eine solche entstehungsgeschichtliche Betrachtungsweise ändert nichts daran, daß die dogmatischen Entscheidungen eine pastorale Hilflosigkeit verdecken, welche dann in der Praxis häufig mit leeren Phrasen und nichtssagenden Floskeln (»wir wollen alles einschließen...«) überspielt wird.

Wenn immer ein von seiner Schuld gelähmter Mensch Vergebung sucht, kann es jedenfalls nie und nimmer darum gehen, ihn zu richten, sondern einzig darum, ihn zu verstehen. Wenn der Vater seinen heimkehrenden Sohn mit Vorwürfen überschüttet hätte, so hätte dieser keinen einzigen Schritt mehr auf ihn zugehen und keine einzige Silbe mehr stammeln können, um ihn um Vergebung zu bitten; wie gelähmt wäre er stehengeblieben und vollends zusammengebrochen.

Ein Mensch, der seine Schuld einmal erkannt hat, spürt selber, daß er angerichtetes Unheil wiedergutmachen muß (wenn diese Möglichkeit denn noch besteht); das braucht man ihm nicht zu sagen. Aber vielleicht muß man ihm zu verstehen geben, daß dies nicht das Hauptproblem ist.

Wohl sagt Jesus zu dem Gelähmten: »Steh auf!« Aber er fügt hinzu: »*Nimm deine Tragbahre* und geh nach Hause!« Das kann nur heißen: Diese Bahre, auf der du darniederlagst, gehört zu dir. Du darfst deine Vergangenheit nicht verdrängen. Erst wenn du fähig bist, auch zu dieser Vergangenheit zu stehen, kannst du wieder aufrecht gehen. Sag ja zu dir selber, dann fühlst du das Leben neu in dir, auf eine Weise, wie sonst nur Liebende es spüren, gerade so, als sei es in deinem Herzen plötzlich Frühling geworden.

Auf eigenen Füßen stehen

Auferweckung des Sohnes einer Witwe in Naïn
(Lk 7,11–17)

Alle Menschen ohne Ausnahme streben danach, glücklich zu sein, wie verschieden die Wege auch sind, die sie einschlagen; alle haben dieses Ziel. Der gleiche Wunsch ist es, mag er sich auch verschieden ansehen, der in diesem und in jenem lebt, und der bewirkt, daß die einen in den Krieg und die anderen nicht in den Krieg ziehen. Zu keiner Handlung ist der Wille zu bewegen, jede zielt auf das Glück. Es ist der Beweggrund aller Handlungen aller Menschen, selbst derer, die im Begriff sind, sich zu erhängen.[1]

Es hat diese Feststellung des französischen Denkers Blaise Pascal (1623–1662) schon ihre Richtigkeit. Was anderes denn sucht jeder Mensch sein Leben lang, als allem Unglück zu entfliehen, sich vor jedem Leiden zu schützen und all seine Ängste loszuwerden? Selbst die Opfer, die er bringt, nimmt er ja nicht einfach nur auf sich; er nimmt sie stets nur in Kauf um des Erwerbs einer lohnenden Sache willen.

Jeder Mensch möchte sich entfalten und sich verwirklichen, glücklich möchte er sein und – leben.

Und doch ist sein Leben ständig vom Tod bedroht. Nicht nur, weil er, eigensinnig oder verblendet, sein Glück oft am falschen Ort sucht, sondern weil der Tod selber seinem Dasein eine Grenze setzt, die er nicht wahrhaben und schon gar nicht wahrnehmen will und die er deshalb gerne verdrängt.

Aber immer neu ist er mit dieser Grenze konfrontiert, die der Tod darstellt, nicht nur in seiner biologischen Erscheinungsweise, sondern auch in seinen ›vorläufigen‹ Erscheinungsformen des Leidens, angefangen beim physischen Schmerz oder mancherlei Schicksalsschlägen und

---

[1]   B. Pascal, Gedanken, Fragment 425 (nach der Zählung von L. Brunschvicg).

Kümmernissen, bis hin zur tiefsten Depression oder zur nackten Verzweiflung.

Daß der Mensch in jedem Augenblick seines Lebens nicht nur dem Tod selber, sondern auch allen nur möglichen Todesmächten als seinen drohenden Vorboten begegnen kann, veranschaulicht eine Episode aus dem Leben des berühmten Apollonios, der zu den berühmtesten Wunderheilern der Antike gehörte. Dieser Zeitgenosse des Apostels Paulus stammte aus Tyana, einer Stadt in der römischen Provinz Kappadokien in Kleinasien. Das folgende Zeugnis verdanken wir Philostratos, einem Schriftsteller am Hof des römischen Kaisers Septimius Severus, der ums Jahr 200 eine Biographie über den damals weltbekannten, oder besser: über den in der ganzen damaligen Welt bekannten Apollonios verfaßte.

Ein Mädchen, im Begriff zu heiraten, schien gestorben zu sein, und der Bräutigam folgte seiner Bahre. Er klagte über den frühen Tod seiner Braut. Rom trauerte mit ihm, denn das Mädchen gehörte einer Konsularenfamilie an. Apollonios kam gerade dazu und erfuhr von dem Leid.

Er sagte: Setzt die Bahre ab! Ich werde euch die Tränen stillen, die ihr über das Mädchen weint. Und sogleich fragte er, wie es heiße. Die Menge dachte, er wolle eine Rede halten, wie es beim Leichenbegräbnis üblich ist, um die Totenklage anzuregen. Aber statt dessen berührte er das Mädchen nur und flüsterte ihm etwas zu. Er erweckte es vom scheinbaren Tod. Und das Mädchen sprach und ging in das Haus seines Vaters. [...] Die Verwandten des Mädchens wollten dem Apollonios 150<000 Sesterzen geben. Aber er sagte, er wolle sie dem Mädchen zur Mitgift hinzufügen.

Ob er noch einen Lebensfunken in ihr entdeckte, den die Ärzte nicht bemerkt hatten, oder ob das Leben wirklich erloschen war und er es durch die Wärme seiner Berührung wiederherstellte, ist eine äußerst schwierige Frage, welche weder ich noch die, welche anwesend waren, lösen können.[2]

---

[2] Philostratos, Vita Apollinii IV, 45; zit. A. Weiser, Was die Bibel Wunder nennt, Stuttgart 1975, 127.

Der Zug des Lebens und die Prozession des Todes

Diese Geschichte erinnert uns in manchem an eine Episode aus dem Neuen Testament, die einzig von Lukas überliefert wird und in welcher der Evangelist beschreibt, wie der Zug des Lebens und die Prozession des Todes plötzlich aufeinanderstoßen.

Einige Zeit später machte er [Jesus] sich auf und ging *in eine Stadt namens Naïn; seine Jünger und eine große Menschenmenge folgten ihm.* Als er in die Nähe des Stadttors kam, *trug man gerade* einen Toten *heraus. Es war der einzige Sohn seiner Mutter, einer Witwe. Und viele Leute aus der Stadt begleiteten sie.*

Als der Herr die Frau sah, hatte er Mitleid mit ihr und sagte zu ihr: Weine nicht! Dann ging er zu der Bahre und *faßte sie an. Die Träger blieben stehen, und er sagte:* Ich befehle dir, junger Mann: Steh auf! Da richtete sich der Tote auf *und begann zu sprechen,* und Jesus gab ihn seiner Mutter zurück.

Alle wurden von Furcht ergriffen; sie priesen Gott und sagten: Ein großer Prophet *ist unter uns aufgetreten:* Gott hat sich seines Volkes angenommen. *Und die Kunde davon verbreitete sich überall in Judäa und im ganzen Gebiet ringsum (Lk 7,11–17).*

Während Jesus und seine Jünger (also nicht nur die zwölf Apostel, sondern eine größere Gruppe von Anhängern; vgl. Lk 6,13.17) nach Jerusalem hinaufziehen, treffen sie vor dem Städtchen Naïn auf einen Leichenzug.

Dieser kleine im südlichen Galiläa gelegene Ort heißt heute Nen und zählt gerade ein paar hundert muslimische Einwohner; schon zur Zeit Jesu handelte es sich bloß um einen unbedeutenden Weiler. Lukas allerdings, der sein Evangelium zwischen den Jahren 85 und 90 wahrscheinlich in Griechenland oder Kleinasien geschrieben hat, kennt die örtlichen Verhältnisse bekanntlich nicht aus eigener Anschauung. So verwundert es denn nicht, daß er sich den Ort des Geschehens als hellenistische Stadt vorstellt, die mit einer Mauer umgeben ist.

Zwar besteht eine ganze Reihe von *Unterschieden* zwischen der lukanischen Erzählung und dem Bericht des Philostratos (junger Mann – Mädchen; Erweckung durch Berührung der Bahre – durch Berührung des Sarges; Anlehnung an Erweckungsgeschichten aus der Hebräischen Bibel – Anspielungen auf die griechische Mythologie; Verherrlichung Jesu durch die Zeugen – Versuch einer Erklärung seitens des Erzählers...). Anderseits jedoch stechen auch gewisse *Ähnlichkeiten* ins Auge. Gemeinsam ist beiden Geschichten, daß der Wundertäter einem Trauerzug begegnet; daß einer der Trauernden dem (beziehungsweise der) Toten in besonderer Weise verbunden war; daß der Wundertäter Trost spendet und schließlich das Wunder vollbringt.

Natürlich konnte sich Lukas bei seiner Darstellung unmöglich an der Schrift des Philostratos orientieren, da diese ja erst ein gutes Jahrhundert nach seinem Evangelium niedergeschrieben wurde. Anderseits aber darf man nicht vergessen, daß das *Motiv der Auferweckung von Toten durch eine Gottheit* älter ist als das Christentum. Von daher erklärt es sich wohl, daß die Wundergeschichte des Philostratos ähnlich aufgebaut ist wie jene des Evangelisten Lukas. Die Entsprechungen zwischen den beiden Darstellungen sind vorwiegend *formaler Art*.

Eine Reihe von *inhaltlichen Ähnlichkeiten* jedoch weist die lukanische Darstellung mit einer anderen Wundergeschichte auf, die ganz in der Nähe von Naïn spielt. Bekanntlich liegt dieser Flecken, der in der Bibel sonst nirgends erwähnt wird, in der Nähe von Schunem, wo der Prophet Elischa, der Schüler und Nachfolger des Elija, ein totes Kind wieder ins Leben zurückgerufen haben soll (2 Kön 4,18–37). Allein schon diese Ortsangabe ist ein Indiz dafür, daß zwischen den beiden Überlieferungen ein Zusammenhang besteht. Eine *direkte Abhängigkeit* allerdings ist nicht wahrscheinlich. Sicher ist hingegen, daß das Elischa-Wunder seinerseits auf eine andere Erzählung zurückgeht. Überlieferungsgeschichtlich betrachtet verhält es sich nämlich so, daß die Elischa-Jünger kurzerhand eine dem Elija zugeschriebene Totenerweckung ›modifizierten‹ und auf *ihren* Lehrer übertrugen. Damit wollten sie dokumentieren, daß Elischa nicht weniger mächtig war als sein Vorgänger und Lehrer Elija.

Der Evangelist Lukas hat natürlich beide Schilderungen gekannt. Orientiert hat er sich bei seiner Darstellung an der dem Propheten Elija zugeschriebenen Totenerweckung, wie ein Vergleich eindeutig belegt.[3]

Auf einen Ruf des Herrn hin begibt sich Elija in die südlich von Sidon gelegene Küstenstadt Sarepta.

Er machte sich auf und ging nach Sarepta. [...] Als er an das Stadttor kam, traf er dort eine Witwe, die Holz auflas. [...]

Nach einiger Zeit erkrankte der Sohn der Witwe [...]. Die Krankheit verschlimmerte sich so, daß zuletzt kein Atem mehr in ihm war.

Da sagte sie zu Elija: Was habe ich mit dir zu schaffen, Mann Gottes? Du bist nur zu mir gekommen, um an meine Sünde zu erinnern und meinem Sohn den Tod zu bringen. Er antwortete ihr: Gib mir deinen Sohn! Und er nahm ihn von ihrem Schoß, trug ihn in das Obergemach hinauf, in dem er wohnte, und legte ihn auf sein Bett. Dann rief er zum Herrn und sagte: Herr, mein Gott, willst du denn auch über die Witwe, in deren Haus ich wohne, Unheil bringen und ihren Sohn sterben lassen? Hierauf streckte er sich dreimal über den Knaben hin, rief zum Herrn und flehte: Jahwe, mein Gott, laß doch das Leben in diesen Knaben zurückkehren!

Der Herr erhörte das Gebet Elijas. Das Leben kehrte in den Knaben zurück, und er lebte wieder auf. *Elija nahm ihn, brachte ihn vom Obergemach in das Haus hinab* und gab ihn seiner Mutter zurück *mit den Worten: Sieh, dein Sohn lebt. Da sagte die Frau zu Elija: Jetzt weiß ich, daß du* ein Mann Gottes bist *und daß das Wort des Herrn wirklich in deinem Mund ist (1 Kön 17,10f;17–24).*

Die Ähnlichkeiten zwischen der Geschichte von der Totenerweckung in Sarepta und jener bei Naïn sind frappierend. Beide Erzählungen werden im griechischen Text mit dem gleichen Wort *(egéneto:* er machte sich auf...) eingeleitet. Die erste Begegnung des Wundertäters mit der Mutter des Verstorbenen erfolgt jeweils vor den Toren der

---

[3] Man beachte die in beiden Geschichten von mir hervorgehobenen Stellen.

Stadt. In beiden Fällen handelt es sich bei dem Toten um den einzigen Sohn einer Witwe. Und beide Söhne sind gerade eben verstorben. Kaum daß der Tote seinen letzten Atemzug getan hat, wird der Prophet verständigt. Ähnliches gilt für Jesus; die Toten wurden damals nämlich lediglich mit einem Leichentuch bedeckt, auf eine Bahre gelegt und noch am selben Tag außerhalb der Wohngegend beigesetzt. In beiden Geschichten schließlich gibt der Wundertäter den Erweckten der Mutter zurück und wird zum Schluß als Mann Gottes (Elija) bzw. als großer Prophet (Jesus) gepriesen.

Angesichts dieser formalen und inhaltlichen Gemeinsamkeiten drängt sich die Schlußfolgerung auf, daß Lukas bei der Niederschrift seiner Geschichte mit Sicherheit an das Elija-Wunder gedacht hat.

Anderseits aber gibt es auch derart gewichtige Unterschiede, daß man nicht davon ausgehen kann, Lukas habe sich *ausschließlich* an dieser Erzählung orientiert oder sie einfach nachgebildet.

Im Gegensatz zu Elija wird Jesus von der trauernden Witwe nicht *angesprochen,* sondern wendet sich *von sich aus* an sie. Während der Prophet *Jahwe bittet,* den Toten wieder zu beleben und von diesem erhört wird, hat Jesus nach der Überzeugung des Evangelisten diese Kraft schon *in sich;* er erweckt den Jüngling durch ein Macht-Wort (wobei er nicht einmal den Toten, sondern lediglich die Bahre berührt). Elija wird von der Witwe als *Mann Gottes* bezeichnet, der das Wort des Herrn verkündet. Jesus hingegen tritt als großer Prophet in Erscheinung, in welchem *Gott selbst* seinem Volk entgegenkommt.

Faktische Berichterstattung oder narrative Theologie?

Heißt das nun aber, daß Lukas mit der Geschichte von der Totenerweckung zu Naïn kein geschichtliches Ereignis schildert, sondern lediglich sagen will, daß Jesus als Herr über Leben *und* Tod allen, die ihm nachfolgen, das Leben schenkt (vgl. Joh 11,25)?

Vom historischen Standpunkt aus ist die Frage, ob es sich bei den von den Evangelisten erzählten Totenerweckungen um überlieferte Tatsachen oder um die narrative Ausgestaltung eines theologischen Glaubens-Satzes handelt, berechtigt.

Wohlgemerkt, es steht hier nicht die *Möglichkeit* von Totenerweckungen zur Diskussion, sondern lediglich die Frage, ob wir aufgrund der Evangelien behaupten können, daß Jesus tatsächlich Menschen aus dem Tod in dieses Erdenleben zurückgerufen hat.

Wir wir bereits feststellen konnten, waren Geschichten von Totenerweckungen in der Antike nicht unbekannt. Von solchen Ereignissen berichtet schon die Hebräische Bibel. Nach der im Talmud enthaltenen Überlieferung haben auch einige Rabbinen Tote ins Leben zurückgeholt.[4] Daß die antike heidnische Literatur ebenfalls Wundererzählungen über Totenerweckungen kennt, wurde bereits erwähnt.

Jesus selber werden vom Neuen Testament drei Totenerweckungen zugeschrieben, nämlich die Auferweckung der Tochter des Jaïrus (Mk 5,22–24.35–43; Mt 9,18–19.23–26; Lk 8,40–42.49–56), des Jünglings von Naïn (Lk 7,11–17) und des Lazarus (Joh 11,1–44).

Aus verschiedenen Gründen ist es nicht möglich, ein schlechtweg end-gültiges Urteil darüber abzugeben, ob diesen drei Überlieferungen ein geschichtliches Ereignis zugrunde liegt.

Da ist einmal die Tatsache, daß der Begriff »tot« im damaligen Sprachgebrauch sehr vieldeutig war. Kranke, für die keine Hoffnung auf Heilung bestand, konnten ohne weiteres als »Tote« bezeichnet werden. Von Menschen, die aus Todesgefahr errettet wurden, sagte man häufig, sie seien vom Tod ins Leben zurückgerufen worden (vgl. Ps 55,5 mit 55,19; 86,13; 88,6).

Dazu kommt, daß die biblischen Schilderungen von Totenerweckungen verschiedene Überlieferungsstadien

---

[4] Vgl. H. L. Strack / P. Billerbeck, Kommentar zum Neuen Testament aus Talmud und Midrasch, Bd. I: Das Evangelium nach Matthäus, München [4]1965, 560.

durchlaufen haben, so daß im besten Fall noch die ursprüngliche Erzählung, nicht aber das ihr zugrunde liegende Faktum rekonstruiert werden kann. So ruft Jaïrus dem Markusevangelium zufolge Jesus zu sich, weil sein Töchterlein auf den Tod erkrankt ist (Mk 5,23). Durch die Begegnung mit einer an Blutfluß leidenden Frau (eine Episode, die mit Sicherheit erst zu einem späteren Zeitpunkt der Überlieferung hier eingeschoben wurde!) verzögert sich Jesu Ankunft im Haus des Synagogenvorstehers. Als er dort eintrifft, ist das Kind soeben gestorben. Bei Matthäus dagegen, der das Markusevangelium als Vorlage benutzt, findet bereits eine Steigerung statt; hier ereilt der Ruf Jesus erst, als das Mädchen schon verstorben ist (Mt 9,18).

Was die Auferweckung des Lazarus betrifft, so gibt diese dem Johannesevangelium zufolge den Ausschlag dafür, daß der Hohe Rat beschließt, Jesus umzubringen (vgl. Joh 11,45—53). Davon aber wissen die anderen drei Evangelisten nichts, so wie sie ja auch die Auferweckung des Lazarus selbst – nach Johannes immerhin das aufsehenerregendste Wunderzeichen Jesu! – mit keinem Wort erwähnen. Außerdem scheint die Verkündigungsabsicht des vierten Evangelisten gerade in dieser Geschichte überdeutlich durch (beispielsweise verzögert Jesus die Ankunft in Betanien absichtlich, damit er seine Macht durch ein Wunder beweisen kann: 11,6.15). Sicher ist im Hinblick auf diese Geschichte nur eines, nämlich die Aussageabsicht des Evangelisten, der seiner Leserschaft vor Augen führen will, daß Jesus »die Auferstehung und das Leben« ist (11,25). Daß der Mensch *daran* glaubt, ist wesentlich, und nicht ob er glaubt (oder nicht glaubt), daß Jesus Tote auferweckt hat. Letzteres ist ohnehin nicht eine Glaubens-, sondern eine historische Frage. Und bezüglich dieser Frage lassen sich aufgrund der Quellenlage, vor allem wegen des Verkündigungscharakters der Evangelien, allenfalls Mutmaßungen anstellen.

Dies gilt natürlich auch für die Totenerweckung zu Naïn, die aus einer Überlieferung stammt, welche Lukas als einzigem Evangelisten bekannt ist. Und diesem wiederum ging es nicht darum, lediglich ein spektakuläres Ereignis zu schildern. Vielmehr stellt er seine Schilderung in den

Dienst der Verkündigung. Vor allem möchte er zeigen, wer Jesus ist.

Dies tut er jedoch nicht, wie später die großen Konzilien, mittels abstrakter (Glaubens-)Formeln, sondern er bedient sich der Mittel der Erzählung.

Indem er von Jesus als dem *Herrn* spricht (7,13: »Als der *Herr* die Frau sah, hatte er Mitleid mit ihr«), unterstreicht er dessen Göttlichkeit. Bekanntlich wurde in der griechischen Übersetzung der Hebräischen Bibel der Gottesname mit dem Begriff *kyrios* (= Herr) wiedergegeben. Folgerichtig verwenden die neutestamentlichen Autoren diesen ›Titel‹ (wie man in der theologischen Fachsprache sagt) immer dann, wenn sie die göttliche Herkunft Jesu unterstreichen wollen.

Darauf läuft die ganze Geschichte von der Erweckung des Jünglings zu Naïn ja letztlich hinaus. Lukas geht es nicht nur darum, mittels eines Überbietungswunders zu beweisen, daß Jesus größer ist als Elija; vielmehr illustriert er mit dieser Geschichte, daß *Gottes lebenspendende Kraft selber in Jesus wirksam ist.*

Allerdings läßt der Evangelist es nicht bei dieser Glaubensunterweisung bewenden, sondern weist gleichzeitig darauf hin, daß das Bekenntnis zu Jesus als dem *Herrn* praktische Konsequenzen miteinschließt, insofern Jesus hier all jenen, die sich auf ihn berufen, ein Beispiel für ihr eigenes Verhalten vor Augen führt: »Der Herr hatte Mitleid mit ihr.«

Es ist dies eines der Herzensanliegen des Lukas. Wie keiner sonst von den Evangelisten stellt er Jesu Mitleid und seine Barmherzigkeit ins Zentrum seiner Schrift. Er allein berichtet, wie Jesus beim Anblick seiner Stadt in Tränen ausbricht, voller Gram und Kummer darüber, daß ihr nicht zu helfen ist, weil sie sich seiner Botschaft verweigert (19,41f) Und nur bei Lukas finden sich die ergreifenden Gleichnisse von der verlorenen Drachme und vom verlorenen Sohn (15,8–32) und die trostreichen Geschichten von Jesu Begegnung mit der Sünderin (7,36–50) und mit dem Zöllner Zachäus (19,1–10), die beide daran erinnern, daß die Erfahrung von Barmherzigkeit und Mit-Leid für einen Menschen zum Inbegriff der Seligkeit werden kann.

»Der Herr hatte Mitleid mit ihr.« Allerdings gilt Jesu Mitleid nicht bloß dem Schmerz, den diese Witwe empfindet über den Verlust ihres Sohnes; vielmehr denkt er auch an das schlimme Los, welches diese Frau nun erwartet.

Eine Witwe, deren einziger Sohn starb, verlor auch ihre Stütze fürs Alter. Eine solche Frau war geradezu der Inbegriff eines Menschen ohne Hoffnung und ohne Zukunft. Fortan gehörte sie der Familie ihres verstorbenen Mannes. Dort war sie als Magd gerade noch geduldet. Praktisch war sie schutzlos; sie hatte ja niemanden, der ihre Interessen vertrat in einer Gesellschaft, in der allein die Männer das Sagen hatten. Dieser Tatbestand wurde schon von den Propheten angeprangert, die häufig ihre Stimme erhoben angesichts der Ungerechtigkeiten, die an den Witwen und Waisen verübt wurden: »Helft den Unterdrückten! Verschafft den Waisen Recht, tretet ein für die Witwen!« (Jes 1,17).

Steh auf!

Aus Mitleid mit dieser Frau und ihrem bitteren Los also nimmt Jesus die Sache nun buchstäblich selber in die Hand. Er berührt die Bahre, er befiehlt dem Toten aufzustehen, er gibt ihn seiner Mutter zurück.

»Steh auf!« Dieses Wort richtet Jesus zwar an den Sohn; aber die Witwe, die Jesus zuvor aufgefordert hatte, nicht mehr zu weinen, ist hier mitgemeint; auch sie, die von Kummer und Schmerz gebeugt ist, soll sich aufrichten.

Auf die ›Moral‹, die Lukas mit dieser Geschichte verbindet, haben wir bereits hingewiesen. Jesu Jüngerinnen und Jünger sind aufgerufen, ihr Verhalten an seinem Vorbild zu orientieren.

Damit sind wir bei der *Nachgeschichte*, und die kann, entsprechend der Intention des Evangelisten, immer nur praxisorientiert – und das heißt gleichzeitig auch situationsbezogen – ausgelegt werden.

Mehr als früher gibt sich heute die Psychologie Rechenschaft über die grundlegende Bedeutung, welche der Beziehung zwischen Mutter und Sohn zukommt für dessen späteres Leben. Einigermaßen unterrichtet sind wir auch über

Fehlentwicklungen und pathologische Störungen, die in dieser Beziehung auftreten können. Schon die lukanische Geschichte läßt (übrigens ohne jeden Rückgriff auf psychologische Theorien und Verhaltensmuster) durchblicken, daß diese Beziehung als Inbegriff enger (oder engster) Zusammengehörigkeit auch auf Zukunft hin orientiert ist; der Sohn ist der einige Besitz einer Witwe, und damit sind, gerade im Hinblick auf ihre Altersversorgung, ganz bestimmte Erwartungen und Ängste verbunden.[5]

Aber nicht nur aus Gründen der materiellen Not, sondern auch aus einem Gefühl der Vereinsamung und Leere heraus kann es geschehen, daß eine Frau, die ihren Mann früh verliert, ihre ganze Lebenshoffnung auf ihren einzigen Sohn richtet. Man kann sich gut vorstellen, daß eine solche Frau alles her- und sich selbst fast aufgibt, um das Glück und das Fortkommen ihres Sohnes zu fördern – und dabei nicht merkt, wie ihre unermüdliche Sorge und ihre geheime Angst ihn in seinem Leben beengen. Ähnliches läßt sich natürlich auch bei Vätern feststellen. Eltern können sich bis zur Erschöpfung anstrengen, wenn es darum geht, ihren Söhnen und Töchtern das zu ermöglichen, was ihnen selber versagt geblieben ist, damit wenigstens die Kinder einmal das leben können, was sie selber nicht leben durften.

Aus dem Übermaß einer solchen Fürsorge heraus, die durchaus nicht frei ist von uneingestandenen und unbewußten Eigeninteressen, entstehen dann jene Tragödien, die Kinder zu seelischen Krüppeln machen. Die Uneigenständigkeit, zu denen man die Kinder herangezogen hat, wird sich ja früher oder später manifestieren: im beruflichen Versagen, im Scheitern von Beziehungen, in der gesellschaftlichen Isolation, in Krankheiten schließlich, die aber bloß körperliche Symptome eines seelischen Leidens darstellen. Es sind dies aber letztlich nur die Folgeerscheinungen eines Übermaßes an vermeintlicher Liebe, die sich jedoch bei näherem Hinsehen häufig als blutsaugerisch und erpresserisch herausstellt.

---

[5] Die folgenden Überlegungen sind inspiriert von E. Drewermann, Und legte ihnen die Hände auf. Predigten über die Wunder Jesu. Herausgegeben von B. Marz, Düsseldorf 1993, 146–151.

Dem von der Mutter unwissentlich und ungewollt verursachten Leiden des Sohnes entspricht ihre eigene Qual, begreiflicherweise, da ja die Erkrankungen beider einander bedingen.

»Weine nicht, Frau!« Wenn wir dieses Wort in *diese* Situation hinein übersetzen, bedeutet es: Begreife doch endlich, daß deine Existenz nicht vom Gelingen oder Scheitern des Lebensentwurfes abhängt, den du dir für deinen Sohn ausgedacht hast! Laß ihn endlich heraustreten aus deinem Schatten, den du über ihm und um ihn verbreitest mit deinen Ratschlägen (die insgeheim doch nichts anderes als Forderungen darstellen) und mit deiner Über-Sorge (die letztlich nur deinem vor dir selber uneingestandenen Egoismus entspringt). Weine nicht! Das heißt dann auch: Laß deinen Sohn los, laß ihn endlich *leben*.

Zugegeben, die von keinem weiteren Trostwort Jesu begleitete Aufforderung an die Mutter, nicht mehr zu weinen, klingt hart. Aber sie entspringt seinem Mitleid. Und gibt es nicht Situationen, in denen die mitleidige Hilfe, soll sie nicht eine bloße Vertröstung wortreich kaschieren, Härte erfordert? Muß man einem Menschen, dessen Unglück im eigenen Verhalten gründet, nicht die Augen öffnen, auch wenn das zunächst einmal mit schrecklichen inneren Qualen verbunden ist?

Hilfe jedoch braucht in einem solchen Fall nicht nur die Mutter, sondern auch der Sohn. Wiederum hält Jesus keine lange Rede, sondern beschränkt sich (dem griechischen Original zufolge) auf ein einziges Wort in Form eines Befehls: »Aufstehe!« Im Klartext: Du brauchst kein schlechtes Gewissen zu haben, wenn du nicht länger auf die geheimen Erpressungsversuche deiner Mutter eingehst, sondern dich endlich entschließt, nach deinen *eigenen* Vorstellungen zu leben, *deine* Träume zu verwirklichen und zu *deinen* Sehnsüchten zu stehen, mit einem Wort, wenn du endlich den Mut findest, *dein* Leben zu leben. Wohl wird deine Mutter zunächst leiden unter diesem Entschluß; der Prozeß der Ablösung wird ihr schwer zu schaffen machen, aber ihr beide müßt da hindurch. Wenn sie dann erst einmal spürt, wie selbständig du bist, und wie glücklich darüber, daß du es geschafft hast, dich loszulösen von ihr und dein Leben selber zu gestalten, dann wird sie allmählich begreifen, daß sie sich gewißlich weiterhin um dich Sorgen machen darf, aber nicht auf eine Art, die dir ständig Schuldgefühle einflößt und dir das Gefühl gibt, unter Atemnot zu leiden und ersticken zu müssen.

Es ist dies die Freiheit, die Eltern ihren Kindern zugestehen müssen, ohne jeden einzelnen ihrer Schritte mit ihrer Über-Sorge zu verfolgen und jeden kleinen Fehltritt als Tragödie zu betrachten. Wer einen Menschen an sich fesselt, hat ihn schon verloren; er raubt ihm ja so seinen Freiraum und seine Freiheit und damit das Leben.

Psychologische Mechanismen der geschilderten Art sind natürlich nicht nur wirksam zwischen Eltern und Kindern, sondern in jeder zwischenmenschlichen Beziehung. Erinnert sei bloß an die leidige Tatsache, daß wir stets dazu neigen, andere Menschen in ihrer Freiheit zu beschränken, indem wir mit bestimmten Erwartungen an sie herantreten und sie das auch spüren lassen. Dies wiederum hängt zu einem guten Teil damit zusammen, daß wir uns ein Bild gemacht haben von ihnen. Wir melden Ansprüche an, weil wir meinen, sie zu kennen. Wir haben eine bestimmte Vorstellung von ihnen, und diese Vorstellung ist es, die wir bejahen oder ablehnen. Und natürlich erwarten wir, daß sie unserem Bild entsprechen; das beanspruchen wir als unser gutes Recht, welches wir jederzeit einklagen dürfen.

»Du sollst dir kein Bildnis machen« (Ex 20,4). Nicht zu Unrecht wendet der Schriftsteller Max Frisch diese biblische Weisung in seinem Werk zu wiederholten Malen nicht nur auf Gott, sondern auch auf die Menschen an.

Tatsächlich geschieht es ja häufig im Bereich der zwischenmenschlichen Beziehungen, daß man nicht einen Menschen liebt, sondern bloß das Bild, das man sich von ihm gemacht hat. Daß und warum eine solche Haltung unweigerlich in die Katastrophe führt, illustriert Max Frisch in seinem Roman »Stiller«.

Der gescheiterte Bildhauer Stiller meint, seine Frau Julika zu lieben. Julika ist Balletteuse, und ihre Kunst bedeutet ihr mehr oder doch zumindest nicht weniger als ihre Ehe. Stiller seinerseits sieht seine Lebensaufgabe darin, dieser Frau, die er zu seiner »Bewährungsprobe« gemacht hat[6], das Leben zu geben und die Freude. Die Beziehung scheitert nicht deswegen, weil Stiller meint, seine Frau, die in ihrer Kunst vollkommen aufgeht, letztlich doch noch ganz für sich gewinnen zu können, sondern weil er nicht Julika liebt, sondern lediglich das selbstverfertigte Bild, das er von ihr in sich trägt. So jedenfalls empfindet sie es, wenn sie ihm vorwirft:

»*Du hast dir nun einmal ein Bildnis von mir gemacht, das merke ich schon, ein fertiges und endgültiges Bildnis, und damit Schluß. Anders als so, ich spüre es ja, willst du mich jetzt einfach nicht mehr sehen. Nicht wahr?*« Stiller *steckte sich eine Zigarette an.* »*Ich habe in letzter Zeit auch über vieles nachgedacht*«, *sagte Julika [...].* »*Nicht umsonst heißt es in den Geboten: du sollst dir kein Bildnis machen! Jedes Bildnis ist eine Sünde. Es ist genau das Gegenteil von Liebe. [...] Ich weiß nicht, ob du's verstehst. Wenn man einen Menschen liebt, so läßt man ihm doch jede Möglichkeit offen und ist trotz allen Erinnerungen einfach bereit zu staunen, immer wieder zu staunen, wie anders er ist, wie verschiedenartig und nicht einfach so, nicht ein fertiges Bildnis, wie du es dir da machen willst von deiner Julika. Ich kann dir nur sagen: es ist nicht so. Immer redest du dich in etwas hinein – du sollst dir kein Bildnis machen von mir! das ist alles, was ich dir darauf sagen kann*« (S. 150; vgl. 116).*

Wer sich von einem anderen Menschen ein Bild macht, kann zu ihm nie eine echte Beziehung aufbauen. Man lehnt ja dann einen Menschen ab oder akzeptiert ihn nur aufgrund irgendwelcher Eigenschaften, die man ihm zuschreibt und die dieser Mensch in Wirklichkeit gar nicht besitzt. Ist das Bild negativ, kommt eine Begegnung gar nicht erst zustande. Handelt es sich hingegen um ein positives Bild, das nichts anderes darstellt als die Projektion der eignen bejahenden Vorstellungen, kann eine Beziehung nicht wachsen, sondern mündet früher oder später in eine Enttäuschung. In dem Maße nämlich, als die (Ideal-)Vor-

---

[6] M. Frisch, Stiller (Suhrkamp Taschenbücher, Bd. 105), Frankfurt a.M. 1974, 149.

stellung nicht mit der Wirklichkeit übereinstimmt, reagiert man in der Regel mit Liebesentzug (wie Stillers Haltung dokumentiert). Sobald der Partner spürt, daß Liebe und Zuwendung nicht eigentlich ihm, sondern einem Bild gegolten haben, wird er in die Einsamkeit zurückgeworfen; schlagartig erkennt er, daß er immer schon unverstanden und einsam war, da er selber als Person, in seinem So-Sein, gar nicht bejaht wurde. Er hat nur eine Zeitlang mit der Illusion gelebt, einem verständnisvollen Menschen begegnet zu sein. Die Enttäuschung ist dann gegenseitig; nicht von ungefähr erfährt sich Stiller als gescheitert, während eine der Romangestalten von Julika sagt: »Ich glaube, nie einen einsameren Menschen gesehen zu haben als diese Frau« (S. 404).

Stiller ist gescheitert; er, der sich zum Erlöser seiner Frau berufen fühlte, ist ihr Tod, weil er sie nicht leben läßt. Es ist wie bei der Witwe, die der Bahre ihres Sohnes folgt, dessen Tod sie doch selber verursacht hat.

Daß man aus solchen Sackgassen nur heraus- und wieder zueinanderfindet, wenn beide Teile willens sind, dazu ihren Beitrag zu leisten, wird in der Geschichte von der Auferweckung des jungen Mannes dadurch angedeutet, daß Jesus eine *Aufforderung* sowohl an die Witwe wie auch an ihren toten Sohn richtet: »Weine nicht!« Und: »Steh auf!«

Sind derartige psychologische Ausdeutungen aber nicht an den Haaren herbeigezogen? Entsprechen sie überhaupt noch der Intention des Evangelisten?

Sicher redet am Evangelium vorbei, wer dieses auf ein paar psychologische oder anthropologische Erkenntnisse reduziert. Ebenso sicher aber ist, daß man das Evangelium Jesu zur Ideologie verformt, wenn man meint, es unabhängig von allen menschlichen Erfahrungen verkünden zu können.

Die *ganze* Verkündigung Jesu erinnert uns daran, wie der Mensch den Schritt vollziehen kann vom Tod zum Leben. Sie zeigt uns, was Leben ist und daß dieses Leben nur im Raum verantworteter Freiheit sich entfalten und gedeihen kann. Nicht die elterlichen Erwartungen, auch nicht die gesellschaftlichen Normen oder die gängigen Konventionen können der letztverbindliche Maßstab sein für das, was dem Leben und damit unserer menschlichen Entfaltung und unserer persönlichen Verwirklichung förderlich ist.

Dieser Gedanke liegt auch der Geschichte von der Auferweckung des jungen Mannes zugrunde. Ausdrücklich wird dort auch gesagt, und zwar im Hinblick auf Jesu Handeln, daß hier Gott selber sich seines Volkes angenommen hat (7,16). Außerdem berichtet diese Geschichte davon, daß so nicht bloß einer, sondern zwei Menschen vom Tod zum Leben erweckt wurden.

Abgelehnt, ausgegliedert, ausgestoßen

Die Heilung der zehn Aussätzigen (Lk 17,11–19)

Nichts tut einem Menschen so weh wie der Undank, welcher bekanntlich der Welt Lohn ist. Es mag dies mit ein Grund sein, weshalb die Erzählung von der Heilung der zehn Aussätzigen durch Jesus schon in der Exegese der ersten Jahrhunderte und später in der landläufigen Verkündigung fast durchwegs als moralisierende Beispielgeschichte über die Tugend der Dankbarkeit mißverstanden wurde.

Auf dem Weg nach Jerusalem zog Jesus durch das Grenzgebiet von Samarien und Galiläa. Als er in ein Dorf hineingehen wollte, kamen ihm zehn Aussätzige entgegen. Sie blieben in der Ferne stehen und riefen: Jesus, Meister, hab Erbarmen mit uns! Als er sie sah, sagte er zu ihnen: Geht, zeigt euch den Priestern. Und während sie zu den Priestern gingen, wurden sie rein. Einer von ihnen aber kehrte um, als er sah, daß er geheilt war; er lobte Gott mit lauter Stimme. Er warf sich vor den Füßen Jesu zu Boden und dankte ihm. Dieser Mann war aus Samarien. Da sagte Jesus: Es sind doch alle zehn rein geworden. Wo sind die übrigen neun? Ist denn keiner umgekehrt, um Gott zu ehren, außer diesem Fremden? Und er sagte zu ihm: Dein Glaube hat dir geholfen (Lk 17,11–19).

Bevor wir die Frage beantworten können, worum es dem Evangelisten mit dieser Erzählung tatsächlich geht, müssen wir uns überlegen, wie die Geschichte von den zehn Aussätzigen überhaupt ins Lukasevangelium hineingekommen ist; bekanntlich wird sie ja nur dort überliefert.

Vermutlich handelt es sich um die Ausgestaltung einer anderen Episode, welche von der Heilung eines einzigen Aussätzigen handelt und die von allen drei Synoptikern erzählt wird. Markus (dessen Evangelium Lukas als Vorlage benutzte) erzählt die Begebenheit so:

Ein Aussätziger kam zu Jesus und bat ihn um Hilfe; er fiel vor ihm auf die Knie und sagte: Wenn du willst, kannst du machen, daß ich rein werde. Jesus hatte Mitleid mit ihm;

er streckte die Hand aus, berührte ihn und sagte: Ich will es
– werde rein! Im gleichen Augenblick verschwand der Aus-
satz, und der Mann war rein. Jesus schickte ihn weg und
schärfte ihm ein: Nimm dich in acht! Erzähl niemand etwas
davon, sondern geh, zeig dich dem Priester und bring das
Reinigungsopfer dar, das Mose angeordnet hat. Das soll für
sie ein Beweis (meiner Gesetzestreue) sein (Mk 1,40–44; vgl.
Mt 8,1–4, Lk 5,12–14).

Nicht Historie, sondern Katechese

Daß eine Verbindung zwischen den beiden Erzählungen
besteht, geht schon aus dem fast gleichlautenden Befehl
Jesu hervor, sich dem Priester (bzw. den Priestern) zu zeigen.[1] Überdies weist der *erste Teil* der Erzählung von den
zehn Aussätzigen die gleiche Struktur auf wie die Geschichte von der Heilung des einen in der Erzählung des
Markus. Alles spricht dafür, daß diese von Lukas (oder von
der vorlukanischen Überlieferung?) erweitert und gleichzeitig umgeprägt wurde. Derartige Erweiterungen und
Steigerungen von Überlieferungen konnten schon auf der
Stufe der mündlichen Weitergabe stattfinden, da die christlichen Prediger entsprechend den jeweiligen Umständen
die Akzente bald mehr auf das eine, dann wieder mehr auf
ein anderes Motiv legten. Auch innerhalb der Evangelien
selbst ist dieses Phänomen zu beobachten. So ist die Heilung der zwei Blinden bei Matthäus (9,27–31) eine Umprä-
gung der von Markus überlieferten Geschichte von der
Heilung des blinden Bartimäus (10,46–52). Markus weiß
nur von einem Besessenen in Gerasa zu berichten (5,1–20);
Matthäus nennt deren zwei (8,28–34).[2] Was die Zehnzahl
der Aussätzigen betrifft, so steht diese schlicht für »viele«
und dient gleichzeitig der später notwendig werdenden

---

[1] Zum folgenden vgl. R. Pesch, Jesu ureigene Taten? Ein Beitrag zur
Wunderfrage (Quaestiones disputatae, Bd. 52), Freiburg Basel Wien
1970, 114–134.

[2] Weitere Beispiele von Steigerungen siehe im 3. Kapitel dieses Buches
unter dem Abschnitt »Von der Geschichte Jesu zur Geschichte mit Jesus« (4).

Abgrenzung des einen von den übrigen neun. Es gibt also gute Gründe für die Annahme, daß die von Lukas erzählte Heilungswundergeschichte von den zehn Aussätzigen eine Ausformung der vom Markusevangelium überlieferten Episode darstellt.

Aber nicht nur. Einige Spuren im Text verweisen nämlich noch weiter zurück, auf die Hebräische Bibel, näherhin auf eine dem Propheten Elischa zugeschriebene Heilung eines aussätzigen syrischen Feldherren namens Naaman (vgl. 2 Kön 5,1–19). Dieser steht im Dienst des (heidnischen) Königs von Aram und hört zufällig von einem aus Israel verschleppten Mädchen, daß dort ein mit außerordentlichen Kräften begabter Prophet lebt, der ihn heilen könnte. Der Feldherr beschließt, ihn aufzusuchen.

So kam Naaman mit seinen Pferden und Wagen und hielt vor dem Haus Elischas. Dieser schickte einen Boten zu ihm hinaus und ließ ihm sagen: Geh und wasch dich siebenmal im Jordan! Dann wird dein Leib wieder gesund, und du wirst rein. Doch Naaman wurde zornig. Er ging weg und sagte: Ich dachte, er würde herauskommen, vor mich hintreten, den Namen Jahwes, seines Gottes anrufen, seine Hand über die kranke Stelle bewegen und so den Aussatz heilen. Sind nicht [...] die Flüsse von Damaskus besser als alle Gewässer Israels? Kann ich nicht dort mich waschen, um rein zu werden? Voll Zorn wandte er sich ab und ging weg. Doch seine Diener traten an ihn heran und redeten ihm zu: Wenn der Prophet etwas Schwereres von dir verlangt hätte, würdest du es tun; wieviel mehr jetzt, da er zu dir nur gesagt hat: Wasch dich, und du wirst rein.

So ging er also zum Jordan hinab und tauchte siebenmal unter, wie ihm der Gottesmann befohlen hatte. Da wurde sein Leib gesund wie der Leib eines Kindes, und er war ganz rein.

Nun kehrte er mit seinem ganzen Gefolge zum Gottesmann zurück, trat vor ihn hin und sagte: Jetzt weiß ich, daß es nirgends auf der Erde einen Gott gibt außer in Israel. So nimm jetzt von deinem Knecht ein Dankgeschenk an! Elischa antwortete: So wahr der Herr lebt, in dessen Dienst ich stehe, ich nehme nichts an. Auch als Naaman ihn dringend bat, etwas anzunehmen, lehnte er ab (2 Kön 5,9–16).

Wie in der Geschichte von der Heilung der Zehn wird der Hilfesuchende auch hier weggeschickt; es findet eine *Fernheilung* statt. Ebenso wie der eine von den neun Geheilten *kehrt* auch Naaman zum Propheten *zurück,* um sich zu *bedanken.* Und in beiden Fällen richtet sich der Dank an *Gott.* Gemeinsam ist beiden Überlieferungen außerdem, daß es ein *Fremder* ist, der Gott die Ehre gibt.

Die Parallelen sind derart frappant, daß man davon ausgehen muß, daß Lukas seine Geschichte von den zehn Aussätzigen nicht nur nach der Markusvorlage, sondern auch nach dem Vorbild der Elischa–Erzählung gestaltet hat. Diese Vermutung wird vom wortstatistischen Befund bestätigt. Tatsächlich finden sich zwischen der griechischen Übersetzung der Naamangeschichte (die der Evangelist in Händen hatte) und dem in griechischer Sprache verfaßten Lukastext mehrere Entsprechungen.[3]

Wenn die Schilderung des Lukas einerseits von einer Heilungswundergeschichte aus dem Markusevangelium und andererseits von einer Wundererzählung aus dem Elischa–Zyklus derart stark beeinflußt ist, darf man mit größter Wahrscheinlichkeit davon ausgehen, daß hier kein historisches Ereignis berichtet, sondern eine theologische Unterweisung erteilt wird.

Auffallenderweise nämlich zeigt der Erzähler nicht das geringste Interesse an all jenen Einzelheiten, die für den Historiker von einiger Bedeutung wären. Der Ort des Geschehens ist nur sehr vage benannt; es handelt sich um das Grenzgebiet zwischen Samarien und Galiläa. Wie der Evangelist ausdrücklich bemerkt, befindet sich Jesus (von seiner Heimat herkommend) auf dem Weg *nach* Jerusalem. Offensichtlich aber ist Lukas, der vermutlich in Griechenland oder Kleinasien beheimatet war, mit den örtlichen Verhältnissen nicht vertraut, denn er nennt die beiden Gegenden im Hinblick auf den Reiseweg in verkehrter Reihenfolge. Die hilfesuchenden Kranken bleiben sonderbar gesichtslos, von ihrer Herkunft und Zukunft erfahren wir

---

[3] Vgl. die Aufzählung bei Pesch, 127 (hier in deutscher Übersetzung wiedergegeben): er kam an (Lk 17,12 / 2 Kön 5,9); wirst / wurden rein (17,14 / 5,10); wurde geheilt / wurde gesund (17,15 / 5,15).

nichts. Woher sie Jesus kennen, bleibt ungesagt. An welcher Stelle auf der Wegstrecke sie geheilt wurden, verschweigt der Evangelist, ebenso wie er auch offenläßt, ob sie nachher tatsächlich zu den Priestern gehen, zu denen Jesus sie geschickt hat.

Diese Aufforderung, welche Lukas aus dem erwähnten Markustext (1,44) von der Heilung *eines* Gelähmten übernommen hat, geht auf das Aussätzigengesetz im 14. Kapitel des Buches Levitikus zurück, das fast ausschließlich rechtliche Bestimmungen enthält. Wenn ein Aussätziger von seiner Krankheit geheilt war, mußte sich zunächst ein Priester von seiner Genesung überzeugen, welcher anschließend die Reinigungsrituale in Form von Opfern vornahm. Erst nach der Darbringung dieser Opfer galt die betreffende Person wiederum als kultisch rein.

Zwar konnte grundsätzlich jeder Volksgenosse die Krankheit oder die Genesung davon feststellen; die Unreinheits- oder die Reinheits*erklärung* jedoch mußte von einem Priester vorgenommen werden.

Aussätzige wurden aus der Gemeinde ausgeschlossen, und dies, obwohl schon zur Zeit Jesu das Wissen verbreitet gewesen sein dürfte, daß Aussatz nicht ansteckend ist. Der Ausschluß erfolgte nämlich nicht aus medizinischen Gründen, sondern um der Heiligkeit des Volkes willen, die man durch die Unreinheit des Aussatzes besonders gefährdet sah. Nach rabbinischer Ansicht verunreinigte ein aussätziger Mensch (kultisch und rituell) nicht nur alles, was er berührte; schon sein bloßer Eintritt in ein Haus machte einigen Rabbinen zufolge alle darin befindlichen Geräte »bis zu einer Höhe von vier Ellen«, nach anderen »alles bis zu den Balken hinauf« unrein.[4] Die Aussätzigen waren deshalb gehalten, »abgesondert« (Lev 13,46) zu wohnen – also auch nicht zusammen mit anderen (etwa von Berufes wegen) ›unreinen‹ Personen wie Metzgern und Gerbern, Totengräbern oder Zöllnern. Daß die Aussätzigen außerhalb

---

[4] H. L. Strack / P. Billerbeck, Kommentar zum Neuen Testament aus Talmud und Midrasch, Bd. IV/2: Exkurse zu einzelnen Stellen des Neuen Testaments, München ³1961, 745–723 (»Aussatz und Aussätzige«; dort auch die weiteren Hinweise); das Zitat: 753.

der Stadtmauern in besonders für sie errichteten Siechen-
häusern ansässig waren, mag in einigen wenigen Fällen
zutreffen; es gibt aber keine Belege dafür, daß dies einer allgemeinen Gepflogenheit entsprach. Keinerlei Zweifel hingegen besteht darüber, daß das Los der Aussätzigen furcht-
bar war. Wenn von den zehn Leprosen gesagt wird, daß sie
Jesus »aus der Ferne« zuriefen, so entspricht diese Schilderung den geltenden Vorschriften: »Der Aussätzige, der von
diesem Übel betroffen ist, soll eingerissene Kleider tragen
und das Kopfhaar ungepflegt [wild wachsen] lassen; er soll
den Schnurrbart verhüllen und ausrufen: Unrein! Unrein!«
(Lev 13,45). Und er muß stets Distanz halten zum übrigen
Volk. Schon durch eine zufällige Begegnung mit einem
Aussätzigen konnte man sich unter Umständen Unreinheit
zuziehen; bereits ein Sichhinsetzen an einem bestimmten
Ort verunreinigt die Anwesenden: »Wenn ein Unreiner unter einem Baum sitzt und ein Reiner steht, so ist dieser unrein. Wenn der Reine unter einem Baum sitzt, und der Unreine steht, so ist jener rein; wenn sich aber der Unreine
niedersetzt, so ist jener unrein.«[5] Wer sich in derlei subtilen
Vorschriften nicht sehr genau auskannte – und das traf auf
die überwiegende Mehrheit der Landsleute Jesu zu, die ja
fast allesamt ungebildet waren –, ging einem Leprosen
schon aus dem Weg, wenn er ihn auch nur von weitem erblickte. Dies wiederum brachte es mit sich, daß die Aussätzigen nicht nur verachtet und abgelehnt wurden, sondern
auch aus der Gesellschaft ausgegliedert und ausgestoßen
waren.

Aussätzige – auch in unserer Zeit

Vielleicht kann man diese fürchterliche Sachlage nur verstehen, wenn man sich in die Lange von Menschen hinein-
versetzt, die *heute* außerhalb der Normalität leben (oder
außerhalb dessen, was man als normal *bezeichnet* in einer
Gesellschaft oder Kirche, die sich nicht nur am geltenden
Recht, sondern, darüber hinaus, auch an mancherlei unge-

---

[5] Ebd., 753.

schriebenen, aber dafür um so fester verankerten Konventionen orientiert – und die andere Menschen wie Geächtete und Rechtlose behandelt, weil diese andere Wege gehen, vielleicht gerade deshalb, weil sie andere Wege gehen müssen, um sich selbst nicht aufzugeben.

Da ist eine Frau, die ihren Mann nach mehreren Ehejahren verläßt, weil diese Ehe in Wirklichkeit gar nie bestanden hat, die zwar in der Kirche ein- und von Zivilstandsamt abgesegnet, aber nie vollzogen wurde in dem Sinn, daß die Partner sich innerlich auch nur ein paar Zoll nähergekommen wären, daß sie einander also immer fremd geblieben und gewissermaßen miteinander fremdgegangen sind. Sie haben sich ab und zu in die Augen, aber nie haben sie in die gleiche Richtung geblickt. Kurzum, diese Frau, die man als gebranntes Kind bezeichnen möchte, weil sie wahrlich weiß, was die Hölle ist, hat ihren Mann verlassen, nicht aus irgendwelchen niedrigen Motiven, sondern ganz einfach, weil ihr buchstäblich die Luft zum Atmen fehlte. Dafür wird sie jetzt von einem großen Teil ihres Freundes- und Freundinnenkreises wie Luft behandelt; sie ist ja nicht mehr gesellschaftsfähig in den ehrenwerten Kreisen, in denen sie bislang aus gesellschaftlichen Gründen, nämlich – welche Ironie des Schicksals! – ausgerechnet wegen der Position, die ihr Mann innehatte, verkehren mußte. Ihre beste Freundin will plötzlich nichts mehr von ihr wissen, andere tun so, als würden sie sie nicht kennen. Ein paar Bekannte verhalten sich diskreter – sie wechseln die Straßenseite, um sie nicht grüßen zu müssen, lassen sich am Telefon verleugnen... Und alle hüten sie sich natürlich davor, einen Fuß in ihre Wohnung zu setzen. Sie kann ihre Situation niemandem erklären; selbst auf schriftlichem Weg funktioniert es nicht, die Briefe kommen ungeöffnet zurück.

Oder da ist ein Priester, welcher nicht am Zölibat *gescheitert* ist, sondern der, nach langem Ringen mit Gott und mit sich selber, erkannt hat, daß er wohl für das Priesteramt, aber einfach nicht für das Alleinsein geschaffen ist. Und weil die Last des letzteren so sehr überwiegt, daß auch seine geistliche Berufung immer mehr eine einzige psychische Belastung darstellt, entschließt er sich eben zu dem schweren Schritt, sein Amt in die Hände der Kirche zurückzulegen. Aber so richtig aufatmen kann er nicht, denn er hat nicht mit der Reaktion mancher seiner früheren Amtsbrüder gerechnet, die (*sicher* nicht aus Nächstenliebe und *hoffentlich* nicht aus Neid) die Kontakte zu ihm abbrechen, die an seinen persönlichen Problemen überhaupt nicht interessiert sind, die ihm allenfalls offen zu verstehen geben, daß sie zwar Seelsorger, aber nicht Seelsorger für ausgestiegene Seelsorger seien... Viel tiefer noch trifft diesen Priester wohl die Reaktion einzelner innerhalb der Pfarrgemeinde aktiver Christinnen und Christen. Manche von jenen Frauen, die ›ihren‹ Pfarrer früher wie einen zweiten Messias angehimmelt haben, sprechen jetzt schlecht über ihn, gerade so, als hätte er ihnen persönlich mit seinem Abschied vom Priesteramt etwas weggenommen. Und die ganz Frommen unter den Frömmsten üben sich in Telefonterror oder schreiben anonyme Briefe: »An den abgefallenen Pfarrer«, steht auf dem Umschlag, damit auch der Postbote weiß, welchem Scheusal er da eine Nachricht in den Briefkasten steckt.

Natürlich handelt es sich hier um Ausnahmesituationen. Im gewöhnlichen Alltag geht es viel banaler, aber doch nicht weniger dramatisch zu. Menschen, die nicht spuren, wie man das von ihnen erwartet, die irgendwie ›anders‹ sind und sich deswegen auffällig verhalten oder die sich, aus welchen Gründen auch immer, über die eine oder andere allgemein geübte Gepflogenheit hinwegsetzen (müssen), bekommen sehr schnell zu spüren, was die Gesellschaftswissenschaftler meinen, wenn sie von sozialer Kontrolle reden: Man gibt ihnen auf jede nur mögliche – also oft auch auf infame – Weise zu verstehen, daß man ihre Außenseiterrolle nicht akzeptiert. Indem man *behauptet*, sie isolierten sich, isoliert man sie.

Es gibt viele Arten, Menschen in eine Außenseiterrolle hineinzudrängen, sie zu Parias zu machen und wie Aussätzige zu behandeln.

Wie kann man solchen Menschen helfen, und wie können sie sich helfen? Auf diese Frage zuallererst gibt die Erzählung von der Heilung der zehn Aussätzigen eine Antwort. Obwohl diese von allen gemieden werden, hegt Jesus ihnen gegenüber keine Vorurteile; unvoreingenommen –

sachgemäßer ausgedrückt: ganz von ihnen eingenommen – hört er ihre Not an. Im Markustext, auf welchen diese Geschichte teilweise zurückgeht, wird ausdrücklich gesagt, daß Jesus mit dem Aussätzigen leidet (im griechischen Wortlaut: *splagchnistheís*, Mitleid habend) und daß er, gerade deshalb, ihm gegenüber keinerlei Berührungsängste kennt: »Jesus hatte Mitleid mit ihm; er streckte die Hand aus, berührte ihn und sagte: Ich will es – werde rein!« (Mk 1,41). Damit statuiert der Evangelist ein Exempel; er gibt seinen Leserinnen und Lesern zu verstehen, wie sie Menschen aus ihrer Isolation und aus ihrer Verbitterung heraushelfen können.

Heraus*helfen*, nicht heraus*holen*! Denn fürsorgliches Denken und eine karitative Haltung und die Signalisierung von Zuwendung und Verständnis allein eröffnen einem ›aussätzigen‹ Menschen noch keine neuen Perspektiven. Die Unterstützung, die er von seiten anderer erfährt, ist nicht mehr (aber auch nicht weniger) als eine erste Hilfe. Die erfahrene Anteilnahme kann (und soll) die Betroffenen motivieren, ihr Schicksal selber in die Hand zu nehmen und so den ›Heilungsprozeß‹ voranzutreiben.

Unsere Geschichte bringt das dadurch zum Ausdruck, daß Jesus die Aussätzigen zu den Priestern schickt; denn sie sind ja die Richter, welche über das, was rein und unrein ist, zu befinden haben. »Geht, zeigt euch den Priestern!« Was hier mit einem einzigen kurzen Satz ausgedrückt wird, vollzieht sich – nach der Erfahrung nicht nur der Betroffenen, sondern auch den Aussagen der Psychotherapeuten zufolge – im alltäglichen Leben in Zeitlupe. »Worte dieser Art, verlegt in unser Leben, müssen so häufig wiederholt und so geduldig vorgetragen werden, daß sie Jahre innerer Begleitung brauchen, ehe sie glaubhaft werden. Denn alle menschliche Erfahrung spricht dagegen, dieses Ungeheuerliche wirklich tun zu wollen und zu dürfen.«[6] Ein Mensch, der aufgrund seiner Verstörung innerlich zerstört ist und isoliert lebt von der Gesellschaft, benötigt ungeheure Energien, bis er es schafft, anderen Menschen wieder frei und im

---

[6] E. Drewermann, Zwischen Staub und Sternen. Predigten im Jahreskreis, Düsseldorf 1991, 205.

Bewußtsein seiner Würde ins Gesicht zu blicken. Immerhin geht es ja darum, obwohl man sich mit allen Anzeichen des Aussatzes behaftet *fühlt*, sich den anderen zuzumuten und sich den Blicken der Richter und Richterinnen auszusetzen, in politischen Versammlungen, bei kirchlichen Veranstaltungen, anläßlich gesellschaftlicher Ereignisse. Es versteht sich wohl von selbst, hier nochmals den Psychotherapeuten zu Wort kommen zu lassen, damit die theologische Aussage unserer Geschichte nicht ohne Beziehung zur alltäglichen Lebenswirklichkeit bleibt: »Wenn deutlich wird, daß Menschen nur gesund werden können, wenn sie es wagen, in die Normalität vorzudringen, so wie sie sind, dann ist deutlich, daß sich das ganze ›normale‹ Leben ändern muß. Es muß weitherziger, verständnisvoller, mitleidiger und menschlicher werden. Es muß fähig werden, die untergründigen Verflechtungen zu begreifen. Dann erst kann Heilung geschehen.«[7]

Diese Überlegung von Eugen Drewermann findet sich in anderer Form, nämlich poetisch verdichtet, in einer der »Leichenreden« von Kurt Marti; es ist dort die Frage, ob die ehernen Gesetze, nach denen Menschen andere einzuteilen und auszusondern pflegen, nicht erst jene Probleme schaffen, die zu lösen sie vorgeben:[8]

betrauern wir diesen mann
nicht weil er gestorben ist
betrauern wir diesen mann
weil er niemals wagte
glücklich zu sein

betrauern wir diesen mann
der nichts war als arbeit und pflicht
betrauern wir diesen mann
weil er immer getan hat
was man von ihm verlangte

---

[7]   Ebd., 206.
[8]   K. Marti, Leichenreden (Lizenzausgabe ex libris), Zürich o.J., 121.

betrauern wir diesen mann
der nie mit der faust auf den tisch schlug
betrauern wir diesen mann
weil er nie auf das urteil anderer pfiff
und einfach tat was ihm paßte

betrauern wir diesen mann
der fehlerfrei funktionierte
betrauern wir diesen mann
weil er streit und frauen vermied
und heute von allen gerühmt wird

betrauern wir diesen mann
nicht weil er gestorben ist
betrauern wir diesen mann
weil er war wie auch wir sind –
betrauern wir uns

Um möglichen Mißverständnissen zuvorzukommen: Es geht hier nicht darum, soziale Normen, kirchliche Grundsätze oder göttliche Weisungen in Frage zu stellen und der Anarchie das Wort zu reden. Wohl aber kann es geschehen, daß Menschen in ganz bestimmten Situationen nur dann zu sich selber und zu ihrem inneren Gleichgewicht finden können, wenn sie es wagen, das Jesuswort auf sich selber anzuwenden, nach welchem der Sabbat für den Menschen und nicht der Mensch für den Sabbat da ist (vgl. Mk 2,27) – und das heißt doch: wenn sie es wagen, anders zu sein als die anderen.

Der Sinn der Erzählung

Tiefenpsychologisch betrachtet geht es in der Geschichte von der Heilung der zehn Aussätzigen zweifellos auch um den Aufstand gegen den Zwang zu einer Vollkommenheit, deren Kriterien von Menschen konzipiert sind, die nach den von ihnen aufgestellten Gesetzen über andere urteilen – und andere verurteilen. Diese (durchaus legitime) Deutung stellt keine Alternative zu einer *theologischen* Interpretation dar; vielmehr vermag sie den Zugang dazu – und das heißt: zur eigentlichen Aussageabsicht des Evangelisten – zu ebnen.

Was diese letztere betrifft, ist hier noch einmal auf die Aufforderung Jesu gegenüber den Aussätzigen zurückzukommen: »Zeigt euch den Priestern!« Wie bereits gesagt, hatten die vom Aussatz Geheilten die Pflicht, sich von den Priestern den Zustand der rituellen Reinheit attestieren zu lassen. Die Aussätzigen jedoch, die Jesus zu den Priestern schickt, sind noch gar nicht geheilt! Mit seinem Auftrag, zu den Priestern zu gehen, um sich von diesen begutachten zu lassen, stellt Jesus ihren Glauben an die Heilung (und damit das Vertrauen auf sein Wort) auf die Probe; erst auf dem Weg zu den Priestern werden sie ja vom Aussatz befreit werden. Offensichtlich bestehen alle diese Glaubens– oder Vertrauensprobe, da sie ja allesamt geheilt werden.

Ob der Samariter unter ihnen den Auftrag Jesu ausgeführt hat oder ob er unmittelbar nach der Heilung zu ihm zurückgekehrt ist, verschweigt der Evangelist. Etwas anderes ist ihm wichtig: Der Mann, der Gott mit lauter Stimme dankt und vor Jesus auf den Boden fällt, ist ein *Fremder* und überdies ein *Samariter*.

Von Rabbi Eliezer, der um 90 n. Chr. lehrte, wird der Ausspruch überliefert: »Wer das Brot der Samariter ißt, ist wie einer, der Schweinefleisch ißt [also unrein]« (Schebith VIII,10).[9] Im übrigen ist der Talmud geradezu gespickt mit rabbinischen Diskussionen, welche allesamt davon handeln, wie weit sich ein Jude mit den Samaritern einlassen darf. Der allgemeine Tenor der Antworten: am besten gar nicht. Denn Juden und Samariter waren Erb- und Erzfeinde. Das hatte historische Gründe. Im Jahre 721 v. Chr. wurde das zwischen Galiläa und Judäa gelegene Samarien von den Assyrern eingenommen (vgl. 2 Kön 17,5). Aus den nach der Eroberung verbliebenen Israeliten und den neu angesiedelten Kolonisten entstand später das Mischvolk der Samariter. Als die aus der babylonischen Gefangenschaft zurückgekehrten Juden das Angebot der Samariter

---

[9]   Vgl. Strack / Billerbeck, Kommentar [vgl. Anm. 4], Bd. I: Das Evangelium nach Matthäus, München ⁴1965, 542.

ausschlugen, sie beim Tempelbau zu unterstützen (Esr 4,2f), errichteten diese im 5. vorchristlichen Jahrhundert auf dem Berg Garizim ihren eigenen Tempel (der im Jahr 129 v. Chr. zerstört wurde), was in der Folge zu einer eigenständigen Kult- und Religionspraxis seitens der dortigen Bevölkerung führte. Damit war der Bruch endgültig. Im Unterschied zu den Juden galten bei den Samaritern nur die fünf Bücher des Mose als Heilige Schriften. Ihre Messiashoffnung richtete sich auf einen endzeitlichen Propheten, von dem sie die Verkündigung der wahren Lehre erwarteten (vgl. Dtn 18,15.18; Joh 4,25).

Schon der Verfasser des Buches Jesus Sirach (um 190 v. Chr.) hat für die Samariter nur Verachtung übrig: »Zwei Völker verabscheue ich, und das dritte ist kein Volk; die Bewohner von Seïr und vom Philisterland und das törichte Volk [der Samariter], das in Sichem wohnt« (Sir 50,25f).

Für diese auch zur Zeit Jesu herrschende gegenseitige Feindseligkeit zwischen Juden und Samaritern finden sich zahlreiche Belege im antiken jüdischen Schrifttum. So kam es immer wieder vor, daß die Samariter die Juden belästigten, wenn diese durch ihr Gebiet nach Jerusalem pilgerten.[10] Seit die Samariter zwischen 6 und 9 n. Chr. während eines Passahfestes im Tempel Totengebeine ausgestreut und auf diese Weise absichtlich das Heiligtum verunreinigt hatten, herrschte zwischen ihnen und den Juden ein geradezu unversöhnlicher Haß.

Spätestens hier wird deutlich, daß die Geschichte von der Heilung der zehn Aussätzigen eine doppelte theologische Aussage beinhaltet.

Zum einen geht es um die Universalität des von Jesus angesagten Heils. So wie schon Naaman – kein Israelit, sondern ein Syrer! – zum Gottesmann Elischa zurückkehrte, um ihm zu danken, kehrt auch der Samariter – kein rechtgläubiger Jude, sondern ein Häretiker! – zu Jesus zurück, um sich vor ihm niederzuwerfen. Das Heil, das Gott spendet, ist also nicht auf sein auserwähltes Volk (aus

---

[10] Vgl. außer Lk 9,52f auch Josephus Flavius, Jüdische Altertümer, 20,6; die folgende Episode: ebd., 18,3. Zur Verunreinigung durch Tote vgl. Num 19,11–16.

neutestamentlicher Perspektive: nicht auf die Kirche) beschränkt, sondern wird allen zuteil, die ihn suchen mit aufrichtigem Herzen.

Außerdem macht Lukas deutlich, daß in Jesu Wort und Handeln Gott selber sich dem Menschen zuwendet; ausdrücklich wird ja von dem geheilten Samariter gesagt, daß er »Gott mit lauter Stimme lobte« und »Jesus dankte«. Darin besteht, wie Reginald Fuller zu Recht bemerkt, die eigentliche Pointe der ganzen Geschichte: »Sie liegt nicht, wie oft angenommen, in der Mahnung zur Dankbarkeit als solcher, sondern in der Erkenntnis, daß man Gott nicht anders mehr ehren kann, als indem man zu Jesus umkehrt und ihm dankt.«[11]

Diese theologische Erkenntnis wiederum ist in unsere tiefenpsychologische Deutung der Geschichte von der Heilung der zehn Aussätzigen zu integrieren. Es sind nicht die von der Institution bestellten ›Richter‹ (in lukanischer Sprache: die »Priester«) oder die von diesen zitierten Konventionen und Bestimmungen, welchen das letzte Wort darüber zusteht, ob ein Mensch richtig oder falsch handelt (biblisch ausgedrückt: ob er »rein« oder »unrein« ist). Die Frage ist einzig und allein, ob ein Mensch sein Handeln vor sich selber und vor Gott verantworten kann, weil Gott der einzige Richter (auch über alle menschlichen Richter!) ist. Einem solchen Glauben kann durchaus eine therapeutische (religiös gesprochen: eine *heil*schaffende) Funktion zukommen. Das Bewußtsein, daß allein das Urteil Gottes ausschlaggebend ist, vermag vielleicht – oder hoffentlich! – dazu beizutragen, daß ein Mensch sein Selbstvertrauen allmählich wiedergewinnt in einer Gesellschaft oder Kirche, die sich nur allzugern als Richterin aufspielt und die immer wieder der Versuchung erliegt, die Menschen nach ihren eigenen ehernen Gesetzen einzustufen in Böse und Gute, in Aussätzige und Geheilte, in Unreine und Reine.

Damit dürfte auch deutlich sein, an wen sich die Frage »Wo sind die übrigen neun?« letztlich richtet. Offensichtlich ist es der Erzähler selbst, der Jesus diese Frage in den

---

[11] R. H. Fuller, Die Wunder Jesu in Exegese und Verkündigung, Düsseldorf 1967, 74.

Mund legt und der sich auf diese Weise an all die vielen Mühseligen und Beladenen wendet; sie sollen ermuntert werden, sich den geheilten Samariter zum Vorbild zu nehmen, welcher Gott allein die Ehre gibt und sich deswegen nicht mehr zu kümmern braucht um das Urteil jener, welche sich festklammern an ihrem menschlichen Recht, dessen erbarmungslose Anwendung so viel Ungerechtigkeiten hervorbringt.

Das dritte Wunder

Die Heilung des blinden Bartimäus (Mk 10,46–52)

Was tut ein Mensch, der völlig am Ende ist? Der sich hilflos, kraftlos, machtlos fühlt? Der sich nicht mehr wehren
kann und sich nicht mehr zu helfen weiß? Er schreit auf,
vor Zorn, vor Ohnmacht, vor lauter Verzweiflung. Und
dann, zuallerletzt erst, schreit er – vielleicht – um Hilfe.
Wenn er dazu noch die Kraft hat.

Bertolt Brecht hat das anhand einer seiner »Geschichten
vom Herrn Keuner« illustriert; sie trägt den Titel »Der hilf-
lose Knabe«.

*Herr K. sprach über die Unart, erlittenes Unrecht still-
schweigend in sich hineinzufressen, und erzählte folgende
Geschichte: Einen vor sich hin weinenden Jungen fragte ein
Vorübergehender nach dem Grund seines Kummers. Ich
hatte zwei Groschen für das Kino beisammen, sagte der
Knabe, da kam ein Junge und riß mir einen aus der Hand,
und er zeigte auf einen Jungen, der in einiger Entfernung
zu sehen war. Hast du denn nicht um Hilfe geschrien?
fragte der Mann. Doch, sagte der Junge und schluchzte ein
wenig stärker. Hat dich niemand gehört? fragte der Mann
weiter, ihn liebevoll streichelnd. Nein, schluchzte der Junge.
Kannst du denn nicht lauter schreien, fragte der Mann.
Nein, sagte der Junge und blickte ihn mit neuer Hoffnung
an. Denn der Mann lächelte. Dann gib auch den her, sagte
er, und nahm ihm den letzten Groschen aus der Hand und
ging unbekümmert weiter.*[1]

Welche Moral beinhaltet diese Geschichte? Die Handlung ist denkbar einfach und entsprechend transparent. Auf
jeden Fall scheint die Erwartung gerechtfertigt, daß der
Mann dem weinenden Jungen hilft, zumal er lächelt und
ihn liebevoll streichelt. Aber dann stellt sich heraus, daß
das nur zu seiner Taktik gehört. Sobald er erfährt, daß er

---

[1] B. Brecht, Geschichten vom Herrn Keuner, in: Gesammelte Werke, Bd.
12, Frankfurt a. M. 1967, 381.

nichts zu befürchten hat, weil der Junge nicht lauter schreien kann, entreißt er ihm auch den zweiten Groschen und geht unbekümmert seiner Wege.

Für den Jungen bedeuten die zwei Groschen ein kleines Vermögen; für den Mann handelt es sich um einen geradezu läppischen Betrag. Warum aber beraubt er dann den Knaben, statt ihm zu helfen? Oder will er ihm vielleicht doch helfen, sozusagen längerfristig und auf eine hintersinnige, nachhaltige Art? Handelt er aus pädagogischen Motiven? Dann wäre sein scheinbar skrupelloses Vorgehen und sein unbekümmertes Weggehen eine zwar schmerzliche, aber letztlich doch nützliche Lektion, sozusagen eine Lehre fürs Leben: Mein lieber Junge, was du brauchst, ist eine ganz besondere Art von Stimmschulung; denn solange du nicht fähig bist, lauter zu schreien, wirst du stets zu den Opfern gehören...

Wer die Geschichte so interpretiert, liest sie gegen den Strich. Der Mann ist kein Pädagoge, sondern ein Schuft, ein Halsabschneider und Ausbeuter. Denn erst nachdem er sich Gewißheit über die Hilflosigkeit und die Schwäche des Knaben verschafft hat, entreißt er ihm sein letztes Geld.

Eine pädagogische Absicht allerdings verfolgt der von Brecht vorgeschobene Erzähler Herr Keuner (und damit der Schriftsteller selbst). Dessen Botschaft lautet: So ist es nun einmal im Leben; so brutal geht es tatsächlich zu. Wer sich nicht zu wehren weiß, dem nimmt man auch das Allerletzte. Wer sich duckmäuserisch verhält, der gehört von vornherein zu den Verlierern; wer seine Schwächen zeigt, gerät unweigerlich unter die Räder.

Daß Brechts Doktrin in diese Richtung zielt, geht aus dem einleitenden Satz hervor, der gleichzeitig den Schlüssel zum Verständnis der ganzen Geschichte bildet: »Herr K. sprach über die Unart, erlittenes Unrecht stillschweigend in sich hineinzufressen« – und die Episode, die folgt, zeigt im Grunde nur, wohin diese schlechte Gewohnheit führt: Wer alles schluckt, bleibt ewig ein armer Schlucker. Damit steht die Moral von der Geschichte zweifelsfrei fest: Erlittenes Unrecht darf man nie und nimmer hinnehmen. Kleine Aufsässigkeiten und halbherzige Proteste tragen nichts bei zur Verbesserung der Lage. Vielmehr gilt es, seine Wut und seinen Zorn hinaus- und laut und lange genug um Hilfe zu schreien.

Sich nicht damit abfinden

Schreihälse sind allemal lästig. Darum versucht man, sie zum Schweigen zu bringen – entweder, indem man ihnen nachgibt, oder indem man ihnen das Wort verbietet und den Mund stopft.

Im Markusevangelium findet sich eine Heilungswundergeschichte, anhand deren diese beiden Möglichkeiten recht anschaulich dargestellt werden.

Sie [Jesus und seine Begleiter] kamen nach Jericho. Als er mit seinen Jüngern Jericho wieder verließ, saß an der Straße ein blinder Bettler, Bartimäus, der Sohn des Timäus. Sobald er hörte, daß es Jesus von Nazaret war, rief er laut: Sohn Davids, Jesus, hab Erbarmen mit mir! Viele wurden ärgerlich und befahlen ihm zu schweigen. Er aber schrie noch lauter: Sohn Davids, hab Erbarmen mit mir! Jesus blieb stehen und sagte: Ruft ihn her! Sie riefen den Blinden und sagten zu ihm: Hab nur Mut, steh auf, er ruft dich. Da warf er seinen Mantel weg, sprang auf und lief auf Jesus zu. Und Jesus fragte ihn: Was soll ich dir tun? Der Blinde antwortete: Rabbuni, ich möchte wieder sehen können. Da sagte Jesus zu ihm: Geh! Dein Glaube hat dir geholfen. Im gleichen Augenblick konnte er wieder sehen, und er folgte Jesus auf seinem Weg (Mk 10,46–52).

Die ersten Leserinnen und Leser dieser Geschichte haben natürlich auf Anhieb erkannt, was der Evangelist damit sagen wollte. Es ging ihm darum, Jesus als den Messias zu verkünden.

Wenn Bartimäus sich an Jesus wendet mit dem Ruf »Sohn Davids, hab Erbarmen mit mir!«, so tritt er damit nicht nur als Hilfesuchender in Erscheinung, sondern wird gleichzeitig auch zum Zeugen und Verkünder des Glaubens, daß Jesus von Nazaret tatsächlich der verheißene Messias ist. ›Sohn Davids‹ nämlich ist eine jüdische Messiasbezeichnung, die auf die Natan-Weissagung zurückgeht (vgl. 2 Sam 7,12–16), welche der Prophet in Jahwes Namen

dem König David verkündet: »Dein Haus und dein König-
tum sollen durch mich auf ewig bestehen bleiben; dein
Thron soll auf ewig Bestand haben« (7,16).

Gleichzeitig aber stellt Markus anhand dieser Episode
dar, daß der Glaube an Jesus als den Messias erst dann zu
seinem Ziel kommt, wenn er Folgen zeitigt, genauer ausgedrückt, wenn er zur *Nachfolge Jesu* führt. Zur Stützung
dieser Behauptung müssen wir etwas weiter ausholen.

Auf seinem Weg, der dem Evangelisten zufolge von Galiläa in Richtung Süden durch Judäa nach Jerusalem und
dort nach Golgota führt, gelangen Jesus und seine Jünger in
das Oasenstädtchen Jericho. Über den dortigen Aufenthalt
wissen wir weiter nichts, als daß sich anschließend zahlreiche Stadtbewohner (Mk 10,46) zusammen mit Jesus und
den Jüngern auf den Weg nach Jerusalem machen. Schon
am Stadtrand kommen sie an einem blinden Bettler vorbei,
den der Evangelist, im Gegensatz zu vielen anderen von Jesus Geheilten, mit Namen vorstellt: Bar Timäus (Sohn des
Timäus).

Dieser Blinde hätte schon immer gerne sein Augenlicht
wiedergehabt; aber er weiß natürlich, daß es sich dabei um
einen Wunschtraum handelt. Deshalb hat er gelernt, sich in
seine Rolle zu fügen. Jahrelang hat er gewinselt und gejam-
mert, wie sich das für einen Bettler gehört und weil man das
von ihm erwartet. Er hat zu nehmen, was man ihm gibt,
wenn man ihm überhaupt etwas gibt. Er muß froh sein, daß
man ihm etwas gibt, und wahrscheinlich ist er tatsächlich
froh über jede Gabe. Denn im Grunde ist für ihn ja gesorgt.
Er muß sich nur abfinden mit seinem Los und mit dem, was
er kriegt. Diese Spenden sind die Abfindungssumme, mit
der sich seine Mitbürger ein gutes Gewissen erkaufen. Als
Bettler besitzt Bartimäus allerdings keinerlei Rechtsan-
spruch auf finanzielle Unterstützung und schon gar nicht
auf menschliche Zuwendung. Deshalb hat sich sein Gejam-
mer in genau definierten Grenzen zu halten. Irgendwie
herrschen da klare Verhältnisse. Wenn Bartimäus sich allzu
aufsässig gebärdet, muß er damit rechnen, daß man ihn das
spüren läßt. Allein schon dies genügt, um ihn daran zu hindern, einmal laut und deutlich herauszuschreien, was er
schon seit Jahren empfindet: Auch ich bin ein Mensch! Ver-

mutlich würde man ihn unverzüglich in seine Schranken weisen; die Almosen fließen spärlicher, und schon gibt Bartimäus sich Rechenschaft, daß er eben doch kein Mensch ist, sondern ein *Bettler*, vollkommen hilflos und um eines jeden Bissens willen abhängig von den anderen. Wozu also den Aufstand wagen? Warum sich nicht weiterhin arrangieren?!

Unter derartigen Bedingungen scheint jeder Protest sinnlos. Abgesehen einmal davon, daß es dazu fremder Hilfe bedürfte. Wie kann man ohne anderweitige Unterstützung jene Schamgrenze überwinden, die einem die Gesellschaft, die eigenen Angehörigen miteingeschlossen, auferlegt?

Viel schwerer als zu helfen, ist es oft, sich helfen zu lassen. Ein Mensch, der sich selber nicht mehr zu helfen weiß, fühlt sich gedemütigt und erniedrigt; er befindet sich ganz unten. Er ist abhängig von den anderen und ihnen auf Gedeih und Verderb ausgeliefert. Wem immer danach ist, kann ihn treten oder zertreten. Deshalb traut er sich gar nicht erst, seine seelische Not öffentlich einzugestehen. Allenfalls sendet er irgendwelche Signale aus, die aber zumeist gar nicht beachtet werden.

Man muß sich mit seiner Situation abfinden – das war wohl über Jahre hin die Erfahrung des Bartimäus. Er weiß, daß seine Existenz kein Leben mehr ist; was man ihm gibt, reicht allenfalls zum bloßen Überleben. Daß es anders sein könnte, wird Bartimäus spätestens dann bewußt geworden sein, als er von Jesus und dessen Wirken erfuhr. Wie er nun hört, daß dieser Jesus vorbeikommt, geschieht das Wunder: Der Bettler beginnt lauthals zu schreien.

Und sogleich regt sich der Widerstand derer, die das als ungehörig empfinden. Denn auch diese Menschen haben sich mit der Situation abgefunden. Sie unterstützen Bartimäus, und daraus resultiert für sie das Recht, in Ruhe gelassen zu werden. Und weil die Dinge, so wie sie sich darstellen, schon ihre Ordnung haben und (dies vor allem!) weil Störungen auf gar keinen Fall erwünscht sind, schreien sie den Bettler an und gebieten ihm zu schweigen. Doch Bartimäus schreit noch lauter, so laut, daß Bertolt Brecht seine helle Freude daran gehabt hätte.

Indirekt zielt dieses Schreien auf jene Freiheit, die Bartimäus insgeheim immer schon anstrebte, vor der er sich aber gleichzeitig auch fürchtet. Wenn Jesus ihn heilt, muß er von einem Augenblick auf den anderen auf die Fürsorge seiner Landsleute verzichten und ist ganz und gar auf sich selber gestellt. Die neue Lebensmöglichkeit, die er für sich erhofft, hat auch ihre bedrohliche Seite.

Dennoch schreit Bartimäus zu Jesus. Dieser öffnet ihm die Augen, und der Blinde sieht wieder – und zwar ganz anders und anderes, als er erwarten konnte. Das ergibt sich schon daraus, daß er Jesu Aufforderung »Geh!« geflissentlich überhört und nicht in die Stadt zurückkehrt, sondern Jesus auf seinem Weg folgt.

Darauf läuft die Geschichte hinaus! Denn gerade an diese Möglichkeit hat Bartimäus nicht im entferntesten gedacht. Er hat lediglich – und fest – damit gerechnet, daß Jesus ihn von seinem Gebrechen heilen könne. Dies jeden falls geht aus Jesu abschließender Bemerkung hervor: »Dein Glaube hat dir geholfen.«

Kreuzesnachfolge

Für das Verständnis der Geschichte ist wichtig, daß sie nicht mit diesem Ausspruch Jesu, sondern mit einer kommentierenden Bemerkung des Evangelisten schließt: »Und Bartimäus folgte Jesus auf seinem Weg.«

Damit ist zunächst der Weg Jesu gemeint, der ihn nach Jerusalem als dem Ort seines Leidens führt; Bartimäus gehört fortan zu den Jüngern Jesu.

Nun konzipiert aber der Evangelist den *ganzen Reiseweg* Jesu von Galiläa in die Hauptstadt als zielgerichteten ›Kreuzweg‹, der erst auf Golgota vollendet ist. Jesusnachfolge ist also dem Verständnis des Markus zufolge immer auch Kreuzesnachfolge. Und *diese* ist hier gemeint, wenn von Bartimäus (wie übrigens schon von den Aposteln: vgl. Mk 1,17.20; 2,14) gesagt wird, daß er Jesus »auf seinem Weg folgte«. Nicht zufällig legt Markus nur gerade zwei Kapitel vor der Bartimäusgeschichte Jesus das Wort in den Mund: »Wer mein Jünger sein will, der verleugne sich selbst, nehme sein Kreuz auf sich und *folge mir nach*« (Mk 8,24parr).

In seiner jetzigen Gestalt ist dieses Wort offensichtlich nachösterlichen Ursprungs; es handelt sich nicht um eine historische, sondern um eine theologische Aussage. Es setzt den Kreuzestod Jesu voraus, ohne den es völlig unverständlich wäre. Es drückt aus, daß jede wahre Jesusnachfolge die Bereitschaft zum Leiden *im Sinne Jesu* miteinschließt.

Nun ist aber gerade das Wort von der Kreuzesnachfolge in der christlichen Tradition häufig an Jesu Leidensverständnis vorbei interpretiert worden, insofern man manchmal behauptete, der Christ sei verpflichtet, das Kreuz und damit das Leiden zu *suchen*, was praktisch einem Verzicht um des Verzichtes willen gleichkommt. Eine derartige Leidensmystik jedoch hat nichts mit der Nachfolge Jesu zu tun; schon eher fällt sie in den Kompetenzbereich der Psychopathologie.

Einziges Kriterium für das, was Kreuzesnachfolge (und, damit verbunden, die Bereitschaft zum Leiden) bedeutet, ist das Beispiel Jesu. Jesus hat das Leiden nicht gesucht, sondern alles Leid bekämpft. Es war nicht sein Wunsch, am Kreuz zu sterben. Vielmehr hat er Gott unter Tränen darum gebeten, ihm dieses schreckliche Los zu ersparen (vgl. Mk 14,36). Zeitlebens ist Jesus gegen alles Leid, das ihm begegnete, angegangen, indem er den Sünderinnen und Sündern Vergebung zusprach, indem er sich auf die Seite der Schwachen stellte, indem er mit Menschen Mahlgemeinschaft hielt, die man als von Gott verstoßen betrachtete.

Jesus ist seiner Sendung treu geblieben, obwohl er, zumindest gegen Ende seines öffentlichen Auftretens, wußte, daß er dadurch sein Leben riskierte. *Dieses* Leiden, das sich aus dem Einsatz für die Benachteiligten und Schwachen ergibt, mutet er auch seinen Jüngern und Jüngerinnen zu. Denn wenn immer diese seinem Vorbild treu bleiben, werden sie notwendigerweise in Konflikt geraten mit jenen, denen stets nur der eigene Vorteil und nie das Wohl ihrer Mitmenschen am Herzen liegt.

Kreuzesnachfolge heißt außerdem: das Leid nicht übersehen, sondern es verarbeiten. Gemeint sind hier jene ganz persönlichen Erfahrungen, die schwer auf einem Menschen lasten: eine schlimme Vergangenheit, erdrückende Schuld, nicht wiedergutzumachendes Versagen. Häufig ist man in solchen Situationen versucht, sich ins Vergessen oder ins Verdrängen zu flüchten.

In diesem Zusammenhang heißt Kreuzesnachfolge: aufarbeiten, was einen bedrückt und beschwert, sich damit auseinandersetzen, in Gedanken, in Gesprächen mit Freunden, im Angesicht Gottes. Das ist ein äußerst aufreibender Prozeß, christlich gesprochen ein Kreuz, das einem auferlegt ist. Aus solchem Leiden aber geht ein Mensch befreit und geläutert und gereift hervor.

Schließlich kann Kreuzesnachfolge auch implizieren, ein Leid zu tragen. Gemeint ist allerdings nur jenes Leid, das stärker und größer ist als die eigenen Möglichkeiten – beispielsweise eine unheilbare Krankheit, eine ausweglose Situation, der Tod eines geliebten Menschen... Solches Leid versuchen die Jesusnachfolger und -nachfolgrinnen anzunehmen, indem sie wie – und mit – Jesus beten: »Abba, Vater, nicht was ich will, sondern was du willst, soll geschehen« (Mk 14,36).

Was mit einer so verstandenen Jesus- und Kreuzesnachfolge gemeint ist, läßt sich wohl am treffendsten mit dem Begriff ›Martyrium‹ umschreiben. Wörtlich bedeuten die griechischen Ausdrücke *martys (martyros), martyria (martyrion)* und *martyrein* nichts anderes als Zeuge, Zeugnis und bezeugen. Der erste, der sein Zeugnis für Jesus mit seinem Blut besiegelte, war der Apostelgeschichte zufolge der Diakon Stephanos (Apg 22,20; vgl. 6,8–7,60). *Dieses* Martyrium als Annahme des Todes Christi und damit als äußerster Akt der Liebe (vgl. Joh 15,13) bildet den Ernst- und Grenzfall jeder Jesusnachfolge. Es ist der Ernstfall, insofern die bedingungslose Nachfolge wesensmäßig die Bereitschaft miteinschließt, die Sache Jesu bis zum Letzten, also selbst um den Preis des eigenen Lebens, zu bezeugen. Und es ist der Grenzfall, insofern die meisten Jesusjüngerinnen und -jünger nicht vor diese Blut-Probe gestellt werden.

Ebenso sicher aber ist, daß es keine authentische Jesusnachfolge gibt ohne die Bereitschaft zum Martyrium. Im

Regelfall geschieht diese Hingabe des Lebens für Jesus und seine Sache in der tätigen Nachfolge, die, nach der Erfahrung des Paulus, ein lebenslängliches Absterben bedeutet: »Ich bin mit Christus gekreuzigt worden; nicht mehr ich lebe, sondern Christus lebt in mir« (Gal 2,19; vgl. Röm 6,3–11).

Es wäre ein grobes Mißverständnis, solche Nachfolge als *Nachahmung* zu verstehen: Die Nachfolge geschieht angesichts konkreter Situationen, die immer neu aus dem Glauben heraus zu verstehen und zu bewältigen sind. Anders ausgedrückt: Es geht um den Versuch, die jeweilige individuelle und soziale Lebenswirklichkeit entsprechend der Weisung und dem Beispiel Jesu schöpferisch umzugestalten.

Das erste Wunder, von dem die Bartimäusgeschichte berichtet, besteht darin, daß der Blinde den Mut findet, gegen eine Übermacht von Andersdenkenden anzuschreien und sich Gehör zu verschaffen. Das zweite Wunder geschieht, als er sich die Augen öffnen *läßt* und den ungewöhnlichen Weg geht, der sich völlig überraschend vor ihm erstreckt. Das dritte Wunder schließlich ereignet sich jedesmal neu und immer da, wo ein Mensch sich diese Geschichte zu Herzen nimmt und sich zur Nachfolge entschließt.

Erklärung von Fachausdrücken

Anathema: (Kirchen-)Bann. Ausgesprochen von der legitimen Autorität (Konzil, Papst, Bischof), bestätigt das *anathema sit* (»er / sie sei ausgeschlossen«), daß sich die betreffende Person durch ärgerniserregendes Verhalten oder durch eine schwere Irrlehre außerhalb der kirchlichen Gemeinschaft gestellt hat.

Apóphthegma: Der aus dem griechischen stammende theologische Fachausdruck bedeutet wörtlich *Ausspruch*. Die Bibelausleger verstehen darunter eine neutestamentliche Geschichte, die auf eine gewichtige (programmatische) Äußerung Jesu hin angelegt ist (Beispiel: Mk 3,1–6).

Chorschluß: Ein Chorschluß findet sich in den ersten drei Evangelien häufig am Ende von Wundererzählungen. Er besteht im staunenden Lobpreis der Anwesenden über die von Jesus vollbrachte Tat. So schließt die Erzählung von der Heilung eines Gelähmten durch Jesus mit den Sätzen: »Da gerieten alle außer sich; sie priesen Gott und sagten: So etwas haben wir noch nie gesehen« (Mk 2,12).

Christologie: Lehre von der Person Christi, die im Lauf der dogmatischen Auseinandersetzungen, vor allem in den ersten Jahrhunderten, begrifflich entwickelt wurde.

Exegese: Wissenschaft von der Auslegung der Heiligen Schrift, mit deren Hilfe die Aussageabsicht und der Sinn eines Textes ergründet werden. Sie bedient sich verschiedener Methoden; siehe: **Formgeschichte; Redaktionsgeschichte; Traditionsgeschichte**.

Formgeschichte: Beschreibt die verschiedenen literarischen Formen (z. B. Gleichnis, Parabel, Wundergeschichte) und Gattungen (Brief, Chronik, Evangelium...), die von den Verfassern der Heiligen Schrift verwendet werden.

Großwesir: Oberster Wesir (»Minister«) in den islamischen Monarchien.

Hebräische Bibel: entspricht den von der *römisch-katholischen Kirche* als verbindlich (›kanonisch‹) anerkannten alttestamentlichen Schriften (dazu die Einheitsübersetzung konsultieren!) – mit

Ausnahme der Bücher Judit, Tobit, 1 und 2 Makkabäer, Weisheit, Sirach, Baruch. Ebenfalls nicht zur Hebräischen Bibel zählen die griechisch geschriebenen Zusätze in den Büchern Ester (1,1a–r; 3,13a–g; 4,17a–z; 5,1a–f; 5,2a–b; 8,12a–v; 10,3a–k) und Daniel (3,24–90; 13; 14). *Die Kirchen der Reformation* hingegen halten sich in bezug auf das Erste (›Alte‹) Testament an die Hebräische Bibel.

Hellenismus: Bezeichnung für die seit Alexander dem Großen (356–323 v. Chr.) entstandene Mischkultur aus orientalischen und griechischen Elementen, die das Leben in den griechischen Kolonien und deren Einflußsphären prägte. Zur Zeit Jesu stand Palästina schon rund 360 Jahre unter hellenistischer Herrschaft und dem daraus resultierenden Kultureinfluß (vgl. 2 Makk 4,13). Von daher verwundert es nicht, daß die hellenistische Einwirkung auf Judentum und Christentum erheblich ist. Die hellenistische Epoche endete um 200 n. Chr.

Imam: Vorbeter in der Moschee.

JHWH: Meistgebrauchter Eigenname Gottes in der **Hebräischen Bibel** (siehe dort). In diesem Buch werden (wie auch in der deutschen Einheitsübersetzung der Heiligen Schrift) den vier Konsonanten des Tetragramms (griech: *tetra* = vier; *gramma* = Buchstabe) JHWH auch die Vokale beigefügt. Die Juden empfinden vor dem Namen JHWH eine so große Ehrfurcht, daß sie ihn nicht aussprechen.

Kalif: Titel der Nachfolger Muhammads in der Herrschaft über die islamische Gesamtgemeinde. 1517 geht das Kalifat an die Sultane (»Herrscher«) von Konstantinopel über. Bei der nationalen Erneuerung der Türkei seit dem Ersten Weltkrieg wurde nach dem Sultanat (1922) auch das Kalifat abgeschafft (1924).

Kanon, kanonisch: Sämtliche in der Bibel enthaltenen Heiligen Schriften bilden zusammen den *Kanon* (der heiligen Bücher). Deshalb spricht man in diesem Zusammenhang auch von den *kanonischen Schriften*. – Im römisch-katholischen Kirchenrecht (»Kodex des kanonischen Rechtes«) verstehet man unter *Kanon* eine Gesetzesbestimmung, die ihrerseits wieder in Paragraphen unterteilt sein kann.

Dekret: siehe **Konzilsdokumente des Zweiten Vaticanums.**

Konzilsdokumente des Zweiten Vaticanums: Das Zweite Vatikanische Konzil hat 16 Dokumente verabschiedet, die nach ihren Anfangsworten (z. B. »Lumen gentium«) bezeichnet werden.

Man unterscheidet drei Textkategorien:

4 Konstitutionen: Grundsätzliche Stellungnahmen zu Bereichen der Glaubenslehre und -praxis;

9 Dekrete: Beschlüsse und Anweisungen zu praktischen Fragebereichen (z. B. über die Stellung der Laien oder über die Missionstätigkeit der Kirche);

3 Erklärungen: Diese betreffen ebenfalls bestimmte Fragebereiche (z. B. die Bedeutung der nichtchristlichen Religionen), beinhalten aber eher eine Problemskizze und keine definitive Lösung.

Konstitution (dogmatische –, pastorale –): siehe **Konzilsdokumente.**

Koran: Die Heilige Schrift der Muslime. Der Koran besteht aus 114 *Suren* (Kapiteln), die ihrerseits, ähnlich wie die Bibel, in Verse unterteilt sind.

par: (»mit Parallelstelle«). Ein Evangelienzitat findet sich außer am zitierten Ort noch bei *einem* weiteren **Synoptiker:** Mt 7,12par (die Parallelstelle: Lk 6,31). Dagegen **parr:** für ein Evangelienzitat finden sich wenigstens *zwei* Parallelstellen: Mt 7,28parr (Parallelstellen: Mk 1,21f; Lk 4,32).

Parusie: Wiederkunft Christi. In der Hebräischen Bibel ist häufig vom *Tag Jahwes* oder vom *Tag des Herrn* die Rede. Die *Propheten* dachten bei diesem Begriff vorwiegend an ein zukünftiges Gericht Gottes über Israel, aus dem das Volk geläutert hervorgeht und an seinen Feinden gerächt wird (Mal 3,2; Sach 12,1–20). Spätere *apokalyptische* Vorstellungen vom »Tag des Herrn« stimmen mit den prophetischen Visionen darin überein, daß die erwartete Veränderung zum Besseren in der *diesseitigen* Welt stattfindet; alles Unrecht wird beseitigt, so daß fortan Friede und Gerechtigkeit herrschen unter den Menschen. Noch später brachte man den »Gerichtstag Jahwes« immer mehr mit dem kommenden *Weltenende* in Verbindung (Dan 9,26; 12,13), an dem »einer wie ein Menschensohn« erscheinen wird (Dan 7,13f). Diese auch von Jesus geteilte Vorstellung hat die Urkirche übernommen und gleichzeitig modifiziert. Der erwartete Menschensohn wird nun mit Christus identifiziert, dessen *Parusie* (Wiederkunft) man sich ursprünglich als unmittelbar bevorstehend dachte.

Perikope: Abschnitt des Bibeltextes, der im Gottesdienst als Lese- oder Predigttext gebraucht wird und dessen Wahl liturgisch vorgeschrieben ist.

Rabbi (Mehrzahl: **Rabbinen):** Im Talmud und im Neuen Testament ›Meister‹ oder ›Lehrer‹. Die Anrede *Rabbi* entwickelte sich in der Folge zu einem Ehrentitel, den die palästinischen Gesetzeslehrer seit dem Ende des ersten nachchristlichen Jahrhunderts führten. Die großen jüdischen Lehrer der Vergangenheit werden Rabbi (Mehrzahl: *Rabbinen)* genannt, während mit *Rabbiner* die jüdischen Gemeindevorsteher bezeichnet werden, deren Stellung in etwa der eines Pfarrers oder der eines Predigers in evangelischen Freikirchen entspricht.

Redaktionsgeschichte: Versucht festzustellen, nach welchen Gesichtspunkten die biblischen Autoren mündliche und schriftliche Überlieferungen ausgewählt, zusammengestellt und in ihren Schriften verarbeitet haben.

Sure: siehe **Koran.**

Synoptiker: Bezeichnung für die Evangelisten Matthäus, Markus und Lukas, deren Evangelien einander weitgehend entsprechen und daher eine *Synopse* (Zusammenschau) erlauben.

Talmud: Wörtlich: *Lehre.* Sammlung von Gesetzen und religiösen Überlieferungen des nachbiblischen Judentums, die in der Zeit von etwa 200 vor bis ungefähr 500 nach Christus entstand. Der äußeren Form nach unterscheidet man im Text zwischen der *Mischna* (›Wiederholung‹, nämlich der Lehre der Väter, die Satz für Satz wiederholt und so eingeprägt wird) und der *Gemara* (›Vollendung‹ der Lehre in Form von Kommentierungen durch spätere Lehrer). Der Talmud existiert in zwei Fassungen, die nach dem Ort ihrer Redaktion benannt sind: *Palästinischer* und *Babylonischer Talmud.*
Mischnasätze werden nach Kapitel (römische Zahlen) und Paragraph (arabische Zahlen) zitiert, die Abschnitte aus der Gemara hingegen nach Blatt und Seite der Handschriften, wobei *a* die Vorder- und *b* die Rückseite bezeichnet.
Beispiele:
Chagiga II, 2 = Traktat Chagiga (Festopfer), Mischna, Kapitel 2, Paragraph 2.
Schabbat 30a–b = Traktat Schabbat (Sabbat), Gemara, Blatt 30, Vorder- und Rückseite.
Wenn vor dem Traktat ein j steht (z.B. jSchabbat), entstammt das Zitat der palästinischen (= Jerusalemer) Fassung des Talmuds.

Tora: Hebräischer Ausdruck für ›Weisung‹, ›Gesetz‹ (Gottes). Bezeichnet im antiken Judentum im engeren Sinn die fünf Bücher Mose (Genesis, Exodus, Levitikus, Numeri, Deuteronomium), im weiten Sinn die ganze **Hebräische Bibel** (siehe dort) und häufig auch das gesamte jüdische Religionsgesetz.

Traditionsgeschichte: Überlieferungsgeschichte. Erforscht die verschiedenen Stadien der mündlichen und schriftlichen Überlieferung einer Texteinheit (z. B. eines Gleichnisses), angefangen bei ihrem ursprünglichen Entstehungszusammenhang bis hin zur endgültigen schriftlichen Fixierung innerhalb eines biblischen Buches.

Transzendenz: Das, was die Grenze der menschlichen Erfahrung und Vorstellungskraft übersteigt. Die Rede von der Transzendenz Gottes meint seine Weltjenseitigkeit und Weltverschiedenheit: Gott ist stets größer als alles, was der Mensch von ihm denken und über ihn sagen kann.

Personenregister